"一带一路"建设中的涉柬埔寨法律服务

江苏漫修律师事务所 著

苏州大学出版社

图书在版编目(CIP)数据

"一带一路"建设中的涉柬埔寨法律服务 / 江苏漫修律师事务所著. —苏州:苏州大学出版社,2018.12
ISBN 978-7-5672-2726-2

Ⅰ.①一… Ⅱ.①江… Ⅲ.①法律-研究-柬埔寨 Ⅳ.①D933.5

中国版本图书馆 CIP 数据核字(2018)第 287799 号

"一带一路"建设中的涉柬埔寨法律服务
江苏漫修律师事务所　著

责任编辑　荣　敏

苏州大学出版社出版发行
(地址:苏州市十梓街1号　邮编:215006)
宜兴市盛世文化印刷有限公司印装
(地址:宜兴市万石镇南漕河滨路58号　邮编:214217)

开本 700 mm×1 000 mm　1/16　印张 15.5　字数 270 千
2018 年 12 月第 1 版　2018 年 12 月第 1 次印刷
ISBN 978-7-5672-2726-2　定价:58.00 元

苏州大学版图书若有印装错误,本社负责调换
苏州大学出版社营销部　电话:0512-67481020
苏州大学出版社网址　http://www.sudapress.com

序 言

2018年恰逢中柬建交60周年，两国之间的政治互信、经济往来和民间交流已经历甲子，在"一带一路"倡议的引领下揭开了崭新篇章。值此之际，《"一带一路"建设中的涉柬埔寨法律服务》一书付梓，既提供了一个对中柬过去60年友好交往所取得的成绩进行回溯的契机，也设想了未来中柬经贸合作深入拓展可能面临的法律问题和解决之道。

2013年9月和10月，中国国家主席习近平出访中亚和东南亚国家期间，先后提出共建"丝绸之路经济带"和"21世纪海上丝绸之路"的国家级顶层合作倡议（简称"一带一路"倡议，The Belt and Road Initiative）。这一倡议描绘了从中国北部至欧洲波罗的海、从中国西北至地中海、从中国西南经中南半岛至印度洋、从中国沿海港口经马六甲海峡到印度洋延伸至欧洲、从中国沿海港口过南海延伸至南太平洋五大方向的发展蓝图。柬埔寨王国位于中国-中南半岛经济走廊这一全球人口最稠密的地区，恰好处于前述后三大方向交汇的核心地带，在"一带一路"建设版图中占有重要地位。

中国和柬埔寨王国1 000多年前便已通过海上丝绸之路进行友好交流。元代周达观也是沿海上丝绸之路，取道七洲洋，过占城、真蒲，横渡淡洋至吴哥国登岸，其居留一年所著之《真腊风土记》为世人打开了见识吴哥古迹和吴哥文明的窗口，书中描述柬埔寨"率多平林丛木，长江巨港，绵亘数百里"[1]。现如今，中柬传统友谊历经岁月洗礼和国际风云变幻考验，始终根深叶茂。[2]

江苏省作为中国经济大省、外贸大省、制造业大省，在落实"一带一路"倡议，引导各类企业"走出去"投资和开拓海外市场上发挥着重要的作用。江苏省进出口总值在国内省级行政区域中长期占据第二位，进出口总值均在万亿人民币以上。江苏省与"一带一路"沿线国家的贸易较为

---

[1] [元]周达观著，夏鼐校注：《真腊风土记校注》，中华书局，1981，第140页。
[2] 习近平：《做肝胆相照的好邻居、真朋友》，载《柬埔寨之光》，2016-10-12。

活跃。2017年江苏省进出口总值首次突破4万亿元人民币大关，在全国进出口总量中占14.4%，同比实现了19.1%的增幅。同年，随着"一带一路"倡议的实质推进，江苏省与"一带一路"沿线西亚、北非、南亚部分国家进出口增长超20%。东盟是江苏省位列第三位的贸易伙伴，柬埔寨是江苏省推进国际产能合作重点国家之一。除经济交往之外，江苏省和柬埔寨还有着友好的交流互动，江苏省医疗队赴柬巡诊义诊活动自2015年至今已开展了5次，足迹遍及金边市、磅士卑省、西哈努克省和暹粒省等地，为柬埔寨人民医疗卫生条件的改善和健康水平的提高做出了大量努力，在柬埔寨社会和民众中为江苏省塑造了良好的形象。柬埔寨是江苏省的重要合作伙伴，双方在经贸合作、旅游、园区建设、友城交往以及教育、医疗等领域有着密切的交流与合作。《"一带一路"建设中的涉柬埔寨法律服务》一书的出版可谓响应政府号召、着眼经济大局、服务省内外企业，有着重要意义。

本书是律所实务和学院理论结合的典范。本书的著者江苏漫修律师事务所是一所从无锡市起步，现已在南京、上海、苏州、镇江、江阴、宜兴、昆山及柬埔寨的西哈努克等地设立执业机构或办公室的全业务律师事务所。该所从2007年红豆集团赴西哈努克港投资时即作为其长期法律顾问为集团提供法律服务，2017年，为稳定和拓展当地业务，该所开始在柬埔寨设立常驻机构，并于同年与红豆集团联合在西哈努克港经济特区注册成立了法律咨询公司。随后根据江苏省司法厅、无锡市人民政府、红豆集团三方共同签署的《共建"江苏驻柬埔寨'一带一路'法律服务中心"框架协议》，江苏漫修律师事务所以法律服务中心为平台，为在柬江苏及中资企业提供法律服务，保障海外企业及公民的合法权益，并防控投资运营中的法律风险。这本书既是漫修律师事务所在柬当地法律服务实践的总结，也是苏州大学王健法学院法学研究力量汇聚的成果。苏州大学法学学科为江苏省高等学校品牌专业、江苏省一级重点学科和江苏省序列重点学科，苏州大学王健法学院同时是江苏高校区域法治发展协同创新中心区域经济社会法治发展研究平台的牵头单位，结合"一带一路"倡议提出后国内对"一带一路"建设中纠纷解决机制研究的理论动向，和漫修律师事务所共同对"一带一路"建设中的涉外法律服务开展调研。因此，本书是省内一流实务机构和一流法学研究机构强强联合的成果。

本书是江苏省法律界落实司法政策导向的样本。随着"一带一路"建设的逐步推进，党和国家层面也要求通过司法举措为"一带一路"建设提供法律服务和法治保障。党的十八届四中全会对发展涉外法律服务业做出了重要部署，提出了明确要求。司法部、外交部、商务部、国务院法制办于2017年初联合印发了《关于发展涉外法律服务业的意见》，要求通过建设涉外法律服务机构、壮大涉外法律服务队伍、健全涉外法律服务方式、提高涉外法律服务质量等措施，为"一带一路"建设提供法律服务，为中国企业"走出去"提供法律服务。2018年初，为积极促进"一带一路"国际合作，妥善化解"一带一路"建设过程中产生的商事争端，努力营造公平公正的营商环境，中央全面深化改革领导小组会议审议通过了《关于建立"一带一路"国际商事争端解决机制和机构的意见》。本书作为国内律师事务所针对在"一带一路"沿线单一国家提供法律服务进行理论和实践研究的第一本专著，是江苏省法律界人士响应党和国家政策号召，努力提升涉外法律服务能力的勇敢尝试。

本书还为江苏省集聚企业投身"一带一路"建设提供了法律服务指引。在"一带一路"建设中，江苏省"走出去"的步伐遥遥领先。截至2016年底，江苏省共有1 067家企业参与"一带一路"投资，覆盖54个相关国家，投资项目513个，贸易总额达1 097.5亿美元。[1] 这充分说明，江苏省的企业在参与"一带一路"建设中已形成一定的集聚效应。江苏省集聚企业的开发区建设模式和经验已成为江苏省深度落实"一带一路"倡议的新探索、新实践。由红豆集团领投的柬埔寨西哈努克港经济特区是个中典范，作为中柬两国政府认定的唯一中柬国家级经济特区，西港特区已吸引125家中外企业进驻，带动了2.1万人就业。习近平主席对其有高度评价："蓬勃发展的西哈努克港经济特区是中柬务实合作的样板。"这本著作是漫修律师事务所为西港特区及进驻企业提供法律服务的经验总结，对以开发区模式集聚中资企业投资的法律服务供应起到了探索和指引作用。

随着中国"一带一路"建设的推进，柬埔寨相对稳定的政治局面，积极推动制度改革，拥有丰富的自然资源、天然的矿产等有利因素，吸引着

---

[1] 郭静原：《树立丝路经贸往来样板》，载《经济日报》，2017-12-18。

大量中国企业投资。中国已经连续多年是柬埔寨的第一大贸易伙伴和第一大投资来源国。当前，柬埔寨经济社会发展的"四角战略"与我国的"一带一路"倡议高度相通和契合；江苏省区位优越、交通便利，地处"一带一路"和长江经济带交汇点上，人文荟萃、经济繁荣，外向型经济发达。可以预见，未来江苏省和柬埔寨王国之间必将有着更加密切的贸易往来和投资关系。期待本书可以为包括江苏省企业在内的赴柬中资企业提供全面了解柬埔寨经贸法律制度的窗口，可以为国内外学者研究"一带一路"建设中纠纷解决提供参考，也可以为国内法律服务业跟随"一带一路"步伐"走出去"提供新思路。

第十一届全国工商联副主席

中国民间商会副会长

红豆集团董事局主席兼CEO

目 录

第一章 柬埔寨王国法律制度概况 /1

第一节 柬埔寨经济社会发展 /1
一、柬埔寨王国简介 /1
二、柬埔寨经济发展水平 /1
三、柬埔寨社会发展情况 /4

第二节 柬埔寨政治司法体制 /8
一、君主立宪制与民主多党制 /8
二、柬埔寨的立法机构 /9
三、柬埔寨的司法机构 /9
四、柬埔寨的行政机构 /10

第三节 柬埔寨现行法律体系 /11
一、柬埔寨法律体系形成的历史背景 /11
二、当前柬埔寨的法律渊源 /12

第四节 涉柬埔寨的国际法律 /14
一、柬埔寨加入政府间国际组织概况 /14
二、柬埔寨缔结和加入的国际条约 /15
三、"一带一路"倡议下的中柬关系 /16

第二章 柬埔寨对外贸易法律制度研究 /20

第一节 柬埔寨对外贸易立法及其管理体系概述 /20
一、柬埔寨对外贸易立法 /20
二、柬埔寨对外贸易行政管理体系 /21

- 第二节 市场准入与贸易待遇 /21
  - 一、柬埔寨市场准入 /21
  - 二、普惠制待遇 /24
  - 三、最惠国待遇 /27
  - 四、国民待遇 /28
- 第三节 原产地规则 /30
  - 一、确定商品原产地的标准 /30
  - 二、申请柬埔寨原产地证书的程序 /32
- 第四节 关税分类、关税征收以及海关估价程序 /37
  - 一、关税分类 /37
  - 二、关税税率 /38
  - 三、货物进口报关 /39
  - 四、货物出口报关 /41
  - 五、关税豁免或退还 /42
  - 六、货物过境与转运 /43
  - 七、海关估价程序 /44
- 第五节 进口货物存储海关保税区管理规定 /47
  - 一、柬埔寨海关保税仓的种类 /48
  - 二、货物进入保税仓的待遇 /48
  - 三、保税仓存储期限 /49
  - 四、经营保税仓的责任 /49
- 第六节 与贸易相关的产品质量与标签管理规定 /49
- 第七节 与贸易相关的卫生检验检疫规定 /51

第三章 柬埔寨投资法律制度研究 /54

- 第一节 柬埔寨投资法与管理体系概述 /54
- 第二节 外资准入制度 /56
  - 一、鼓励、禁止与限制投资的领域 /56

二、外商投资的其他限制 /61
● 第三节 外商投资形式 /64
　一、独资企业 /65
　二、合资企业 /65
　三、BOT /65
　四、并购合格投资项目 /72
● 第四节 柬埔寨外资保护法律制度 /73
　一、不实行国有化的保证 /73
　二、外国投资利润及本金汇出的自由 /75
● 第五节 柬埔寨外资鼓励和优惠法律制度 /77
　一、税收优惠 /77
　二、在经济特区内投资的优惠 /79
● 第六节 柬埔寨外商投资申请及批准程序 /82

第四章　柬埔寨土地法律制度研究 /85

● 第一节 柬埔寨土地法概述 /85
　一、柬埔寨的土地纠纷 /85
　二、柬埔寨土地法的法律渊源 /87
　三、柬埔寨土地法的特点 /88
　四、柬埔寨不动产的产权类型 /89
　五、外国投资者在柬埔寨王国获取土地的方式 /91
● 第二节 《柬埔寨民法典》中的土地制度 /92
　一、土地的所有权制度 /92
　二、土地的租赁制度 /93
　三、土地的用益权制度 /99
　四、土地的地役权制度 /99
　五、土地的担保制度 /100
　六、外国人房屋产权制度 /101

七、不动产登记制度 /101
● 第三节 投资柬埔寨涉及土地问题时的注意事项 /101
一、中柬两国土地法律规范的差异 /102
二、柬埔寨与土地相关的法律风险 /104
三、投资柬埔寨土地法律问题的应对 /104
四、柬埔寨土地纠纷的争议解决 /106

第五章 柬埔寨公司法律制度研究 /108

● 第一节 柬埔寨企业的类型 /108
一、私人有限公司和一人有限公司 /109
二、公众有限公司 /109
三、外国商业组织 /109
● 第二节 投资者在柬设立公司的法律和政策 /112
一、外国投资者在柬设立公司的流程 /112
二、外国投资者在柬设立公司的后续 /113
三、外国投资者在柬兼并企业的程序 /114
四、在柬设立公司的国籍认定 /115
五、在柬设立公司的行业限制 /117

第六章 柬埔寨劳工法律制度研究 /119

● 第一节 柬埔寨劳动法概况 /119
一、适用范围 /119
二、个别劳动关系的规范与调整 /121
三、集体劳动关系的规范与调整 /126
四、劳动基准与劳动监察 /130
五、劳动争议处理 /134
六、社会保险 /135

● 第二节 赴柬埔寨投资企业劳动用工指南 /137
　一、集体劳动关系的规范、调整与集体劳动争议的处理 /138
　二、劳动合同终止：一刀切与分类对待 /141
　三、适用范围与劳动者的权益保护 /143
　四、其他劳工法律方面的差异 /145
　五、赴柬投资企业在劳工领域需特别注意的事项 /147

第七章 "一带一路"建设中的涉柬法律服务的发展趋向 /150

● 第一节 "三位一体"的涉"一带一路"的争议解决模式 /150
　一、涉"一带一路"的争议类型及解决路径 /151
　二、"一带一路"倡议下的争议解决机制 /152
　三、"一带一路"倡议下我国的民商事争议解决机制 /154
　四、我国"一带一路"民商事争议解决机制的完善 /155

● 第二节 国际商事法院体系下法律服务的供应 /159
　一、我国国际商事法庭的定位和特色 /159
　二、我国国际商事法庭的组织架构 /160
　三、我国国际商事法庭的运行机制 /164
　四、我国国际商事法庭判决的承认和执行 /170
　五、国际商事法庭在涉柬纠纷解决中的作用 /171

● 第三节 国际商事仲裁体系下法律服务的供应 /173
　一、2006年《柬埔寨王国商事仲裁法》 /173
　二、柬埔寨的仲裁机构 /175
　三、《纽约公约》在柬埔寨的实施现状 /179
　四、在柬埔寨仲裁的注意事项 /180

第八章 在柬法律纠纷的类型及解决机制 /187

● 第一节 中企在柬法律纠纷的类型化分析 /187

一、中企在柬贸易和投资现状　/187
　　二、中企在柬法律纠纷重点领域　/193
　　三、中企在柬遭遇法律纠纷的特点　/198
● 第二节　在柬纠纷法律服务模式的成型　/199
　　一、在柬中资企业对法律服务的需求　/199
　　二、对在柬法律纠纷解决机制的考量　/201
　　三、在柬法律纠纷解决机制的选择　/204
　　四、在柬提供法律服务模式的塑造　/204
● 第三节　在柬法律服务模式的总结和推广　/209
　　一、柬埔寨在"一带一路"建设中的典型意义　/209
　　二、创新在柬埔寨提供法律服务的模式　/210

结　语　/214

附录一：2006年《柬埔寨王国商事仲裁法》　/215

附录二：赴柬埔寨投资常用机构　/229

第一章

柬埔寨王国法律制度概况

第一节 柬埔寨经济社会发展

一、柬埔寨王国简介

柬埔寨王国（the Kingdom of Cambodia）位于中南半岛，其西部及西北部与泰国接壤，东北部与老挝交界，东部及东南部与越南毗邻，南部则面向暹罗湾。国土面积约 18 万平方千米，在东南亚 11 个国家中居第 8 位，至 2018 年 3 月总人口约 1 500 万。柬埔寨是个历史悠久的文明古国，早在公元 1 世纪就建立了统一的王国。20 世纪 70 年代开始，柬埔寨经历了长期的战争。1993 年，随着国家权力机构相继成立和民族和解的实现，柬埔寨进入和平与发展的新时期。柬埔寨是东南亚国家联盟成员国，经济以农业为主，工业基础薄弱，曾经是世界上最不发达国家（LDC）之一。

二、柬埔寨经济发展水平

（一）柬埔寨经济发展总体情况

柬埔寨从 1953 年 11 月正式独立至今，整体始终没有从根本上摆脱贫穷和落后的状况。不过随着柬埔寨经济的发展，世界银行宣布从 2016 年 7 月 1 日起，柬埔寨正式脱离最不发达国家行列，成为中等偏下收入国家。但转变身份并不意味着经济发展水平的根本改变，据世界银行的规定，人均国民总收入（GNI）低于 1 025 美元的国家被列入最不发达国家；人均国民总收入在 1 026 美元至 4 035 美元的国家被列入中等偏下收入国家。

而 2016 年，柬埔寨的人均国民总收入只有 1 270 美元，略高于最不发达国家的数值。现实中，身份变化带来的影响更多是负面的。柬埔寨贸易研究学院院长 Hiroshi Suzuki 说，若柬埔寨脱离最不发达国家身份，可能会失去一些优惠政策，如欧盟提供给最不发达国家商品免关税、免配额的"除武器外一切都行"（EBA）优惠待遇以及普惠制待遇（GSP）等。柬埔寨商业部部长潘索萨表示，世界银行改变柬埔寨的身份将不会影响柬埔寨的经济发展，但柬埔寨还需一段时间来准备脱离最不发达国家的身份。[1]

近年来柬埔寨经济快速发展。从 2010 年摆脱经济危机以来，柬埔寨的 GDP（国内生产总值）增长率已经连续六年稳定在 7% 左右（见表 1-1-1）。凭借这一成绩，亚洲开发银行（ADB）把柬埔寨列为亚洲经济增长最快速的国家之一，并称柬埔寨为"亚洲经济新虎"。

表 1-1-1　柬埔寨 GDP（2011—2016 年）

年份	GDP 总额（亿美元）	GDP 增长率（%）	人均 GDP（美元）
2011 年	129.65	7.1	911
2012 年	140.54	7.3	973
2013 年	152.29	7.4	1 042
2014 年	167.34	7.1	1 131
2015 年	182.42	7.0	1 218
2016 年	201.59	7.0	1 330

资料来源：柬埔寨财经部[2]和亚洲发展银行数据库[3]

（二）柬埔寨经济领域的支柱产业

农业是柬埔寨的第一大支柱产业，是整个国民经济的基础，但随着近年来外国投资（FDI）的增多以及受干旱天气的影响，农业在 GDP 中的贡献呈下降趋势。柬埔寨农业发展面临的最主要问题有三个：

（1）农业基础设施落后。由于农业基础设施落后，农民难以摆脱"靠天吃饭"的窘迫状况。一旦遇到干旱或者洪灾等自然灾害，就会出现

---

[1] 我国驻柬埔寨经济商务参赞处：《柬埔寨正式脱离最不发达国家行列》，http：//cb.mofcom.gov.cn/article/jmxw/201607/20160701354780.shtml，2017-12-20。

[2] http：//www.mef.gov.kh/，2018-10-23。

[3] https：//www.adb.org/，2018-10-23。

粮食减产等情况。

（2）资金匮乏、技术落后，且短期内难以解决。柬埔寨是一个贫困的欠发达国家，由于缺乏资金和国家科研落后，农业生产技术不能得到相应的提高，从而导致农产品的质量和产量得不到大幅提高。

（3）土地法不健全。柬埔寨土地法不健全以及政府对土地管理和调控能力较差导致土地资源占有不平衡，土地纠纷频繁，土地兼并与流失问题严重。[1]

表1-1-2　柬埔寨三大产业对GDP增长的贡献（2012—2016年）

年份	农业（%）	工业（%）	服务业（%）	税（%）	GDP（%）
2012年	1.1	2.7	3.1	0.4	7.3
2013年	0.4	3.1	3.3	0.5	7.4
2014年	0.1	3.0	3.4	0.7	7.1
2015年	0.0	3.6	2.8	0.6	7.0
2016年	0.4	3.4	2.7	0.6	7.0

数据来源：柬埔寨国家统计研究所[2]

与农业相比，柬埔寨的工业和服务业发展比较迅猛。柬埔寨大量廉价、低技能的劳动力吸引了大量外国直接投资者在柬埔寨进行出口服装和鞋类的生产。2015年制造业的增长速度达到9.8%，总体上来看工业是近几年GDP增长的最大贡献者（见表1-1-2）。

而服务业则是GDP增长的第二大贡献者。2015年，在房地产和商业服务业方面，由于强劲国内需求的带动，GDP扩张近12%。在金融、通信以及批发和零售业方面GDP也有所增长，增长约8%。在旅游业方面，虽然由于日本、韩国和老挝以及来自其他主要国家的入柬旅客的增长率有所下降，但GDP仍增长了6.1%（见图1-1-1，表1-1-3）。[3]未来旅游业仍然是柬埔寨重点开发产业，而且其发展将继续带动金融、交通运输和服务业等相关产业的发展，成为未来柬埔寨经济的重要支柱和收入来源。

---

[1] 卢光盛等：《柬埔寨》，社会科学文献出版社，2014，第145—146页。

[2] http：//www.nis.gov.kh/index.php/en/，2018-10-23。

[3] https：//www.adb.org/sites/defautt/files/publication/182221/ado2016.pdf，2018-10-23.

图 1-1-1　2012—2016 年柬埔寨旅游人数与增长率

年份	人数（百万）	增长率（%）
2012 年	3.58	24.3
2013 年	4.21	17.6
2014 年	4.50	7.0
2015 年	4.78	6.1
2016 年	5.01	5.0

表 1-1-3　2012—2016 年柬埔寨旅游人数与增长率

数据来源：柬埔寨国家统计研究所

在对外投资方面，柬埔寨的对外经济关系的基本方针可以归纳为：以发展市场经济为基础，积极参与地区和国际经济合作，发展对外贸易，争取国际援助，吸引外国投资。所以，对外贸易、投资、官方援助成为柬埔寨重要的经济发展源泉和支柱。此外，柬埔寨还积极参加大湄公河次区域经济合作（GMS），在南部经济走廊建设、柬埔寨—老挝—越南发展三角建设上表现出色，这也使得其从中获益。

三、柬埔寨社会发展情况

在经济全球化和地区一体化的影响下，柬埔寨社会也发生着巨大的变化。自从 20 世纪 90 年代初从战火中走出来后，柬埔寨在人口逐步增长的基础上大力建设基础设施、社会保障体系，并且注重儿童教育以及就业问题，这些变化也使得柬埔寨的社会发展越来越快。

（一）柬埔寨的社会保障水平

由于国民生活水平的差异，柬埔寨制定了涵盖不同人群的社会保障体系。柬埔寨社会保障体系主要是由一些基金以及社会性的扶助项目、基础的救济工程组成的，总体上主要分为社会保险基金和社会安全网络。社会保险基金是需要缴费的，国家公务员和私营部门从业人员需要缴纳一定比例的费用就能享有国家公务员社保基金和国家社保基金，而次贫困人员也可以通过缴纳一定比例的保险金加入社区健康保险。社会安全网络则是针对贫困人员，是不需要缴费的社会保障项目。社会安全网络主要通过公共工程项目、发放现金或者社会补贴等形式来保障贫困人口的生活（见图 1-1-2）。[1]

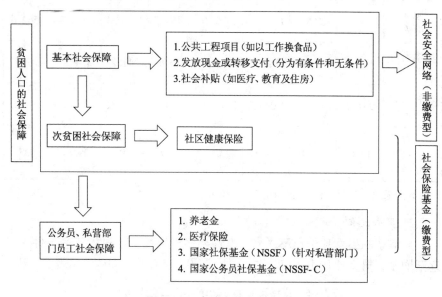

图 1-1-2 柬埔寨社会安全网络

（二）柬埔寨的人口情况

1. 总体情况概述

柬埔寨前后共进行了两次大规模的人口普查，最近一次人口普查是在 2008 年，当时的人口约有 1 339.6 万。不过 1.54% 的增长率相较于 1998 年第一次人口普查的 2.49% 的增长率还是有所下降。目前柬埔寨每年的人口增长率大致保持在 1%～2%，增速较为平稳。柬埔寨人口还有一个鲜明的特点，即分布不太均衡，大部分人口生活在农村。但随着这几年经济的发展，柬埔寨也开始了城市化，城市农村人口比例已经由 20 世纪末的不足 20% 增长到 30% 以上（见表 1-1-4）。

---

[1] Royal Government of Cambodia: *National Social Protection Strategy for the Poor and Vulnerable*（2011）.

表 1-1-4 柬埔寨 1998—2016 年城乡人口比例表

年份	1998年	2004年	2008年	2009年	2013年	2014年	2015年	2016年
总计（万人）	1 143.8	1 265.7	1 339.6	1 372.9	1 467.7	1 518.4	1 540.5	1 562.6
城镇人口（万人）	179.6	238.8	261.4	264.4	314.6	341.2	354.1	367.0
农村人口（万人）	994.2	1 027.0	1 078.2	1 108.5	1 153.0	1 177.2	1 186.5	1 195.6
城镇农村人口比（%）	18.6	23.3	24.2	23.9	27.3	29	29.8	30.7

数据来源：柬埔寨社会经济调查（2016年）[1]

2. 男女比例

柬埔寨的男女比例也不平衡，女性要多于男性。不过近年来男性人口逐渐增多，男女比例由 20 世纪末的 1∶1.07 变为 1∶1.04（见表 1-1-5）。

表 1-1-5 柬埔寨 1998—2016 年人口男女比例表

年份	1998年	2004年	2008年	2009年	2013年	2014年	2015年	2016年
男性（万人）	551.1	612.6	651.6	669.6	712.2	743.6	754.2	766.8
女性（万人）	592.6	653.1	688.0	703.3	755.5	774.8	786.3	795.9
男女比（%）	93.0	93.8	94.7	95.2	94.3	96.0	95.9	96.3

数据来源：柬埔寨社会经济调查（2016年）

3. 出生率与死亡率

柬埔寨人口的出生率在 2008 年人口普查时为 3.1%。在柬埔寨这样一个贫困国家，高出生率也意味着婴儿的高死亡率，柬埔寨的婴儿死亡率在 6% 左右，而所有人口的死亡率大约只有 1%。

4. 青年与老年人口情况

柬埔寨的人口在近年来飞速增长的同时，也呈现出明显的低龄化趋

---

[1] 表格数据均为原始数据，不做修改。

势。根据最近两次人口普查的结果，柬埔寨15岁以下人口在1998年和2008年分别占总人口的42.8%和33.7%。因此，柬埔寨的老年化现象并不严重，60岁以上老龄人口在两次人口普查中仅仅占到5.2%和6.3%。[1]

（三）柬埔寨的就业情况

柬埔寨的贫困人口很多，而摆脱贫困的方式之一就是就业。根据联合国劳工组织数据，2010年柬埔寨就业人口比例达到86.7%，其中，男性达到89.6%，女性达到60.7%。但柬埔寨的失业率极低，只有0.4%左右。[2]对于大多数的柬埔寨人来说，花费大量时间寻找合适的工作是很奢侈的，劳工更愿意接受能保证生存的工作。[3]

尽管失业率极低，但柬埔寨就业人口的教育水平有待提高。据统计，2012年成人高等教育人口占总就业人口的比例只有2.5%。一方面是因为柬埔寨人口素质低，另一方面也与柬埔寨的经济结构相关，全国从事农业的人口就占了总就业人口的一半以上。

（四）柬埔寨的教育发展水平

柬埔寨教育的落后也是限制其经济发展的重要因素。20世纪末，柬埔寨儿童的失学率已经超过50%。进入21世纪后，在政府的重视以及其他国家的援助下，柬埔寨的教育得到了快速发展，入学率大大提高。[4]这也能从近几年柬埔寨小学毕业率的提高与小学入学增长率看出来（见表1-1-6）。

表1-1-6　柬埔寨小学毕业率与小学入学增长率（2011—2015年）

年份	2011年	2012年	2013年	2014年	2015年
小学毕业率（%）	87.2	92.9	93.9	96.3	95.2
小学入学增长率（%）	121.7	121.4	123	116.4	116.7

数据来源：世界银行数据库的世界发展指标

---

[1] National Institute of Statistics, Ministry of Planning, Kingdom of Cambodia: *Cambodia General Population Census 1998 and 2008*, http://www.nis.gov.kh/, 2018-10-23。

[2] https://www.ilo.org/ilostatcp/CPDesktop/?list=true&lang=en&country=COL, 2018-10-23。

[3] 毕世鸿等：《柬埔寨经济社会地理》，世界图书出版广东有限公司，2014，第87页。

[4] 根据联合国儿童基金会数据库，柬埔寨2012年小学净入学率达到98%，2008年初中净入学率达到38%。

在柬埔寨，教育与就业也是密切相关的。随着经济的多样化，新兴行业需要更专业化、更广泛的技能。因此为了提高就业质量，迫切需要解决教育和培训方面的不足问题。虽然目前柬埔寨有98%的小学入学率，但许多儿童却因缺乏经费或因教育经济效益低而辍学。只有30%的年轻人能完成高中学业。中等和高等教育入学率低，质量差，使青年工人的技能和雇主的需求不匹配，因此就业的问题就凸显出来。对于仍在上学的青少年来说，一方面学习知识，另一方面学习专业技能成了最好的选择，这将成为有关部门未来改革教育的重点方向。

第二节 柬埔寨政治司法体制

一、君主立宪制与民主多党制

柬埔寨独立后可以划分为五个历史阶段，即独立后的西哈努克时期（1953.11—1970.3）、朗诺政权时期（1970.3—1975.4）、红色高棉统治时期（1975.4—1978.12）、"两权"并存时期（1979.1—1991.10）、过渡时期（1991.10—1993.9）以及走向民族和解的时期（1993.9至今）。在1953年11月至1991年将近40年的时间中，柬埔寨的政权更迭频繁，政体多次发生变更。直到关于柬埔寨问题的《巴黎协定》[1]正式签署，柬埔寨才逐渐走上了和平发展道路，现在已经基本建立起君主立宪、多党民主的政治框架。目前其政治体制主要有以下特点：实行君主立宪政体，政治上实行民主多党制，经济上实行市场经济制度，外交上奉行永久中立和不结盟政策。

柬埔寨现行《宪法》第1条规定"柬埔寨是君主立宪制国家，国王根据君主立宪制和自由民主多党原则治理国家"。第七条补充规定"柬埔寨国王治理国家，但不执政"。柬埔寨国王是国家元首，拥有任命首相、内阁成员，任免军政高级官员以及法官等权力。同时，宪法还授予了国王广泛的其他权力，例如有权宣布国家进入紧急状态、颁布法律或批准条

---

[1] 1991年10月，柬埔寨问题国际会议在巴黎召开，签署了《柬埔寨冲突全面政治解决协定》（通称《巴黎协定》）。

约、发布战争动员令等,只是国王并不治理国家。

柬埔寨王国实行民主多党制,公民有组织政党的权利,公民通过组织政党参加全国大选来参与国家政治活动。柬埔寨的政党制度经历了从多党制到一党制再到多党制的发展历程。当前,柬埔寨政党制度的特点是人民党一党主导,其他党派多但有影响力的党派很少。

二、柬埔寨的立法机构

(一)议会

在柬埔寨的君主立宪制之下,议会是柬埔寨最高权力机构和立法机构,它由国民议会和参议院组成。首届国会成立于1993年,由120名议员组成,每届任期5年。首届参议院成立于1999年3月,每届任期6年,参议院是立法机构的上议院。柬埔寨宪法规定,法案须经国会、参议院逐级审议通过,最后呈国王签署生效。

(二)宪法委员会

为了保障宪法和法律的贯彻和实施,柬埔寨成立了专门的宪法委员会,该委员会由9人组成,任期为9年。9位成员分别由国王任命3名,国会选举3名,最高司法委员会选举3名。宪法委员会的职能是对已由国民议会批准的宪法和法律的实施情况进行监督,以及对有关法律、法规做出司法解释,它还有权对选举中出现的问题进行审查并做出裁决。

三、柬埔寨的司法机构

司法权是独立于立法权与行政权的,它保障公民的所有权利。柬埔寨《宪法》第128条明确规定,司法机构是一个独立行使权力的机构,其宗旨是维护社会公正和秩序,保护公民的权利与自由。

(一)柬埔寨法院体系

目前,柬埔寨司法部门由最高法院、上诉法院、省/市法院和军事法院以及柬埔寨法院特别法庭组成。金边设有由12名法官组成的上诉法院,受理来自初审法院的所有上诉案。三位法官组成的庭审组全面复审所涉事实与法律,且可展开补充调查。最高法院由院长、副院长和若干法官组成。由5名法官组成的庭审组审查对上诉法院所判案件提起上诉的相关法律问题。若上诉法院不认可最高法院对上诉案的裁决,则由9名法官组成的庭审组再次复审上诉案所涉事实及法律问题。法院还依据新出现且判决当初尚未掌握、可确定被判罪者无罪的证据,复审有约束力的终审判决。军事法院仅对军事犯罪拥有管辖权,军事人员犯下的所有普通罪行都在普通法院(省/市法院)审理。柬埔寨目前无独立检察院,各级法院设检察官,行使检察职能。

(二) 柬埔寨宪法对司法机构的规定

1993年,柬埔寨王国《宪法》第128条阐明,司法机构应拥有独立的实权,应保障和维护公正性并且保护公民的权利与自由。第129条阐明,要依照现行程序和法律实施司法,为柬埔寨公民伸张正义。只有法官才有审判权,法官要全心全意地履行职责。第130条阐明,司法权不得赋予各个执政或立法部门。第131条则阐明,负责追究刑事责任是检察部门唯一保留的权力。第132条阐明,宪法赋予国王的职责是担当司法机构独立的保障人,并设立最高司法委协助国王履行此任务。

(三) 最高司法行政官委员会

根据《宪法》第132条,柬埔寨设立最高司法行政官委员会(简称最高司法委)。最高司法委由国王主持,包括其他8位成员:最高法院院长、总检察长、上诉法院院长及检察长、金边法院院长和检察长及两位法官。最高司法委的主要职责是监督、检查各级法院的法官、检察官及其他司法人员的工作,同时拥有遴选、任免法官的建议权。最高司法委的设立确保了法律的公正、权威和独立。

(四) 柬埔寨法院特别法庭

柬埔寨法院特别法庭是联合国与柬埔寨王国政府在2003年6月签署协议决定成立的特别法庭。基于联合国和柬埔寨签订的协议,审判是由柬埔寨本国法官和国际法官共同主持的。其中,预审庭和审判庭都由3名柬埔寨籍法官和2名外国籍法官组成,而最高法庭则由4名柬埔寨籍法官和3名外国籍法官组成。各法庭还有1~2名预备法官。所有外国籍法官均是由柬埔寨最高法院长官从联合国秘书长的提名名单中挑选和任命的。

四、柬埔寨的行政机构

柬埔寨王国政府是最高行政机构,其任务是根据宪法制定的基本原则,领导全国的行政工作。柬埔寨王国政府由首相、副首相、资深部长、部长、国务秘书组成。首相是王国政府首脑,领导内阁工作。首相带领全体王国政府成员对国会负责，王国政府成员对首相和国会负责。

柬埔寨目前的政府于2018年9月成立，洪森为首相。现设10个副首相、17个国务大臣、27个部和1个国务秘书处。目前27个部分别是内政部、国防部、外交与国际合作部、财经部、农林渔业部、农村发展部、商业部、工业和手工业部、矿产能源部、计划部、教育青年与体育部、社会福利与退伍军人及青年改造部、国土城市规划和建设部、环境部、水资源与气象部、新闻部、司法部、议会联络与监察部、邮电通讯部、卫生部、公共工程与运输部、文化艺术部、旅游部、宗教事务部、妇女事务部、劳动和职业培训部、公共职务部。

第三节 柬埔寨现行法律体系

一、柬埔寨法律体系形成的历史背景

（一）法律体系的产生与发展

历史上柬埔寨长期遵循受佛教和高棉传统及仪式影响的政府法律体系。这个传统在柬埔寨被法国殖民化并引入民法法系时发生了变化。而自从脱离法国殖民走向独立以来，柬埔寨的法律又经历了许多转变。[1]

柬埔寨法律体系大致的变化如下：在法国殖民之前，柬埔寨采用的是基于协商一致的习惯规则。从1863年到1953年，柬埔寨的法律体系几乎完全基于法国体系。这一状况在1975年前不仅对柬埔寨的法律内容和法律教育制度产生了强烈的影响，而且对柬埔寨的律师、检察官、法官也产生了深远的影响。1979年1月7日，越南军队入侵并占领柬埔寨，因此这期间出现的法律受到越南法律的严重影响。在1991年至1993年联合国柬埔寨临时权力机构执政期间，颁布了一系列法律，包括刑法、司法法和新闻法等。在谈判达成《巴黎协定》后，柬埔寨于1993年颁布了新宪法。目前的法律制度是混合法制度，即柬埔寨习惯法与法国法律制度和普通法

---

[1] Hor Peng, Kong Phallack & Jörg Menzel: *Introduction to Cambodian Law*, Konrad-Adenauer-Stiftung, 2012, pp. 1-2.

系的混合。[1]

现在,柬埔寨的各部门法已经逐渐完善,民法典、民事诉讼法、刑法、刑事诉讼法、劳动法、环境法、土地与房屋法等基本法律均已完成制定。

(二)柬埔寨近年来司法改革的成果

自1993年成立以来,柬埔寨王国政府出台了一系列法律和司法改革举措。从1993年到2002年,政府成立了国家改革委员会、法律改革和司法改革委员会,并基于国家的政策进行法律和司法改革。此后,部长理事会通过了两个主要文件,即2003年的《法律和司法改革战略》以及2005年的《法律和司法改革战略的行动计划》。出台这两个文件主要是协调和调整政府及其发展伙伴在法律和司法改革方面的政策,保持两方政策的一致性,并防止资源重叠,同时加强合作和信息共享。

上述提到的改革战略中概述了七项战略目标,包括改善个人权利和自由、立法框架现代化、增加获得与法律和司法相关信息的机会、改进法律程序和相关服务、加强司法服务、使替代性争议解决程序多样化、加强法律和司法机构的任务和表现。在"2014—2018年国家战略发展计划"中,政府继续致力于实施法律和司法改革的七项战略目标。

二、当前柬埔寨的法律渊源

根据柬埔寨宪法委员会2007年的决定,柬埔寨的"法律"一词可以指国内法和国际法。根据柬埔寨法律法规以及目前的做法,柬埔寨的法律渊源可以分为主要渊源和次要渊源,主要渊源即国家权力机构制定的所有法律文件,次要渊源指习惯、传统、良知、公平、司法裁决、仲裁裁决和法学家学说等。在民事案件中,如果法律不明确,或者法律存在漏洞(例如,没有关于此类案件的法律规定),审判法院可以基于习俗、传统、良知和公平进行审判。[2]具体而言,柬埔寨目前的法律渊源有以下几种。[3]

---

[1] Hor Peng, Kong Phallock & Jörg Menzel: *Introduction to Cambodian Law*, Konrod-Adenauer-stifturg, 2012, pp. 7-9.

[2] Hor Peng, Kong Phallock & Jörg Menzel: *Introduction to Cambodian Law*, Konrod-Adenauer-stifturg, 2012, pp. 8.

[3] Guiguo WANG, Alan Yuk-Lun Lee, and Priscilla Mei-Fun LEUNG: *Essentials of the Laws of the Belt and Road Countries*, Zhejiang University Pless, 2018, pp. 10-12.

（一）宪法（The Constitution）

宪法是柬埔寨王国最具权威性的法律。国家立法机构制定的所有法律和决定必须严格遵守宪法。现行宪法主要是指1993年宪法及其修正案。

（二）法律（Laws）

法律由国会和参议院审议通过，并由国王颁布。

（三）圣旨（Royal Decrees）

圣旨是国王根据宪法而享有的权力，一般用来设立公共机构或者任命官员、大使或者法官。

（四）次级法令（Sub-Decrees）

次级法令通常由部长会议通过并由首相签署，主要用来完善已有法律或者任命政府官员。

（五）部门规章（Proclamations）

部门规章是指各部门制定的行政规章。它由相关部委编写并由相关部长签署，主要用于解释或者完善上级法律文件。

（六）决定（Decision）

决定是首相和相关部长发布的实施细则，《宪法》第150条提到了决定。但是，"决定"一词并不是依法定义的。在实践中，有不同类型的决定，如宪法委员会做出的决定、首相的决定、有关部长的决定等。宪法委员会的决定被认为是最重要和最具约束力的，它在法律体系中具有至高无上的地位，这意味着所有法律法规都必须严格符合宪法委员会的决定。

（七）通知（Circular）

通知是用于说明政府部门工作和事务的行政指示。它由首相和有关部长签署。

（八）地方规章（Bylaw）

地方规章是由地方议会批准的一项法律规则。"地方议会"是指首都议会、省议会、市议会、地区议会、Khans理事会、Sangkat理事会和公社理事会。这些组织有权发布地方规章。

（九）国际法（International Law）

根据宪法委员会2007年的决定，国际法被认为是柬埔寨法律的一个渊源。所有国际条约和公约都可以在得到国民议会和参议院批准并经国王签署后成为柬埔寨法律。而且柬埔寨《宪法》第31条规定，柬埔寨王国应承认并尊重《联合国宪章》《世界人权宣言》，以及与人权、妇女和儿童权利有关的条约和公约中规定的人权。[1]

第四节 涉柬埔寨的国际法律

一、柬埔寨加入政府间国际组织概况

目前为止,柬埔寨加入的政府间国际组织有联合国(UN)、世界贸易组织(WTO)、东南亚国家联盟(ASEAN,简称东盟)、亚洲开发银行(ADB,简称亚行)及亚洲基础设施投资银行(AIIB,简称亚投行)。

(一)柬埔寨与联合国

柬埔寨于1955年12月15日加入联合国。20世纪70年代末至90年代初,联合国为柬埔寨问题的全面解决以及柬埔寨的和平重建做出了历史性贡献。1992年联合国安理会还决定派出大规模的维和队伍并组成柬埔寨过渡时期联合国权力机构(United Nations Transitional Authority in Cambodia),该机构的设立是为了落实1991年10月签订于巴黎的柬埔寨和平协定,并保证柬埔寨在和平条件下进行公正自由的选举。近年来,联合国在经济、文化、医疗卫生等领域也给予了柬埔寨很多援助,促进了柬埔寨的发展。

(二)柬埔寨与世界贸易组织

柬埔寨于2004年10月13日加入世界贸易组织,是当时第一个加入WTO的最不发达国家。柬埔寨入世的过程并不容易,早在1994年柬埔寨就递交了加入世组织的申请,直到2003年9月世贸组织第五次部长级会议才批准了其成员资格。柬埔寨是目前WTO中最不发达的国家之一,但从长远来看,入世对于柬埔寨经济发展有较大的好处。同时,在经济全球化的背景下,这也是柬埔寨谋求发展的必然选择。

(三)柬埔寨与东盟

柬埔寨于1999年4月30日加入东盟,成为东盟第10个成员国。入盟后,柬埔寨积极参与东盟政治合作机制和经济一体化进程,坚持成员国

---

[1] Hor Peng, Kong Phallock & Jörg Menzel: *Introduction to Cambodian Law*, Konrod-Adenauer-stiftung, 2012, pp. 8-9.

协商一致和不干涉内政等原则,主张加强合作,缩小新老成员差距;重视国际反恐合作,积极支持建立东亚经济共同体和安全共同体。柬埔寨还重视加强东盟内部和大湄公河次区域经济合作,积极推动柬越老经济三角区、柬泰老经济三角区和柬泰老缅四国经济合作。2008年2月,柬埔寨国会通过《东盟宪章》。2012年,柬埔寨担任东盟轮值主席国,举办东亚峰会、东盟峰会、东盟外长会等多次国际会议。

(四) 柬埔寨与亚洲开发银行

柬埔寨于1966年加入亚行,在随后的50年间,亚行共向柬埔寨提供了26.5亿美元优惠贷款、无偿援助、技术援助等服务,用于农业、自然资源和农村发展(26%),运输业(19.73%),教育(9.58%),水源、基建和城市服务(9.23%),能源(6.75%),金融(8.67%),公共部门管理(7.62%),卫生医疗(3.16%),以及工业和贸易(2.68%)等领域。2017年至2019年3年间,亚行还将向柬提供10.9亿美元援助,包括8.72亿美元优惠贷款、1300万美元技术合作援助,主要用于农业、自然资源和农村发展,教育,能源,金融,工业,贸易,卫生和基础设施建设等领域。[1]

(五) 柬埔寨与亚投行

柬埔寨是亚投行的创始会员国,其投入了6230万美元,占该行总股权的0.0635%。未来再寻求基础建设资金时,柬埔寨将拥有除亚行、世行及货币基金组织外新的选择。作为发展中国家,柬埔寨在中国正在推进"一带一路"建设的同时,将从亚投行的资本中获得更多的机会,最大化地实现国家已经出台的基础设施建设发展规划。

二、柬埔寨缔结和加入的国际条约

(一) 人权方面的国际条约

柬埔寨《宪法》第31条承认并尊重《联合国宪章》《世界人权宣言》及与人权相关的公约中规定的人权,因此,柬埔寨加入的人权公约还是相当多的,如《公民权利和政治权利国际公约》《经济、社会及文化权利国际公约》《儿童权利公约》《消除一切形式种族歧视国际公约》《消除对妇女一切形式歧视公约》等。

---

[1] http://cb.mofcom.gov.cn/article/jmxw/201610/20161001404410.shtml,2018-10-30。

（二）知识产权方面的国际条约

柬埔寨在持续推进本国经济发展现代化进程的同时，为了促进与推进创新以及外国投资等事项，也加入了一些知识产权类的国际条约。

2016年12月8日，柬埔寨加入了《专利合作条约》（PCT）。此举意味着国际申请人（如果他们确实做出这种选择的话）将能够在最早的优先权日后的30个月内进入柬埔寨的国家审查阶段。自2016年12月8日起，柬埔寨的国民或居民也能够根据PCT的规定来递交国际申请。

此外，柬埔寨是WIPO（世界知识产权组织）的成员，于1989年加入了《巴黎公约》。柬埔寨还加入了马德里体系，签订了《马德里议定书》，这让柬埔寨在商标注册方面也与国际接轨。

（三）与争议的解决相关的公约

柬埔寨为了解决一些国际争端问题，还加入了《承认及执行外国仲裁裁决公约》（简称《纽约公约》）以及《解决国家与他国国民间投资争端公约》（简称《ICSID公约》）。外国仲裁裁决可以通过柬埔寨上诉法院承认与执行。

（四）区域性的国际条约

作为东盟的成员国之一，柬埔寨也加入了《东南亚友好合作条约》，以继续加强与东盟成员国之间的联系与交流。同时，随着中国、日本、韩国、俄罗斯等东盟之外的国家加入该条约，柬埔寨也能得到更多与其他国家合作的机会。

三、"一带一路"倡议下的中柬关系

（一）中柬合作的背景

"一带一路"倡议是由中国国家主席习近平在2013年提出的，随后成为中国一个至关重要的外交和经济政策。"一带一路"是"丝绸之路经济带"和"21世纪海上丝绸之路"的简称，丝绸之路经济带通过中亚连接中国与欧洲，21世纪海上丝绸之路通过海上航线和中国的沿海港口，经由南中国海、印度洋和南太平洋将中国与东南亚连接起来。这一区域合作倡议目标十分宏大，内容也十分丰富，合作内容覆盖政策沟通、设施互通、贸易畅通、资金融通和民心相通"五通"。政策互通是"五通"之首，它既是实施"一带一路"的政治基础与前提条件，又是助推剂，包括双方基于共同利益、共同信念、共同任务的政治互信，以及政治协调乃至战略合作。[1]基础设施方面，旨在通过创建多种形式（铁路、高速公路、港口、航空、油气管道、电力供应和通信等）的基础设施网络来改善联通。贸易和投资则重点关注通过消除关税壁垒来实现贸易和投资的便利化。资金融通的措施包括建立一个货币稳定系统、投资和贸易系统以及信用信息系统。民心相通的措施主要集中在文化和学术交流方面。为了支持这一倡议蓝图，中国主导成立了亚洲基础设施投资银行，法定资本为1 000亿美元；成立丝路基金，法定资本为400亿美元，以打破亚洲的互联互通瓶颈。基金将在"一带一路"倡议框架下为贸易和经济合作以及互联互通提供投资和资金支持。[2]

正如大多数丝绸之路沿线国家一样，柬埔寨已经对"一带一路"倡议表明了积极的态度和坚定的支持。2016年8月1日，柬埔寨首相洪森与时任中国商务部部长高虎城进行会面，双方积极评价中柬友好和互利合作取得的积极成果，均表示愿意继续相互支持，加深两国传统友谊，加强"一带一路"合作和发展战略对接。[3]2016年10月，在中国国家主席习近平访问柬埔寨期间，柬中两国政府就如何将"一带一路"倡议与柬埔寨的"四角战略"相对接进行了讨论，柬方明确支持"一带一路"倡议。在这次访问期间，双方还签署了31项合作文件，制定了50亿美元的双边贸易额目标。[4]

（二）中柬外交和政治关系

柬埔寨与中国在1958年建立正式外交关系以来就一直保持着亲密的关系。在习近平主席提出"一带一路"倡议后，两国间的政治关系更加紧密。2016年10月，在中国国家主席习近平访问柬埔寨期间，柬中两国签署了旨在提升双边关系和进一步深化全面战略合作伙伴关系的31项协议，其中包括柬中两国《关于编制共同推进"一带一路"建设合作规划纲要的谅解备忘录》[5]，这些协议涉及的合作领域包括经济、科技、能源、

---

[1] 北京大学"一带一路"五通指数研究课题组：《"一带一路"沿线国家五通指数报告》，经济日报出版社，2017，第77页。
[2] ［柬］兴旺达著，颜洁译：《"一带一路"倡议背景下的柬埔寨—中国关系》，载《东南亚纵横》，2017年第6期。
[3] http://www.mofcom.gov.cn/article/ae/ai/201608/20160801370290.shtml，2018 - 10 - 30。
[4] http://www.gov.cn/xinwen/2016 - 10/14/content_5118780.htm，2018 - 10 - 30。
[5] http://paper.people.com.cn/rmrbhwb/html/2017 - 05/14/content_1774317.htm，2018 - 10 - 30。

海洋资源保护、医疗、灌溉技术、基础设施建设、水资源、工业、机场建设、电力、大米出口以及其他领域。柬方还重申"一个中国"政策，反对任何形式的"台独"言论，愿与中方继续增进外交、国防、执法、安全领域的交流。[1]这既为"一带一路"倡议的推进找到新出口，又为两国发展带来实实在在的好处。2018年是中柬建交60周年，相信双方的外交关系会达到新的高度，两国的关系将更为紧密融洽，携手实现共同发展与繁荣。

（三）中柬经济关系

在过去的几十年里，柬中两国不断深化的经济关系使双边贸易发生了重大的变化。柬埔寨凭借其优越的地理区位、丰富的自然资源、优惠的投资政策、廉价的劳动力、良好的投资发展潜力等优势，吸引了越来越多中国企业的投资。尤其是中国—东盟自由贸易区全面建成、"一带一路"倡议的全面实施，为中柬双边的经济发展注入新的活力，中国对柬埔寨的投资规模迅速扩大。[2]双边贸易额在进入21世纪后迅速地增长，从2000年的2.23亿美元增长到2015年的43.3亿美元。[3]2017年，柬中双边贸易额接近56亿美元。中国还是柬埔寨最大的进口来源国，2015年柬埔寨从中国的进口额是39.2亿美元，占当年进口总额的37%。中国还通过发起成立亚洲基础设施投资银行、成立丝路基金以及投资一些基础设施项目给予了柬埔寨很大的帮助。"一带一路"倡议所带来的机遇为包括柬埔寨在内的许多国家进一步加强与中国的外交和经济关系注入了强大动力。此外，中国目前已经成为柬埔寨最大的援助国，在过去的20年间，中国向柬埔寨提供了150亿美元的援助，这使得柬埔寨减少了对西方国家援助的依赖。仅2016年，在中国国家主席习近平访问柬埔寨之前，中国就向柬埔寨提供了至少6亿美元的援助；在习近平主席访柬期间，中国又再保证向柬埔寨提供2.37亿美元的援助。[4]同时，中国对柬埔寨的援助不仅数目金额庞大，涉及的领域也很广，援助深入到基础设施建设以及文化、农业、医疗等领域。在宏伟的"一带一路"倡议中，随着中国作为强势经济

---

[1] http：//world.people.com.cn/n1/2016/1013/c1002-28775092.html，2018-10-30.

[2] 朱陆民、崔婷：《中国对柬埔寨直接投资的政治风险及化解路径》，载《国际关系研究》，2018年第1期。

[3] https：//www.trademap.org/Bilateral_TS.aspx?nvpm=1｜156｜｜116｜｜TOTAL｜｜｜2｜1｜1｜2｜1｜1｜1｜1，2018-10-30.

[4] http：//www.ippreview.com/index.php/Blog/single/id/255.html，2018-10-30.

和政治力量的崛起,中国将在柬埔寨外国援助和发展中扮演更为重要的角色。

柬埔寨与中国的关系在外交、经济、文化等领域都取得了很好的进展。在"一带一路"倡议下,两国将进一步开展更多合作与交流。一方面,对中国来说,柬埔寨是其"一带一路"倡议的重要伙伴,且柬埔寨对于基础设施建设的迫切需求和国内丰富的自然资源都十分符合"一带一路"倡议关注的焦点。[1]另一方面,对柬埔寨来说,"一带一路"倡议有助于发展本国基础设施、加速实现国内工业化进程以及促进旅游业的发展,双方的合作无疑是共赢互利的正确之选。

---

[1] [柬]兴旺达著,颜洁译:《"一带一路"倡议背景下的柬埔寨—中国关系》,载《东南亚纵横》,2017年第6期。

第二章
柬埔寨对外贸易法律制度研究

第一节 柬埔寨对外贸易立法及其管理体系概述

一、柬埔寨对外贸易立法

柬埔寨自 20 世纪 90 年代初政治趋于稳定后，积极加入世界经济体系，内部推行市场化改革，外部推行吸引外资与贸易自由化的策略。这一柬埔寨版"改革开放"的基本国策使得柬埔寨在短短 20 年间，经济发展异常迅速。近 5 年，柬埔寨的 GDP 增速都保持在 7% 左右，在东盟国家中，柬埔寨是经济成长最快的国家。[1] 就其涉外贸易法而言，总体上亦显现出国际化、自由化、便利化的特征。

首先，柬埔寨先后于 1999 年加入东盟，2004 年加入世界贸易组织，并且是中国—东盟自由贸易区成员，因此柬埔寨国内的贸易法规必须符合世界贸易组织、东盟以及中国—东盟自由贸易区的法律规定。世界贸易法中规定的最惠国待遇、国民待遇、透明度、不得变相限制贸易、贸易便利化等基本原则都渗透到柬埔寨贸易法的立法理念之中。因此，柬埔寨加入这些国际组织本身，即可表明其加入世界贸易体系的决心，其贸易法当然就能够体现国际贸易法的一般特征。

其次，为了加强外贸管理措施的法治化，柬埔寨陆续出台了一系列国内贸易法规。比如 2007 年出台了《海关法》，对关税征收、关税减免等内容做出了具体规定；2013 年出台了《原产地证书申请程序法》，为柬埔寨

---

[1] 陶凤：《谁制造了柬埔寨经济起飞》，http：//www.bbtnews.com.cn/2017/1218/222708.shtml，2018 - 05 - 31。

产品在出口过程中申请原产地证书提供了简洁、便利的申请程序；2003年以"次级法令"形式颁布了《动物和动物产品卫生检验检疫法令》，规定了进口动物及动物产品的卫生检验检疫规则等。

与柬埔寨投资法相比，柬埔寨贸易法律体系较为零散，并没有一部统一的对外贸易法。除了已经提及的《海关法》和《原产地证书申请程序法》外，与对外贸易相关的规则还存在于《进出口商品关税管理法》《关于商业公司贸易行为的规定》《关于实施装运前检验服务的规定》《加入世界贸易组织法》等法律法规中。[1]这些法律法规构成了相对完整的调整与柬埔寨相关的贸易行为的规则体系。本章内容将主要以柬埔寨《海关法》等法律法规以及柬埔寨所签订的自由贸易协定为核心，对相关法律规定进行分析。

二、柬埔寨对外贸易行政管理体系

柬埔寨商业部是负责该国对外贸易事务的综合性管理部门，提供原产地证书的审核与发放、公司注册、商标注册等服务，也是监管外贸市场是否公平有序的部门，负责贸易公平的调查和救济。

除了柬埔寨商业部这一综合性管理部门外，柬埔寨海关总署是与贸易密切相关的重要职能部门，主要负责关税征收工作。柬埔寨海关总署隶属于柬埔寨财经部。

此外，包括农林渔业部在内的其他部门负责商品进出口过程中的卫生检验检疫、质量安全检验等具体工作。上述行政机关虽不具有相互隶属关系，但是在管辖事务上具有交叉性，共同维系着柬埔寨外贸进出口事务的安全、高效和有秩序的运转。

第二节 市场准入与贸易待遇

一、柬埔寨市场准入

柬埔寨推行并发展自由市场经济，在相继加入东盟和WTO后，其国

---

[1] 我国驻柬埔寨经济商务参赞处：《柬埔寨对外贸易的法规和政策规定》，http：//cb.mofcom.gov.cn/article/ddfg/201404/20140400559801.shtml，2018-05-31。

内市场的开放度进一步提高。有报道认为,柬埔寨可以被认为是全球49个最不发达国家中经济最开放的国家。一国的市场准入范围和程度,被视为该国经济自由度最为重要和直接的象征。在货物贸易方面,柬埔寨原则上不进行限制,按照WTO法的相关规定,柬埔寨于2007年12月31日由洪森首相签发了第209号部门规章(Anukret No.209),规定出于国家安全和公共秩序等原因,可以对具体列明的产品实行完全或限制贸易做法。而在服务贸易方面,柬埔寨则并未出台具体的法律规定,其对于金融、电信、旅游等服务业的开放,在其入世议定书和《中国—东盟自由贸易协定》中做出了规定,两者几乎相同。下面将分别论述之。

(一) 货物贸易市场准入

第209号部门规章第1条规定:"按照2007年柬埔寨关税税则,涉及1537个税号的商品将属于禁止或被限制进出口的范围,其详细清单在附件中列明。"总体上看,柬埔寨限制进口的主要是与威胁国家安全与民众生命健康有关的产品,而限制出口的主要包括文物、原木、贵重金属等与保护柬埔寨历史文化遗产和自然生态资源相关的产品。其具体清单可参见柬埔寨海关总署网站中列出的第209号部门规章的附件。[1]

第209号部门规章附件第1条规定,禁止或限制进出口货物应满足特定的法律目的。根据该条,这些目的共包括7项,分别为:(1) 为了保护国家安全;(2) 为了保护公共秩序和公共道德;(3) 为了保护人类和动植物生命健康;(4) 为了保护国家艺术、历史或考古遗产;(5) 为了保护自然资源;(6) 为了遵守柬埔寨现行有效的法律法规;(7) 为了履行《联合国宪章》中所规定的义务。出于上述目的,可以在数量上直接禁止或限制商品进出口。附件中所列涉及1537个税号的商品都与实现上述社会目的或为履行国际法义务相关。实际上,在世界贸易体系中,GATT(《关税及贸易总协定》,简称《关贸总协定》)第20条也已设置了贸易自由化的"一般例外";GATT第21条进一步规定了贸易自由的"国家安全例外"。柬埔寨《海关法》第8条的规定,以及此处附件的第1条,实际上是对WTO法的转化。

对于列入禁止或限制进出口清单中的产品,柬埔寨可以绝对地限制进出口,或者采用进出口"许可证"的方式对允许的进出口配额加以管理。

---

[1] http://www.customs.gov.kh/wp-content/uploads/2015/05/Anukrit-209-on-Enforcement-of-the-List-of-Prohibited-and-Restricted-Goods.pdf,2018 - 06 - 03。

应当提及的是，非商业使用的物品，诸如样品、个人随身物品可以从该清单中得到豁免，但是如果该物品本身对公共安全具有高风险性，则不应得到豁免。

对于部分商品，虽然进出口的数量上没有直接限制，但出于上述促进社会目的实现的考虑，这些商品在进出口前应得到柬埔寨相关部门的批准。根据第209号部门规章附件第2条的规定，相关的批准要求包括：（1）进口飞机用物件和技术设备，应得到民航局的批准；（2）所有种类的二手制冷设备以及使用消耗臭氧物质的全新设备的进口，应得到环保部的批准；（3）相关货物出口如需要动植物健康证明，应向农林渔业部申请获得相关证明；（4）出口矿产，应得到矿产能源部的批准；（5）进口生产药物的物质，应得到卫生部的批准；（5）进口清单中未列明的动物药品，应得到农林渔业部的批准。为了防止程序的冲突，该条同时规定，如果相关批准已经从柬埔寨发展理事会（CDC）处获得，则不必再向具体部门申请批准，但出于公共安全的原因，其交通运输受到限制的除外。

（二）服务贸易市场准入

所谓"服务贸易"，并没有统一的定义。在乌拉圭回合谈判时，各成员国将服务贸易分为12个门类，分别规定其市场准入的程度。这12个部门为：（1）商业服务（包括法律、会计、工程设计等专业服务）；（2）通信服务（包括邮政、快递、电信服务等）；（3）建筑及相关工程服务；（4）分销服务（包括批发零售服务、特许经营服务等）；（5）教育服务；（6）环境服务（包括污水处理服务、废物处理服务、卫生及其相关服务、其他环境服务）；（7）金融服务（主要指银行和保险业及相关的金融服务活动）；（8）健康与社会服务；（9）旅游及相关服务（包括宾馆和饭店服务、旅行社及旅游经营者提供的服务、导游服务）；（10）娱乐、文化与体育服务；（11）交通运输服务（包括空运、海运、管道运输、交通运输配套服务等）；（12）其他服务。[1]

和货物贸易相比，各国服务贸易的开放程度较低；实际上服务贸易的开放和一国允许外国投资的范围紧密相连。因为投资者在外国提供服务，一般都需要在该国建立商业存在，比如设立公司或办事处等。就柬埔寨而言，其在服务贸易各部门的开放内容，在其入世议定书中进行了规定。如上所述，在《中国—东盟自由贸易协定》中柬埔寨也对其服务贸易开放的

---

[1] 曹建明、贺小勇：《世界贸易组织》，法律出版社，2011，第235—236页。

内容进行了详细列举,这些内容与柬埔寨加入 WTO 时承诺开放的领域几乎相同。柬埔寨对于外国投资除了"负面清单"中明确列举禁止进入的领域外,其他领域都允许外资进入,此处不再赘述(详见第三章)。在具体领域中的特别限制,可参看《柬埔寨在中国—东盟自贸区〈服务贸易协议〉中的具体承诺减让表》。[1] 2012 年,经过中国和东盟的谈判,各国又推出了第二批具体承诺的议定书及附件。[2]

有必要提及的是,中国—东盟自贸区《服务贸易协议》的第 18 条原则性规定了服务贸易领域的纪律。根据该条,除非在各国服务贸易减让表中具体列明,否则缔约方不得在其领土内维持或采取以下措施:(1)无论是以数量配额、垄断、专营服务提供者的形式,还是以经济需求测试要求的形式,限制服务提供者的数量;(2)以数量配额或经济需求测试要求的形式,限制服务交易或资产总值;(3)以配额或经济需求测试要求的形式,限制服务业务总数或以指定数量单位表示的服务产出总量;(4)以数量配额或经济需求测试要求的形式,限制特定服务部门或服务提供者可雇用的、提供具体服务所必需且直接有关的自然人总数;(5)限制或要求服务提供者通过特定类型法律实体或合营企业提供服务的措施;(6)以限制外国股权最高百分比或限制单个或总体外国投资总额的方式限制外国资本的参与。

二、普惠制待遇

普惠制待遇是发达国家给予发展中国家,尤其是最不发达国家出口产品的普遍、非歧视和非互惠的关税减免待遇。在以 1947 年《关贸总协定》为核心的世界贸易规则体系中,为了促进贸易的自由化,确立了最惠国待遇和国民待遇原则。那么,原则上而言,各国的产品在进入另一国家时应该享受和来自其他国家的产品同等的待遇,发展中国家和发达国家的产品处于同一条件下竞争。然而,这种"表面上的公平"导致发展中国家在对外贸易中贸易逆差过大,从而负债累累。这对第二次世界大战后促进发展中国家经济的发展,乃至于世界经济的恢复都不利。在此背景下,1968 年,在联合国的牵头下,第二届贸易与发展会议通过了《对发展中国家出

---

[1] http://fta.mofcom.gov.cn/dongmeng/annex/jianpuzhai_chengruo.pdf,2018-06-04。

[2] http://fta.mofcom.gov.cn/article/chinadongmeng/dongmengnews/201202/9435_1.html,2018-06-04。

口至发达国家的制成品及半制成品予以优惠进口或免税进口的决议》,该决议中首次确立了"普惠制待遇"。

根据该决议,发达国家可以自行颁布给予"普遍优惠"的方案,确定受惠国的范围,以及对来自受惠国的哪些产品进行关税上的减免。各国颁布的普惠制方案每隔10年可进行一次复查,也就是说普惠制方案的有效期为10年。此后,发达国家陆续颁布了自己的普惠制方案。比如,1971年7月欧共体率先颁布并开始实施其普惠制优惠。值得提及的是,1971年的普惠制10年授权于1981年到期时,《关贸总协定》的缔约国在1979年的东京回合通过了著名的《有差别与更优惠待遇、对等与发展中国家充分分担协定》。[1]该协定规定:"尽管总协定第一条规定,但缔约国给予发展中国家的有差别和更为优惠的待遇,无须给予其他缔约国。"这一条款又被称为"授权条款",实质上为普惠制在世界贸易法律体系中的延续奠定了条文基础。

我国曾经是普惠制待遇的最大受益国。除了美国出于种种原因没有给予我国"受惠国"地位以外,包括欧盟在内的其他众多发达国家及地区都给予了我国和其他发展中国家同等的贸易优惠待遇。但是随着我国经济的快速发展,人均国民收入的提高,我国所享受的普惠制待遇逐渐被许多国家及地区取消。欧盟在2003年开始就陆续取消对我国输欧某些类别产品的普遍优惠待遇。而从2015年开始,我国作为一个整体,已经从欧盟给予的受惠国名单中被剔除,也可以说是从欧盟普惠制中"毕业"。

柬埔寨一直以来都被联合国、世界银行等国际组织认定为"最不发达国家",因此长期以来受益于"普惠制待遇"。其最大的两个贸易伙伴欧盟和美国也都给予其普惠制待遇,但情况略有不同。

第一,就欧盟的关税优惠而言,欧盟在普惠制之下,制订了对最不发达国家的特殊安排,即EBA(Everything but Arms)计划。根据此计划,欧盟对最不发达国家除武器之外的所有产品给予免关税、免配额待遇。此计划自2001年开始执行。但对于香蕉、大米和糖三类产品的进口例外。[2]欧盟也认定柬埔寨是最不发达国家,因此柬埔寨出口欧盟的除香

---

[1] 黄东黎、杨国华:《世界贸易组织法:理论·条约·中国案例》,社会科学文献出版社,2013,第166页。
[2] 我国驻欧盟使团经济商务参赞处:《欧盟优惠贸易政策》,http://eu.mofcom.gov.cn/article/ddfg/e/201601/20160101230193.shtml,2018-05-31。

蕉、大米和糖之外的产品享受零关税待遇。即使将来柬埔寨脱离最不发达国家的行列，其仍然可以在一段时间内享受欧盟给予发展中国家的普遍优惠制。在欧盟现行的方案下，进口产品被分为敏感产品和非敏感产品两类。其中，大部分工业品属于非敏感产品，绝大多数农产品属于敏感产品。工业品中的敏感产品主要包括纺织品、服装、地毯、鞋类。欧盟将给予受惠国非敏感产品免关税待遇。而敏感产品将享受低于欧盟正常关税3.5个百分点，或低于从量税30%的优惠准入，但涉及欧盟普惠制第50～63章的产品（主要是纺织品和服装），关税优惠幅度仍然较大，为20%。[1]

第二，就美国给予柬埔寨的普惠制待遇而言，美国自从普惠制实施以来，一直给予柬埔寨普惠制待遇。在2016年重新审查其普惠制实施方案时，再次确认给予原产于柬埔寨产品普惠制待遇至2020年。和欧盟实施的普惠制不同的是，美国并没有类似于给予最不发达国家的特别优惠安排，因此柬埔寨产品从美国获得的优惠待遇的范围和幅度都不如欧盟所给予的。就目前而言，美国给予柬埔寨优惠关税待遇的产品，也只占柬埔寨出口产品的80%左右。[2]从具体产业上看，美国一直给予来自柬埔寨的服装产品普惠制待遇，这对我国在柬设立的服装企业而言非常重要。[3]此外，从2016年底开始，美国还增加了对来自柬埔寨的旅行用品的普惠制待遇。[4]

就柬埔寨出口产品从美欧所获利益而言，每年获得美国的普惠制和欧盟提供的EBA关税优惠，这两种优惠占柬埔寨出口总额超过60%。[5]因此，普惠制之下，原产于柬埔寨的产品能够获得的优惠，也成为柬埔寨吸引外来投资的重要因素之一。但应注意的是，凡是需获得普惠制优惠的出口产品，必须在柬埔寨商业部申请原产地证书。下文将详述。

---

[1] 我国驻欧盟使团经济商务参赞处：《欧盟优惠贸易政策》，http://eu.mofcom.gov.cn/article/ddfg/e/201601/20160101230193.shtml，2018-05-31。

[2] 阮志强：《柬方要求美方信守承诺 让更多产品享有零关税》，http://www.sohu.com/a/167903431_413350，2018-05-31。

[3] 我国驻柬埔寨经济商务参赞处：《我国纺织"走出去"在柬现状及分析》，http://cb.mofcom.gov.cn/article/zwrenkou/200512/20051201034046.shtml，2018-05-31。

[4] 我国驻柬埔寨经济商务参赞处：《美国予柬普惠制待遇将延长至2020年》，http://cb.mofcom.gov.cn/article/jmxw/201804/20180402737498.shtml，2018-05-31。

[5] 我国驻柬埔寨经济商务参赞处：《柬再获美国普惠制待遇》，http://www.mofcom.gov.cn/article/i/jyjl/j/201607/20160701354793.shtml，2018-05-31。

三、最惠国待遇

最惠国待遇（Most-Favored-Nation Treatment，MFN）是国际贸易法律体系中的"基石性"制度，对于促进贸易自由化有着至关重要的作用。通常而言，最惠国待遇是指一国给予另一国进口商品的待遇应不低于其给予任何其他国家同类商品的待遇。因此，最惠国待遇原则又被形象地称为"外—外平等"原则。无论是在WTO法中，还是在《中国—东盟自由贸易协定》（简称《中国—东盟自贸协定》）中，最惠国待遇都是基本性法律原则。

根据GATT 1994第1条的规定，"在对进口或出口、有关进口或出口或对进口或出口产品的国际支付转移所征收的关税和费用方面，在征收此类关税和费用的方法方面，在有关进口和出口的全部规章手续方面，以及在第3条第2款和第4款所指的所有事项方面，任何缔约方给予来自或运往任何其他国家任何产品的利益、优惠、特权或豁免应立即无条件地给予来自或运往所有其他缔约方领土的同类产品"。因此，最惠国待遇涉及的一国贸易管理措施的范围包括：关税和其他非关税费用的额度，关税和其他费用征收的方式和手续、国内税费、国内销售措施。但凡涉及上述措施的，都在最惠国待遇原则的调控范围之内。同时，最惠国待遇的给予应该是立即和无条件的。

我国和东盟十国签订的《中国—东盟自贸协定》生效后，我国出口柬埔寨以及其他东盟国家的商品，将享受比其他WTO成员方更加优惠的待遇。《中国—东盟自贸协定》中没有规定的，仍然按照WTO中柬埔寨做出的有关市场准入、关税税率的承诺予以适用。一般来讲，《中国—东盟自贸协定》中的约束关税的覆盖面要远远高于柬埔寨在加入WTO时谈判达成的约束关税的范围，并且关税减让的程度在《中国—东盟自贸协定》中也有更大幅度的降低，我国出口柬埔寨接近90%的商品在2015年后已经享受零关税待遇。

应当注意的是，对于判断一国是否违反"最惠国待遇"规则而言，最为困难的是判断争端中的商品是否与享受更为优惠待遇的商品是"同类商品（like product）"。在"日本酒类税案"中，欧盟认为日本给予进口"清酒"和"伏特加"更为优惠的关税，违反了最惠国待遇原则。本案上诉机构详细论证了"同类产品"的认定标准。上诉机构认为，判断"同类产品",应对以下四个方面进行综合考察:(1)商品的特性、品质等物理特征;(2)商品的最终用途;(3)商品在特定市场中消费者的习惯和偏好;(4)商品的关税税则号。在"菲律宾蒸馏酒案"中,菲律宾对本地产甘蔗酿造的蒸馏酒征收的消费税明显低于进口的白兰地、伏特加、朗姆等洋酒。专家组认为,在物理特性方面,甘蔗酿造的蒸馏酒和相关进口洋酒都是通过蒸馏程序生产的饮用乙醇的浓缩形式,它们的绝大部分成分都是乙醇和水,平均乙醇含量为25%~40%,同一种类的酒往往具有近似的酒精含量。所有的蒸馏酒都是半透明的,颜色从透明到金色或红褐色都有。也就是说,WTO专家组认定进口与国产蒸馏酒之间在物理特性和质量方面不存在差异,指定原料与其他原料生产的蒸馏酒之间也没有差别。在产品最终用途方面,本案中所有的蒸馏酒都拥有同样的最终用途,即用于社交、放松以及对酒精的满足。在消费者喜好与习惯方面,专家组认为,消费者在购买蒸馏酒时并不区分进口或国产,也不区分生产原料,产品的功能是类似的。就关税税则号列(简称税号)而言,专家组认为,在4位数标题层面,相关产品在同一大项下。因此认定甘蔗酿造的蒸馏酒和相关进口洋酒属于"同类产品",裁定菲律宾区别征税的行为违反最惠国待遇规则。然而本案上诉机构认为,关税分类只有在足够详细的情况下,才能被用作认定产品"类似性"的依据。本案中,HS2208 4位数标题的规定不够详细,不具备足够的证据效力。而上诉机构发现在HS编码6位数子标题中,甘蔗酿造的蒸馏酒和相关进口洋酒具有不同的税号,因此,单从税号角度看,它们不应被视为同类产品。但是上诉机构认为通过前三个要素的分析已经可以认定争议产品是同类产品。因此,对于"同类产品"的判断,应当是一项综合性认定活动,并且只有在个案中进行具体分析才能够得出。

对于我国出口企业而言,如果在出口柬埔寨的贸易中,发现柬埔寨所给予我国商品的待遇违反最惠国原则,应对照上述标准对柬埔寨的有关措施是否违反最惠国待遇的原则进行初步评估,并在此基础上,寻求争端的最终解决。

四、国民待遇

国民待遇(National Treatment,NT)和最惠国待遇共同构成国际贸易法中的非歧视原则的核心内涵。通常来讲,国民待遇是指一国给予外国商品（或服务贸易中的服务和服务提供者）的待遇不得低于给予本国同类商品（或服务贸易中的服务和服务提供者）的待遇。同样地，国民待遇条款既是 WTO 法，也是《中国—东盟自由贸易协定》中的基础性条款，其内容几乎完全一致。

以 WTO 法中的规定为例，国民待遇原则被规定在 GATT 1947 的第 3 条中。该条要求成员国给予他国商品的待遇在国内税费以及影响国内销售、购买、运输、分销和使用方面都不得低于给予同类国产品所享有的待遇。因此，作为 WTO 成员方的柬埔寨也应当遵守这一基本纪律。应当注意的是，此处的"不低于"，并不是要求成员国给予他国商品在本国的待遇应该与国产品的待遇完全一样，而是强调在事实上进口商品享有的待遇较国产品更差，从而造成进口商品在东道国销售成本的上升，造成与国产品竞争时的相对劣势。关于"同类产品"的判断，如同已在有关最惠国待遇的内容所述，专家组和上诉机构通过"日本酒类税案""菲律宾蒸馏酒案"等系列案件已经阐释了，对同类产品的判断是在个案中，在比较产品的物理特性、消费者偏好与习惯、产品的最终用途以及对关税税则号进行综合分析的基础上判断。但需要指出的是，在国民待遇条款中，对于"国内税费"的国民待遇的判断，同类产品的范围更为宽泛。应注意到，GATT 1947 的第 3.2 条有一条注释，其规定，"符合第 2 款第一句要求的国内税，只有在已税产品与未同样征税的直接竞争或替代产品之间存在竞争的情况下，方被视为与第二句规定不一致"。因此，对该款下同类产品的判断，可以扩及"具有替代关系的竞争产品"。相比之下，较之最惠国待遇中"同类产品"以及"国内销售、使用"待遇下的"同类产品"的范围更为宽泛。如此规定，是为了更加严格地防范成员国利用国内税费上的差异，限制进口商品在本国市场中的竞争。

总而言之，给予 WTO 其他成员国国民待遇是柬埔寨应当承担的法定义务。对于我国企业而言，国民待遇条款是对我国商品进入柬埔寨市场的重要维权工具。我国出口商或华资进口商一旦发现我国商品在柬埔寨的税费，如国内消费税、增值税以及其他费用上与柬埔寨本国产商品存在较低的待遇，或者在影响我国商品在柬埔寨国内市场上销售、运输、分销使用等方面的较低待遇，造成我国商品的竞争力被削弱时，应当利用"国民待遇条款"积极维护法律赋予的权利。可采取在柬埔寨司法体制下的救济渠道，或者向我国的商务主管部门反映，寻求国家层面提供的救济。

第三节 原产地规则

原产地规则（Rules of Origin），是指一个国家或地区为确定货物原产地而实施的普遍适用的法律、法规及行政决定，其核心是判断货物原产地的具体方法和标准。正如上文所述，如果产品的原产地是柬埔寨，那么这些产品将可能获得普遍优惠制下的关税减免待遇，在东盟贸易区内部国家之间的贸易，以及在与柬埔寨签订有自由贸易协定的国家之间的贸易，都将享有更加优惠的待遇，但前提都是确认进口商品来自柬埔寨。那么，对于我国在柬投资企业而言，非常重要的一项工作即为申领柬埔寨的原产地证明。

一、确定商品原产地的标准

在贸易法中，只有满足一定标准的产品才能获得一国的原产地证明。该问题对于大部分农产品以及完全在一国境内加工完成的商品而言，并非难题，因为可直接将生产国认定为原产国。但是，对于那些在两个或两个以上国家生产、最终成型的商品而言，确定其原产地则较为困难。在WTO法中，各成员国被赋予制定本国原产地规则的权力，但是WTO《原产地规则协定》的第2条规定，在各国协调制定统一原产地规则之前的过渡期内，各成员国应保证在发布确定原产地的法规时，须满足以下要求：（1）在适用税则归类改变标准的情况下，此种原产地规则及其任何例外必须明确列明税则目录中该规则所针对的子目或品目；（2）在适用从价百分比标准的情况下，原产地规则中也应标明计算百分比的方法；（3）在适用制造或加工工序标准的情况下，应准确列明授予有关货物原产地的工序。因此，WTO《原产地规则协定》将实践中普遍存在的判定原产地的三种标准归纳出来，并规定了采用各种方法时的纪律。比如，我国1986年颁布的《中华人民共和国海关关于进口货物原产地的暂行规定》第3条第1款规定："经过几个国家加工、制造的进口货物，以最后一个对货物进行经济上可以视为实质性加工的国家作为有关货物的原产国。"该条第2款进一步规定："所称'实质性加工'，是指产品加工后，在《海关进出口税则》中四位数税号一级的税则归类已经发生改变；或者加工增值部门所占新产品总值的比例已经超过30%及其以上的。"

柬埔寨有关原产地规则的立法可分为以下两个部分。

第一,"完全获得标准"。柬埔寨《海关法》第20条规定:"海关应根据进出口货物的原产地征收可适用的关税。对于以下两类产品的原产地而言,该产品的生产国即为原产国:(1)对于农产品的原产地,也即直接从土地中收割、获取的产品;(2)对于仅在一个国家制造,并且原料也完全来自该国的工业产品。"其标准在2003年《中国—东盟自由贸易区原产地规则》中做出了更加详细的规定。

根据《中国—东盟自由贸易区原产地规则》的"规则三",下列产品应视为规则二(一)所指的"完全在一成员方获得或生产:(1)在该成员方收获、采摘或收集的植物及植物产品;(2)在该成员方出生及饲养的活动物;(3)在该成员方从上述第(2)项活动物中获得的产品;(4)在该成员方狩猎、诱捕、捕捞、水产养殖、收集或捕获所得的产品;(5)从该成员方领土、领水、海床或海床底土开采或提取的除上述第1～4项以外的矿物质或其他天然生成的物质;(6)在该成员方领水以外的水域、海床或海床底土获得的产品,但该成员方须按照国际法规定有权开发上述水域、海床及海床底土;(7)在该成员方注册或悬挂该成员方国旗的船只在公海捕捞获得的鱼类及其他海产品;(8)在该成员方注册或悬挂该成员方国旗的加工船上仅加工及/或制造上述第7项的产品所得的产品;(9)在该成员方收集的既不能用于原用途,也不能恢复或修理,仅适于用作弃置或原材料部分品的回收,或者仅适于作再生用途的物品;(10)仅用上述第1～9项所列产品在一成员方加工获得的产品。"可见,《中国—东盟自由贸易区原产地规则》规定得十分详细,作为缔约国的中国和包括柬埔寨在内的东盟国家都应遵守。

第二,非完全获得情形下的标准。柬埔寨为了适应东盟国家内部原产地规则的统一适用,就该标准制定了专门的原产地规则。同时,在中国—东盟框架下签订的《中国—东盟自由贸易区原产地规则》也对该标准做出了详细的规定。两者规定内容基本一致。我们以《中国—东盟自由贸易区原产地规则》(以下称《规则》)中的规定进行阐述。

《规则》第4条第1款规定:"符合下列产品应视为规则二(二)中所指的原产产品:(1)原产于任一成员方的成分应不少于40%;或(2)原产于一成员方境外(即非中国—东盟自由贸易区)的材料、零件或产物的总价值不超过所获得或生产产品离岸价格的60%,且最后生产工序在成员方境内完成。"该条第 2 款规定:"在本附件中,上款第 2 项所规定的原产地标准称为'中国—东盟自由贸易区成分'。40% 中国—东盟自由贸易区成分的计算公式如下:非中国—东盟自由贸易区的材料价值+不明产地的材料价值/离岸价格×100% ＜60%。因此,中国—东盟自由贸易区成分:100% - 非中国 - 东盟自由贸易区材料 = 至少 40%。"《规则》第 5 条规定了"累计原产地规则",根据该条"除另有规定的以外,符合第 2 条原产地要求的产品在一成员方境内用作享受《协议》优惠待遇的制成品的材料,如最终产品的中国—东盟自由贸易区累计成分(即所有成员方成分的完全累计)不低于 40%,则该产品应视为原产于制造或加工该制成品的成员方境内"。

二、申请柬埔寨原产地证书的程序

柬埔寨商业部于 2013 年颁布了第 112 号《关于发放原产地证书的程序法》,该法规详细规定了柬埔寨生产商和出口商申请柬埔寨原产地证书的要求和程序。

第一,该法第 2 条规定,任何申请柬埔寨原产地证书的生产商和出口商必须首先在其商业部注册为合格出口商。根据该条,"从柬埔寨出口商品的生产商和出口商必须前往商业部技术司(Technical Department of the Ministry of Commerce)注册为合格出口商。将要出口除农产品、服装、纺织品和鞋类以外产品的,其申请书还必须附有出口产品生产成本的详细分类说明,从而可以按照关税优惠提供国的要求计算该产品可以享受的优惠"。

第二,该法第 3 条规定了向哪个部门申请原产地证书。根据该条,"从柬埔寨向全球市场出口商品的生产商和出口商,不管出口的对象国是否给予柬埔寨出口优惠,都必须申请原产地证书;生产商和出口商可以向商业部技术司,或者柬埔寨发展理事会设立的单一窗口(Single Window of CDC),或者在商业部设在全国各特别经济区中的办事处申请原产地证书"。因此,该条规定可以受理原产地证书申领的机关包括三家:商业部技术司、柬埔寨发展理事会及在各经济特区中的商业部办事处。这样就给予了生产商和出口商极大的灵活性,对于我国在柬埔寨经济特区中的众多华资企业来讲,更加体现出便捷性。

第三,根据该法,针对不同出口方式,在申请原产地证书的过程中出口商或生产商所需提交的文件的要求亦不同。兹述如下：

1. 海运出口

A. 服装、纺织品、鞋类和其他产品（穿着类的），比如手提包、帽子等。

——该公司原产地证书申请表；

——证明已经支付行政服务费和出口管理费的支票的复印件；

——支付公共服务费的收据；

——费用清单；

——包装清单；

——海运提单；

——联合检验报告，由柬埔寨海关总署和柬埔寨进出口检验和反欺诈办公室联合出具；

——柬埔寨出口申明；

——公司法定代表人的授权证书。

B. 服装类之外的产品。

——该公司原产地证书申请表；

——证明已经支付行政服务费和出口管理费的支票的复印件；

——支付公共服务费的收据；

——费用清单；

——包装清单；

——海运提单；

——柬埔寨出口申明；

——进出口和反欺诈办公室出具的出口数量的证书（CQ）；

——柬埔寨海关总署的清关证书（CD）；

——能够证明货物原产地公司的相关文件；

——出口许可证（对于要求的货物）；

——公司法定代表人的授权证书。

C. 小手工艺品和农产品。

——该公司原产地证书申请表；

——证明已经支付行政服务费和出口管理费的支票的复印件，如果任何法规要求的话；

——费用清单；

——包装清单；

——海运提单；
——柬埔寨出口申明；
——进出口和反欺诈办公室出具的出口数量的证书（CQ）；
——柬埔寨海关总署的清关证书（CD）；
——能够证明货物原产地公司的相关文件（打磨的大米和农产品中的一些是敏感的）；
——公司法定代表人的授权证书。
D. 迷彩服的出口申请原产地证书的程序和文件仍然适用旧法规。
2. 空运出口
A. 服装、纺织品、鞋类和其他产品（穿着类的），比如手提包、帽子等。
——该公司原产地证书申请表；
——证明已经支付行政服务费和出口管理费的支票的复印件；
——支付公共服务费的收据；
——费用清单；
——包装清单；
——公司法定代表人的授权证书。
在货物出口后，下列文件必须被进一步提交：
——空运提单；
——联合检验报告，由柬埔寨海关总署和柬埔寨进出口检验和反欺诈办公室联合出具；
——柬埔寨出口申明。
B. 小手工艺品和农产品。
——该公司原产地证书申请表；
——证明已经支付行政服务费和出口管理费的支票的复印件，如果任何法规要求的话；
——费用清单；
——包装清单；
——公司法定代表人的授权证书。
在出口后，下列文件必须进一步提交：
——空运提单；
——联合检验报告，由柬埔寨海关总署和柬埔寨进出口检验和反欺诈办公室联合出具；

——柬埔寨出口申明。

3. 服装、纺织品和皮革制成的产品，跨越柬埔寨边境由卡车运输的，此后通过领空允许运输的

——该公司原产地证书申请表；

——证明已经支付行政服务费和出口管理费的支票的复印件，如果任何法规要求的话；

——已经支付公共服务费的收据；

——费用清单；

——包装清单；

——生产检验官员出具的报告，以及出口产品被要求至少总量的50%，或者小额出口的20%，在2天内，该工厂能够完成生产；

——公司法定代表人的授权证书。

在获得原产地证书30天内，出口商必须提交下列文件：

——空运提单；

——联合检验报告，由柬埔寨海关总署和柬埔寨进出口检验和反欺诈办公室联合出具；

——柬埔寨出口申明。

4. 卡车运输出口

A. 服装、纺织品、鞋类和其他产品（穿着类的），比如手提包、帽子等。

——该公司原产地证书申请表；

——证明已经支付行政服务费和出口管理费的支票的复印件；

——支付公共服务费的收据；

——费用清单；

——包装清单；

——联合检验报告，由柬埔寨海关总署和柬埔寨进出口检验和反欺诈办公室联合出具；

——柬埔寨出口申明；

——公司法定代表人的授权证书。

B. 小手工艺品和农产品。

——该公司原产地证书申请表；

——费用清单；

——包装清单；

——提单；

——柬埔寨出口申明。

在出口后，下列文件必须被进一步提交：

——进出口和反欺诈办公室出具的出口数量的证书（CQ）；

——柬埔寨海关总署的清关证书（CD）；

——证明已支付行政费的支票复印件；

——能够证明货物原产地公司的相关文件（打磨的大米和农产品中的一些是敏感的）。

第四，该法为提高原产地证书审核、发放工作的效率，规定了较为严格的期限。根据该法第5条的规定："给予商业部技术司、发展理事会单一窗口以及商业部驻各经济特区办事处发放原产地的期限，不超过16个工作小时。但此期限不包括申请人准备证件和手续的时间。在必要时，或者在引入发放原产地证书自动化系统后，商业部可以修改此期限。"仅仅给予其工作部门16个工作小时，可见柬埔寨对于原产地证书发放工作的重视。

第五，关于原产地申请中的产品检验与审核。该法第6条规定，出口产品的检验，必须由商业部技术司在产品的生产加工地点、收货地点或在生产商或出口商的请求下在货仓中进行。如果技术司认为有必要，也可以存在以下例外：（1）对于农产品及其加工品而言，必须在申请原产地证书前进行检验；在该生产商或出口商已经有允许出口记录的，也可向商业部请求在申请原产地证书后进行检查。（2）对于服装、纺织品和皮革制品而言，检查必须在申请原产地证书后进行，但不应迟于发放原产地证书30天。根据该条，可以发现柬埔寨对于服装加工业申请原产地证书的要求更加宽松，这可能与柬埔寨境内存在大量以出口为主的服装加工企业的事实有关。

最后，出口商或生产商负有尽快申请原产地证书并缴纳相关费用的义务。如果生产商或出口商在迟于出口30天后仍未申请原产地证书，将要接受罚款或面临暂停出口的处罚。当然，在出口商和生产商完成原产地证书申请手续，并向柬埔寨财政部支付应付费用和所有罚款后，其商业部将审查重新允许该生产商或出口商出口的可能性。

第四节 关税分类、关税征收以及海关估价程序

一、关税分类

海关关税分类,是指一国为了促进货物进出口,根据商品的性质将货物分成不同类别的行为。每一种商品将对应一个海关关税号,海关工作人员在此基础上进行关税征收、管理和统计等方面的执法与行政工作。然而,在国际贸易过程中,如果各个国家都有自己的一套关税分类系统,那么将给货物生产商及出口商带来极大的麻烦,因此在国际贸易的过程中逐渐形成了一套国际贸易货物税号协调体系。海关合作理事会(现为世界海关组织)对该协调体系的发展做出了巨大贡献。目前,国际上通用的关税协调系统为1988年生效的《商品名称及编码协调制度国际公约》(International Convention on the Harmonized Commodity Description and Codding System),简称"HS"制度。该制度由21个部分组成,每一部分代表一类产品;21类商品分为99章,1 241个税号。[1]每一个税号由8个数字组成,其中前6位数字,各国的关税分类号必须一致,后2至4位可以由各国自行决定。在这一协调制度的作用下,货物的通关效率得到很大提升。柬埔寨在2011年6月成为世界海关组织(WCO)的第155个成员。毫无例外地,柬埔寨也使用HS国际海关税号协调制度。

一般来讲,负责进口货物的报关人员有义务申明相关货物的关税号。柬埔寨《海关法》第18条对此做出规定:"为了计算关税的目的,完成进口货物报关的人员,无论是进口商或任何其他代理人,都应在报关时明确申明进口货物的关税号。"在报关人员申报后,柬埔寨海关将负责审查申报关税号是否准确。

因关税税号众多,我们不做详细分析,在此仅以"未梳理的羊毛"产品为例。海关网站详细列出了相关产品的税号、产品的简单英文描述、高棉语描述、征税单位(对于羊毛产品适用从量税)及征税的相关税收(包括关税、特别税、增值税和出口关税),见表2-4-1。完整的产品税号

---

[1] 曹建明、贺小勇:《世界贸易组织》,法律出版社,2011,第124—125页。

清单，与柬埔寨进行贸易的出口商、进口商或生产商可以在柬埔寨海关总署的网站进行查询。[1]

表 2-4-1 "未梳理的羊毛"产品税号及其他

产品税号	产品描述	单位	CD（关税）（%）	ST（特别税）（%）	VAT（增值税）（%）	ET（出口税）（%）
5101.11.00	修剪过的羊毛	kg	7	0	10	0
5101.19.00	其他	kg	7	0	10	0
5101.21.00	修剪过的羊毛	kg	7	0	10	0
5101.29.00	其他	kg	7	0	10	0
5101.30.00	经过碳化处理的羊毛	kg	7	0	10	0

二、关税税率

就进口关税税率而言，柬埔寨现行的关税税率结构于 2001 年做出调整后，税率级别从 12 个下降到 4 个，最高税率从 120% 下降到 35%，针对不同产品分为 0%、7%、15%、35% 四挡。其中针对医疗用品、教育用品等免税物品征收 0% 的关税，对于初级产品和原材料征收 7% 的关税，针对资本货物、机械设备及本地可用的原材料征收 15% 的关税，针对酒精、汽油产品、贵重金属等征收 35% 的关税。

应当提及的是，进口所有货物都需要缴纳增值税，税率统一定为 10%。但如同下文所详述，进入保税区的进口货物可以暂时免缴增值税；过境货物免缴任何税收，但因过境所产生的必要费用除外。

就出口关税而言，一般货物无须缴纳出口税，但以下类别产品需要缴税。第一，出口天然橡胶须缴纳 2%、5% 或 10% 的关税，适用梯级税率决定具体税率。第二，出口经加工的木材须缴纳 5% 或 10% 的关税，视木材的等级和加工程度而定。第三，出口鱼类和其他水产品、未加工的宝

---

[1] 该查询网址为：http：//www.customs.gov.kh/publication-and-resources/customs-tariff-of-cambodia-2017/，2018－06－09。

石,须缴纳10%的关税。[1]

上述柬埔寨的进出口关税税率是柬埔寨对于中国—东盟自贸区以外的WTO成员方的进口产品所实施的关税政策,以及对柬埔寨生产的产品在出口时征收关税的政策。对于中国和东盟国家之间的贸易而言,关税税率要优惠得多。中国—东盟自贸区于2010年1月1日建成启动后,成为继欧盟、北美自由贸易区之后建成的第三大自由贸易区。自此日期后,中国与文莱、菲律宾、印尼、马来西亚、泰国、新加坡6个东盟老成员国,有超过90%的产品实行零关税,中国对东盟的平均关税从9.8%降至0.1%,东盟老成员国对中国的平均关税从12.8%降至0.6%。越南、老挝、柬埔寨和缅甸4个东盟新成员国自2015年起也开始对90%的中国产品实现零关税。[2]因此,就关税税率而言,中国和柬埔寨之间已经达到关税可以忽略不计的程度。

三、货物进口报关

柬埔寨《海关法》关于货物进口的管理规定共用了6个条文。首先,原则上规定任何进口货物都必须按照其《海关法》及相关法规进行报关。其次,规定了报关主体、报关要求、免缴税款通关、暂免报关及临时允许通关的制度,以下我们将分别介绍。

(一) 报关义务以及暂免缴纳关税的例外情形

通过海关管理货物的进出口是各国对外贸易主权的重要体现。要求进口货物报关并缴纳关税是一国税收的重要来源,对于发展中国家而言,关税收入甚至构成主要的政府税收来源。对于柬埔寨来说,其全部税收收入的约60%来源于海关环节征收的税费。此外,要求进口货物报关也是保护一国国内居民生命、健康以及其他重要社会价值的最为重要的手段。据此,柬埔寨《海关法》第10条规定,"所有进口货物都必须向一个海关点或其他由关长指定的海关点申请报关。柬埔寨财经部可以通过部门规章对进口货物的报关时间、方式、单证要求及例外情形做出进一步规定"。据此,进口货物在原则上必须申请报关。然而,为了吸引外国投资,发展

---

[1] 《柬埔寨进出口关税》, http://kh.china-embassy.org/chn/jpzzx/t1262234.htm, 2018-06-09。

[2] 《中国—东盟自贸区:中国第一个自贸协定》,载《人民日报(海外版)》,2014-05-29。

出口贸易,柬埔寨也吸纳了其他国家的经验,规定了报关入境的例外。这些例外规定对于我国在柬企业来说较为重要,因为我国的大部分企业在柬埔寨投资,都是将最终产品销往欧美或中国市场,对于这些企业而言,更为重要的是快速通关。概括地看,柬埔寨《海关法》规定的可以暂免申报通过的例外有以下几种情形。

第一,进口货物临时存储,进入海关保税区或过境例外。柬埔寨《海关法》第13条规定,在以下三种情形下,海关可以授权相关进口货物暂不缴纳关税及其他费用,即可将相关货物从海关清关区域中运出:(1)进口货物将在海关设置的临时存储区存放;(2)进口货物将存放于海关保税仓库中;(3)相关进口货物只是为了从柬埔寨过境,或者需要在柬埔寨海关的不同地点之间,或在不同的海关保税区之间转运的,但这些货物在柬埔寨的过境必须按照其海关批准的路线和时间进行。应当注意的是,对于暂免缴纳关税的进口货物,报关人员也需要在海关的监管下完成其他通关手续,比如检验检疫等。我国红豆集团主导投资的西哈努克港经济特区在柬埔寨的法律体系下即为保税区,享受诸多法律上的优惠待遇。那么,此区中企业的货物进出口,经申请并完成相关手续文件即可享受暂免缴纳关税的待遇,这将大大加快我国企业的原材料进口的效率,节省宝贵的生产时间。

第二,为了家庭使用等微量进口货物的暂免通关规则。根据柬埔寨《海关法》第14条的规定:"如果进口货物是出于家庭使用进口,或者是'临时进口',或符合税费暂免条件下的进口,则这些货物只需要完成相关通关文书手续,无须缴纳关税及其他费用即可通关。"微量货物进口通关的具体规则也由柬埔寨财经部通过部门规章另行规定。关于供家庭或个人使用的微量进口暂免关税规则,也是各国海关法的通行规定。我国在柬埔寨的投资正在迅速扩大,我国常驻柬埔寨的人员及家庭数量也在持续增长。该条规定对于方便我国驻柬埔寨工作人员的日常生活而言具有重要意义。

第三,再次出口货物例外。柬埔寨《海关法》第15条规定:"如果在进口时能够证明相关货物将被再次出口,那么,海关可以通过'临时许可'的形式放行这些货物。"同样地,该条的目的也在于促进外国人在柬投资、贸易的便利化。事实上,柬埔寨本国的消费市场还没有完全成熟,其消费能力与发达国家及中国相比有着巨大的差距。外商投资企业生产出的最终产品绝大多数都需要再次出口。该条的规定一定程度上能够减轻再出口产品的通关负担。这一点，对于我国在柬埔寨投资的企业而言同样重要。但是应当注意，"临时进口许可"一般都需要经过柬埔寨海关的申请与批准程序，需要一定的时间，在此期间相关进口货物将处于海关的监管之下。并且临时许可一般都存在期限上的限制，同时也需要缴纳一定的海关管理费用。

（二）报关义务人

就具体的报关手续由谁负责办理而言，柬埔寨《海关法》第11条规定，一般情况下，进口货物报关由代表货物进口的人员申报。同时，该条也规定了三种例外情况。（1）如果货物由进入柬埔寨国境的个人随身携带，或者是其行李的一部分，则由该人自行申报；（2）如果相关货物由邮递公司或者以邮件的形式进口，则由出口方负责申报；（3）如果进口货物处于驶入柬埔寨国境的运输工具上，则由负责运输的人申报。该条还对报关义务人的报关行为做出要求。首先，任何申报货物的人员都应如实回答海关工作人员询问的与进口货物相关的任何问题。其次，当海关工作人员要求时，报关人应负责将进口货物交由海关工作人员按照法律规定方式进行检验。

同时，该法第12条明确规定报关前不得卸载进口货物。也就是说，除非该运输工具、该运输工具上的货物或人员，以及第三方的安全遭遇紧急危险，在根据本法规定进行报关前，任何人不得从到达柬埔寨的运输工具上卸载货物。

四、货物出口报关

一般来讲，东道国对本国生产货物的出口并不加以限制，如不征收关税。但是在为了保护国内资源或调节出口的情况下，一国也对某些"敏感"性货物的出口加以限制，并征收关税。进口限制和一国对外国商品的市场准入密切相关，因此在国际贸易法律规则中，更多规定的是一国的进口关税和相关管理措施。而出口限制将减少本国商品在国际市场上的流通，贸易法对其的关注当然就少得多。[1]

按照柬埔寨《海关法》第16条的规定，所有出口货物都需要向海关申报。和进口申报的要求一样，出口货物的报关员应如实回答海关工作人

---

〔1〕 曹建明、贺小勇：《世界贸易组织》，法律出版社，2011，第120页。

员提出的有关出口货物的任何问题。当海关工作人员要求时，报关员应负责将出口货物提供给海关进行检查。对于出口报关的手续、单证要求等具体事项，由经济财政部的部门规章予以进一步确定。对于货物"临时出口"，在关税区外进行修理、加工并将再次被进口的，柬埔寨《海关法》也规定了与一般货物出口不同的程序。

五、关税豁免或退还

（一）关税豁免

1. 完全豁免

关税豁免，是指在法定情形下，对特定种类的通关货物不予收取关税或部分收取关税的行为。在国际社会中，出于"国际外交"往来的需要，往往会对特定种类的货物给予完全关税豁免的待遇，以此促进国家之间的友好往来。20世纪60年代初，各国在联合国的牵头下分别缔结了《维也纳外交关系公约》和《维也纳领事关系公约》。这两个公约非常详细地规定了对外交人员和领事人员的物品的免税规则。柬埔寨《海关法》对这些规定进行了国内转化。因慈善捐赠、科研使用等其他特殊原因进口的货物也能够获得免纳关税的待遇。

具体来看，柬埔寨《海关法》第26条共规定了5种免纳关税的情形。根据该条，对下列进口货物应给予关税豁免：（1）具备外交或领事功用的物品，以及国际组织或其他政府技术合作机构为履行其职能所使用的用品；（2）外交人员个人使用的物品，按照国际法原则以及互惠原则实施；（3）原产于柬埔寨的货物，在出口后又返回柬埔寨的，并且此种货物没有价值上的增加；（4）根据柬埔寨王国其他法律被给予免除关税待遇的货物；（5）慈善捐赠的货物、供科研目的使用的货物、没有商业价值的用于展示的货物样品、装有遗体的棺材及其他财经部通过部门规章规定的货物。应当注意的是，在未得到先前授权免税入境海关的允许时，上述被免税入关的货物不得被出售、转移给他人或改变其用途。

除此之外，为了方便人员的跨境流动，柬埔寨《海关法》第26条还规定，"旅客、交通工具上的乘务人员以及边境入境者，可以携带一定价值和数量的货物，而免除缴纳关税。其具体数额由柬埔寨财经部决定"。

2. 部分豁免

除了上述全部豁免进口关税的情形外，某些进口商品能够获得部分豁免关税的待遇。根据柬埔寨《海关法》第 27 条的规定，部分豁免关税的进口商品包括：（1）任何其他法律中指明关税部分豁免的商品；（2）用于农业生产的种子和改良种动物；（3）将被修理、加工或测试的货物；（4）来自同一国家再次进口的货物；（5）政府为了公共利益的目的进口的货物；（6）柬埔寨财经部在具体的部门规章中规定的给予临时部分豁免的货物。同完全获得关税豁免的货物一样，在得到先前批准入境的海关同意前，获得部分关税豁免待遇的进口货物也不能被出售、转让，或者改变为不被允许用途的使用，或做任何其他处理。这样规定是为了防止进出口商对关税豁免纪律的规避。

（二）关税退还

关税退还，是指由于出现法定事由，一国海关将收缴的关税全部或部分退还给进口商的行为。通常来讲，关税退还出现在海关错误适用关税税率或错误进行海关估价等情形中。海关一旦发现，或者在进口商申诉后发现确实存在应予退还关税的事由，应立即按照法律程序进行关税退还。

柬埔寨《海关法》的第 28 条规定了三种关税退还的情形。第一，任何由于海关部门的错误而多缴纳关税的，必须退还多征收部分的税额。第二，通关前发现进口货物存在数量短缺、质量缺陷或者品质不足情形的，或者进口货物在进口后将再次被出口的，以及在海关监督下予以销毁的货物（即使该批货物已经被清关放行）。第三，适用关税税号错误，或者在原产地认定、海关估价方面存在错误，而导致超额缴纳关税的情形。

对于申请关税退还的具体程序和期限，由柬埔寨财经部通过部门规章的形式予以公布。

六、货物过境与转运

货物过境和转运是国际贸易过程中经常发生的情况。关于其国际法律规则，早在 1947 年关贸总协定缔结时就已经基本形成。GATT 1947 第 5 条将"过境和转运"定义为：货物（包括行李）及船舶和其他运输工具，如经过一缔约方领土的一段路程，无论有无转船、仓储、卸货或改变运输方式，仅为起点和终点均不在运输所经过的缔约方领土的全部路程的一部分，则应视为经缔约方领土过境。而此种性质的运输被称为"过境运输"。为了促进贸易自由化，GATT 对货物过境的态度是：原则上应允许货物在任何缔约方领土的过境自由，对于通过国际过境最方便的路线、来自或前往其他缔约方领土的过境运输，应具有经过每一缔约方领土的过境自由，不得因船籍、原产地、始发地、入港、出港或目的地，或与货物、船舶或其他运输工具所有权有关的任何情况而有所区别。任何缔约方可要求通过其领土的过境运输自专门的海关入境，除了未能符合适用的海关法律和法规的情况外，此种来自或前往其他缔约方领土的运输不得受到任何不必要的迟延或限制，并应免除关税和所有过境税或对过境征收的其他费用。当然，运输费用或与过境所必需的管理费或与提供服务的成本相当的费用除外。并且，相关费用的征收以及过境的管理程序的实施应遵循非歧视的原则。

对于"过境"和"转运"，GATT 文本并未进行严格区分。实际上，转运只是过境的一种方式，特指在过境时有转船或改变其他运输方式的行为。两者可统称为"过境"。在柬埔寨《海关法》中，第 25 条也明确规定了"过境自由"的一般原则。根据该条，对于在其关税领土内过境或转运的货物，除了征收因通关程序而产生的管理费和服务费等必要费用外，不得征收进口关税。

七、海关估价程序

（一）海关估价制度概述

海关估价（Customs Valuation），是指进口国海关对进口货物的价值进行重新估算，以确定"完税价格"（或称"清关价格"）的过程。一般而言，进口货物的价格即为进口商报关时提交的货物交易的合同价格或订单价格。然而，在国际贸易的实践中，经常出现利用各种方式逃避关税的情形，如进出口商串通低价报关。因此，海关对进口货物按照一定标准对其价值进行重新估算，对于提高进口国的关税收入以及维护其海关管理秩序而言，具有重大意义。

自关贸总协定成立以来，缔约国一直被赋予进行海关估价的权力。GATT 1947 的第 7 条是关于"海关估价"的条款。该条款奠定了此后半个世纪贸易国家间进行海关估价的权利依据，后来也成为 WTO 体系下《海关估价协议》的立法基础。根据该条，各缔约国海关在原则上被要求根据进口货物的"实际价格（Actual Value）"进行估价。但是对于如何确定"实际价格"，该条并未规定，这就导致实践中各国的做法五花八门，给国际贸易带来了较大的不确定性。在乌拉圭回合谈判中，经过多轮谈判，各国最终取得了一致意见。现在，根据《海关估价协议》，各成员国海关应"按一定的顺序"进行估价。该顺序为：（1）各成员国应首先使用货物的"交易价格（Transaction Value）"，通常体现为货物的合同价格、订单价格或发货单明细中的价格；（2）如果该方法不可用，则进口国海关可以使用"相同货物的价格"；（3）如果没有相同货物的价格，则可使用"相似货物的价格"；（4）倒扣价格，即海关根据该货物在进口国市场中的销售价格，减除该货物进口后的运输、保险、存储、管理等成本的价格；（5）计算价格，即海关根据该货物在原产国的原材料、加工、运输等实际成本，再加上该货物在正常贸易中的商业利润得出的价格；（6）其他方法。在上述方法都不可用时，可以按照 GATT 1947 第 7 条规定的原则，采用其他进口国认为合适的方法计算进口货物的实际价格。应当强调的是，上列六种估价方法应当按顺序依次使用，只有当前一种方法不能获得时，方能使用下一种方法。但是，如果经进口商请求，海关应允许在倒扣价格和计算价格的使用顺序上进行对调。柬埔寨是 WTO 成员方，其《海关法》规定的海关估价方法也不能违反上述规定。下面具体阐述柬埔寨《海关法》中有关海关估价方法以及其他一些相关问题的规定。

（二）柬埔寨有关进出口货物海关估价的法律规则

1. 海关估价权及估价程序

柬埔寨《海关法》的第 18 条（b）款规定了柬埔寨海关对进口货物的估价权及其相应程序。根据该款第 1 项的规定："为了评估关税的目的，任何完成报关的人，无论是进口商抑或是其代理人，都应该申明货物的报关价格。海关应对报关价格的正确性做出确认。"因此，进口商或其委托的为货物申报入关的人在报关时必须申明货物的清关价格，而柬埔寨海关对申报的清关价格有最终的审查权。该款第 3 项规定："对报关价格的准确性负有责任的任何人，无论是进口商还是其委托的代理人，必须披露发票和相关进出口文件，以此保证海关能够准确认定进口货物的海关估价。"该项规定要求在海关估价过程中，进口商或报关代理应负有"合作义务"，向柬埔寨海关提供与货物进出口相关的文件。该款第 4 项规定："海关可以向包括进口商及其代理人在内的任何人，请求提供相关证据，在这些证据未被提交时，海关可以拒绝相关货物的通关。"该项规定赋予了柬埔寨海关为了准确认定海关估价，进行"积极"调查的职权，一旦根据柬埔寨海关法的规定，其海关发出了寻求信息的通知，相关方应积极配合海关进行估价调查。该款第 5 项规定："在货物报关登记的 3 年内，海关在对进口货物进行审计、调查、检查后，可以通过发出通知的方式重新决定报关价格。该通知应表明重新做出海关估价的原因。"该款第 6 项规定："如果海关发现报关价格和本法第 21 条的规定不一致，或者其他原因导致海关估价丧失正确性，则海关可以修改相关报关价格。"因此，如果柬埔寨海关发现报关价格具有欺诈性质，或由于其他原因和本法第 21 条规定情形不一致的事由，则拥有修改海关估价，或重新做出海关估价的权力。

2. 进口货物的海关估价方法

柬埔寨《海关法》的第 21 条详细规定了海关对于进口货物进行海关估价的方法。该条规定，"进口货物的海关估价应根据下列规则进行：(1) 进口货物的海关估价应该是'交易价格'，也就是进口货物的真实的已付价格或销售价格；(2) 如果进口货物的海关估价不能根据本条第 1 款做出，海关估价应是相同产品（identical goods）的交易价格；(3) 如果进口货物的海关估价不能根据本条第 1 款和第 2 款做出，则海关估价应是相似（similar）产品的交易价格；(4) 如果进口货物的海关估价不能根据本条第 1 款、第 2 款和第 3 款做出，则海关估价应该根据倒扣方法（deductive method）做出；(5) 如果进口货物的海关估价不能根据本条第 1 款、第 2 款、第 3 款和第 4 款做出，则海关估价应该根据计算价格法（computed method）得出；(6) 第 4 款和第 5 款的适用顺序，可以根据进口上的要求进行对调；(7) 如果进口货物的海关估价不能根据本条第 1 款、第 2 款、第 3 款、第 4 款和第 5 款做出，海关估价应该在本条规定原则的基础上，使用合理方式，并根据在关税领土中的可获得的数据得出"。该条对进口货物海关估价方法的规定，应当说是对 WTO《海关估价协议》第 1～7 条规定的完全转化。

应当注意的是，按照《海关估价协议》，"相同产品"是指在所有方面都相同的货物，包括物理特征、质量和声誉。外观上的微小差别不妨碍在其他方面符合定义的货物被视为相同货物。"相似产品"是指虽然不是在所有方面都相同，但具有相似的特性、相似的组成材料，从而使其具有相同功能，在商业上可以互换的货物。在确定货物是否类似时，待考虑的因素可包括货物的质量、声誉和商标等。

3. 出口货物的海关估价

出口货物的海关定价在 GATT/WTO 法中并未进行规定。因为，一般而言对出口货物各国海关通常都不征收关税，但是为了限制某些产品，如珍稀原材料或具有战略性的高科技产品等的出口，则会出现海关征税的情况。就各国对出口产品是否征税以及海关估价的态度而言，各国通常并不十分关心。但是，各国的海关法通常都会对出口货物的海关估价做出规定。就柬埔寨而言，其《海关法》的第22条是关于"出口货物海关估价"的条款。根据该条，出口货物的海关估价应是货物出口时的价值。该价格的确定，通过将货物的价格、交通费用，以及在货物到达边境的所有事项的花费相加，并减去任何国内税和相似费用的方式得出。可见，对于出口货物的海关估价，原则上采纳的是"计算价格"的方法。

4. 海关估价中的货币换算

对于确定完税价格时需要进行货币换算的情况，柬埔寨《海关法》的第23条规定，"进出口货物的海关估价应以瑞尔结清，如果报关价格非以瑞尔表示，则应按照柬埔寨国家银行决定的汇率进行换算。如果报关价格所使用货币的汇率不在柬埔寨国家银行的汇率表之中，海关可以决定汇率。换算所适用的汇率应当是报关登记日期之日的汇率。海关应将汇率信息公开列明"。

5. 海关估价的异议处理程序

根据柬埔寨《海关法》第24条的规定，进口商或其代理人在接到重新决定的通知的30天内，可以向海关总长提出对新估价的反对意见。在提起估价异议的情况下，如果进口商提供了可涵盖关税及其他费用的足额担保，进口货物应当被放行而不被征收关税。海关关长应在接到反对意见后60天内做出决定，否则应视为接受进口商或其代理人提出的重新估价异议的意见，并且应返还相关担保金。进口商或其代理人中的任何人如果反对关长的决定，可以向柬埔寨海关关税委员会（Customs Tariff Committee）提起书面申诉。另外，在接到海关关税委员会的决定后的30天内，进口商或出口商还将有权在有管辖权的法院提起针对海关估价的行政诉讼。

第五节　进口货物存储海关保税区管理规定

所谓"保税区"，又称"保税仓库区"，是一国海关设置或经海关批准注册并受海关监管的供进口产品在一定时间内存放，而暂时免交关税和境内税的区域。第二次世界大战后，各国为了发展对外贸易以及吸引外资等目的纷纷设立海关保税区，极大地便利了非用于国内生产目的的出口贸易，促进了各国经济的发展。各国在保税区的类型、货物可以存放的期限等具体规定上略有不同。柬埔寨在 2007 年《海关法》中对保税区的管理规定提出了原则性要求。我们将在下文扼要概括其主要内容。

一、柬埔寨海关保税仓的种类

根据柬埔寨《海关法》第 44 条第 3 款的规定，存在三种类型的海关保税仓库（Customs Bonded Warehouse，CBW），分别是：（1）公共仓库（public warehouse）。这种仓库可以由任何人申请设立，包括柬埔寨政府机构和任何公司法人以及自然人，但设立此种仓库必须获得柬埔寨财经部的批准，由财经部颁发许可证。此类仓库设立后应对所有有权利在仓库中存放物品的人开放，原则上没有限制。（2）私营仓库（private warehouse）。这种仓库的设立应向柬埔寨海关总署提出申请，由海关总长向申请人颁发许可证。此类仓库设立后，只能为了满足申请者本人的目的而进行使用。比如，为了经营免税店而使用。（3）特殊仓库（special warehouse）。此类仓库专指存放有危害性的货物，或者可能影响其他货物品质的货物的仓库。设立此种特殊用途的仓库，同申请私营仓库的程序一致，须向海关总署申请，由海关总长发放许可证。当然针对不同类型的保税仓库，对相关设备、设施的要求也不同，在柬埔寨政府发放的许可证中，将明确注明保税仓经营者的运营条件，保税仓的地点、结构、布局和处理货物的控制程序等内容。保税仓的经营者和所有人应保证能够提供合格的条件保存相关货物。在海关官员进入保税仓进行检查时，有关经营者和所有人有义务配合海关进行检查，并应准备好待检查货物。

除了上述三种外，根据柬埔寨《海关法》第 49 条的规定，在其财经部授权下，海关可以建立"生产用保税仓"。实际上，该类保税仓是扩大版的将存储与生产功能相结合的保税仓库区。这就为进口货物的加工贸易再出口提供了极大的方便。根据其《海关法》第 56 条的规定，从事进口石油或沥青类物质的提炼或其他处理，必须在海关设立的生产用保税仓中进行。

二、货物进入保税仓的待遇

根据柬埔寨《海关法》第 44 条第 2 款的规定："将货物放置于海关保税仓中，将暂停关税、国内税和其他限制的适用。"但是如果最终在该保税仓库区生产的货物进入柬埔寨市场,也应补缴相关关税和国内税。对这些货物适用的关税和国内税,应是相关货物从保税仓移出,登记报关之日有效适用的关税和国内税。

此外,在出口时,特定种类的商品也应缴纳出口税。

三、保税仓存储期限

根据柬埔寨《海关法》第 46 条的规定,进口的货物在保税仓中存储期限最多为 2 年。该期限从货物登记入仓之日起计算。在期限届满后,货物必须从保税仓中移走,海关可以通知保税仓运营者将未按时移出的货物强制移走。或者,在海关要求货主提走货物 1 个月后仍未移出的,可将其视为无主物。被视为无主物的货物应缴纳相关关税,该税从其公开拍卖的收入中提取。

该存储期限的例外是,如果在 2 年期限届满后,相关货物的质量状况良好,那么经保税仓运营者请求后,海关可以做出最大延长 12 个月存储期限的决定。

四、经营保税仓的责任

首先,根据柬埔寨《海关法》第 45 条的规定,保税仓的运营者承担入库存储货物与入库申报登记不一致而产生的关税责任。即如果入库存储的货物的质量和数量同保税仓登记声明不一致的,保税仓运营者必须负担因不一致而产生的关税,并且也不排除海关对其予以进一步处罚。

其次,如果相关货物是禁止进口的货物,那么保税仓的运营者将承担与进口货物价值相等数额的罚款,同样也不排除海关对其采取进一步处罚的权利。

再次,如果存放在保税仓中的货物已经变质,那么只有海关关长才可以授权销毁这些变质的货物。

最后,如果可以证明相关货物的损毁是不可抗力造成的,或者是该货物的性质本身造成的,则保税仓运营者不必承担责任。

第六节 与贸易相关的产品质量与标签管理规定

在国际贸易法律体系中,各国都保留为了保护本国公民的生命健康,对进口产品进行质量检验的权利。但是该权利的行使应当是非歧视的、透明的,以及不构成变相的贸易限制。在产品质量管理方面,柬埔寨国民大会于2000年颁布了《产品和服务质量安全管理法》(简称《产品质量管理法》)。该法未区分国内商品和进口商品,凡是在柬埔寨市场中流通、销售的商品都应符合该法的规定。

柬埔寨《产品质量管理法》共分7章,计73个条文。该法详细规定了"消费者的权利和经营者的义务""产品质量标签要求""禁止商业欺诈""对可能造成严重损害产品的措施""产品质量检验程序",以及对"违法行为的处罚"的规则。其主要内容如下。

第一,对于该法中规定义务的承担者而言,在进出口贸易中,进口商和出口商应负担该法中规定的义务。该法第1条指明,本法的适用范围为:所有商业企业、所有商业制造商、进口商、出口商……

第二,该法中规定的主要法律义务分别有:(1)提供详细产品信息的义务。制造商和服务提供者应使用高棉语在其产品、货物和服务上标明该产品的配方、成分、用户指南、制造日期、失效日期,以及其他在商业化之前保证消费者安全和健康所要求的信息。就产品的进口而言,应由首先将相关产品投放到柬埔寨市场中的贸易商对该项义务负责。因此,他们应在进口产品的外包装上加贴高棉语的产品质量详细说明。(2)配合产品质量检验的义务。柬埔寨商业部和海关共同负责进出口产品的质量检验。商业部聘任产品质量"检验代理人",这些人员得到授权,开展检验、调查活动。应检验代理人的要求,负责首先将这些产品或服务商业化的国内制造商、进口商和服务提供者,都应提供商检证明或以前检验的记录。(3)具有潜在安全风险的产品在商业化之前应进行申报。在柬埔寨有关安全检验部门授权前,这些商品不得进行制造和商业化。应注意的是,进口至柬埔寨的商品不符合上述质量要求,但是它们并不在柬埔寨销售,并将再次出口的,不受本法的约束。

第三,该法禁止任何商业欺诈行为。包括伪造或试图伪造产品的行为,对产品进行违法添加、减少或替换全部或部分成分的行为,将受到污染、有毒害的产品投放到市场的行为,禁止进行带有欺诈、误导或虚假宣传性质的商业广告行为等。

第四,对于那些制造、加工或商业化可能给消费者的健康或安全造成严重或急迫危险的产品或服务,有关各部门可以采取以下行动:(1)临时性或永久性地禁止销售;(2)临时性或永久性关闭制造设施;(3)在有必要的情况下,扣押、没收或销毁这些产品。除非有关当局和产品所有人之间达成协议,否则应首先销毁这些产品。如果相关协议未能达成,被扣押、没收或销毁货物的所有人可以在允许的期限内,向市法院和省一级法院起诉。

第五,柬埔寨商业部是负责禁止商业欺诈行为,检验进出口产品是否符合产品质量要求的主要管理部门。具体而言,柬埔寨财经部下设的海关总署和商业部下设的进出口检验与反欺诈局,联合负责进出口商品检验。检验地点通常为工厂或进出口港口。目前,柬埔寨全部进出口货物均接受检验,政府正计划逐年降低检验比率。价值5 000美元或以上的进口货物,在出口国进行装运前检验。检验报告和其他装船前检验文件将被递交柬埔寨海关,货物抵达柬埔寨后,货主凭检验单据到海关缴纳税款并提出货物。〔1〕

当然,该法只是从原则上要求在柬埔寨市场中流通的产品应符合产品质量要求,主要表现为外包装的要求,以及责任人配合检验和申报的义务。具体的产品质量标准通常采用国际标准,一般情况下,柬埔寨应使用相关国际标准,除非柬埔寨能够证明相关国际标准对于实现其安全要求是不合适的。

第七节　与贸易相关的卫生检验检疫规定

对进口商品(主要是农产品及其加工品)进行安全方面的检验检疫,是各国固有的权利。该权利的行使对于保护一国国民的饮食安全、保护一国的生态环境安全具有重要的作用。然而,如果该权利的行使不受任何限制,也将危及自由贸易体制。因此,乌拉圭回合谈判中,各成员国缔结了

---

〔1〕 我国驻柬埔寨经济商务参赞处:《柬埔寨对外贸易的法规和政策规定》,http://cb.mofcom.gov.cn/article/ddfg/201404/20140400559801.shtml, 2018 - 06 - 05。

《实施卫生与植物卫生措施协议》(简称 SPS 协议),详细规定各国在保障食品安全、动植物检验检疫方面应当遵守的纪律。简单而言,《实施卫生与植物卫生措施协议》首先赋予各成员国在实施卫生措施方面的自主权,进而要求各国在采取卫生措施时应当遵守非歧视性义务、透明度要求,并不得造成对贸易的变相限制。当一国采取卫生措施时,要求尽量采纳国际标准,同时这些卫生措施应建立在风险评估的基础之上。

就柬埔寨实施的卫生检验检疫措施的立法而言,首先,其《海关法》规定了所有进出口货物都应申报入关,并在海关要求时接受检验。该法第 11 条第 1 款规定:"所有进口货物都应通过指定的路径向最近的海关申报入关。"该条第 2 款规定:"任何报关人员应该:(1)详细回答海关官员提出的与进口货物相关的任何问题;(2)在海关官员要求时,将货物按照规定的方式交由海关进行检验。"因此,该条原则上赋予海关部门对一切进口货物拥有包括卫生检验检疫在内的检验权利。对于货物出口,其《海关法》的第 16 条规定了与第 11 条相同的要求。

其次,在具体的检验检疫立法方面,柬埔寨政府亦颁布了相关法规,其中最为重要的是 2003 年以"次级法令"形式颁布的《动物和动物产品卫生检验检疫法令》(Sanitary Inspection of Animals and Animal Products,简称《法令》)。该法令的第二章规定了"动物和动物产品卫生检疫"的一般要求,第四章规定了"进口动物和动物产品的卫生检疫"。该法令具体规定了负责进出口动物及动物产品检疫的机关、检疫的内容、检疫的程序、检疫不合格的处理、检疫的费用承担等内容。详述如下。

1. 有权检疫机关

《法令》第 5 条规定:"农林渔业部必须在铁路、海港、陆路口岸、空港、国境线及其他所需要的地点设置卫生检疫点。所有检疫点必须配备充足的设施装备以确保动物和动物产品卫生检疫的有效实施,所有检疫点接受动物健康和生产局的直接监督。"因此,柬埔寨农林渔业部是负责卫生检疫的具体执行机关。

2. 检疫的对象和程序

《法令》第 17 条第 1 款规定:"进口动物和动物产品的卫生检疫程序如下:所有动物、动物产品以及动物饲料的进口商应在货物到达前至少 5 天通知检疫部门,在货物到达边境检疫站时向检疫部门提出申请。"该条第 2 款规定:"一旦货物到达柬埔寨口岸,货物所有人应向有权机关报告并申请检疫。"根据该条,相关货物的进口商有义务在货物到达前至少 5

天，向有权机关进行通知。而当货物到达后，货物所有人应立即向检疫机关报告并申请检疫。除非得到柬埔寨检疫机构的许可，相关船只不得在港口靠岸停泊。在检疫合格后，货物所有人将获得卫生检疫许可证，只有持有此证，相关产品才能在柬埔寨境内运输和销售。

3. 检疫内容

按照《法令》第18条的规定，检疫机构将根据农林渔业部制定的包含需检测动物传染病细目的"检验清单"进行检验检疫。农林渔业部拥有修改此清单的权力。如清单中的内容被修改，则应在公布30天后实施；但是在发生疫情等紧急情况时，该修改将在公开24小时后生效。在此方面值得提及的是，为了防范中柬两国在卫生措施方面的摩擦，充分保护进出口商的贸易利益，我国与柬埔寨于2010年签署了《中华人民共和国国家质量监督检验检疫总局与柬埔寨王国农林渔业部关于动植物检验检疫领域SPS合作谅解备忘录》，该文件着力强调两国在卫生措施方面应加强技术性合作与信息及时沟通。根据该备忘录第2条的第4项，两国将加强相关机构间的联系，建立信息通报制度。该条的第6项规定，建立动植物检验检疫预警机制，及时相互通报本国动植物疫病疫情发生情况。因此，中柬两国合作机制的建立，能够给进口商带来更大的稳定性，减少由于一国突然增加检疫项目而导致贸易被阻碍的情况发生。

4. 检疫不合格的处理

当进口的动物和动物产品不符合本《法令》或柬埔寨其他相关法规的要求，或者不符合商业合同中规定的条款的，相关检疫机构可以采取以下措施：（1）将相关货物遣返回原产国；（2）改变其用途；（3）将该批货物转移到卫生检疫部门指定的地点；（4）将动物隔离在指定的检疫地点，进行检查、确诊、治疗或消毒；（5）销毁。遣返和销毁的处理由农林渔业部根据法律程序进行。由于治疗、免疫、消毒、留养或销毁而产生的看管费和其他费用，由货主或其代理机构全部支付。

最后，所有动物和动物产品的检疫，都由提出申请的人缴纳相关税费。

第三章

柬埔寨投资法律制度研究

第一节 柬埔寨投资法与管理体系概述

（一）柬埔寨投资法体系

1993年柬埔寨王国政府成立，恢复政治稳定后，迅即展开社会经济建设。冷战的结束、亚洲经济的崛起、中国的改革开放等一系列重要的国际事件，也促使柬埔寨打开国门，开始推行市场经济改革，实行贸易和投资自由化的基本国策。

为了吸引外国资本，柬埔寨王国政府于1994年即颁布了涵盖投资安全保证、投资优惠、投资鼓励等重要内容的第一部《柬埔寨王国投资法》（简称《投资法》）。该法在1997年和1999年分别进行了两次小范围的修订。2003年，柬埔寨对《投资法》进行了大幅度的修正。修正后的《投资法》无论在投资准入、投资优惠与促进政策等方面都表现出更大的开放诚意。有关投资程序与实体法律规定都变得更加规范化与精细化。这就为柬埔寨构建稳定和可预期的投资法制环境奠定了重要基础。2005年柬埔寨王国政府进一步颁布了《柬埔寨王国投资法修正法实施细则》（简称《投资法修正法实施细则》），该细则是对2003年投资法规定的进一步细化，并使相关规则变得更加具有可操作性。

柬埔寨投资法最大的特色是其并不区分内资还是外资，亦即没有专门的外国人投资法。根据其1994年《投资法》第8条的规定："除《柬埔寨王国宪法》中有关土地所有权的规定外，所有投资者，不分国籍和种族，在法律面前一律平等。"因此，在柬埔寨投资，除了获得其土地所有权外，原则上完全享受国民待遇。相比之下，我国对外国投资实行投资指导目录制度,许多行业是不允许或限制外资进入的。柬埔寨对外资开放程度之大可见一斑。柬埔寨投资法的另一个重要特色是,其对投资实行统一的管理制度。由柬埔寨发展理事会统一接受投资申请并进行审核,实行"一站式窗口"服务。该制度能够保证投资审批的效率,并减少投资申请人不必要的负担。因此,在投资程序的制度安排上,柬埔寨投资法也是较为先进的。

除了1994年制定并于2003年修改的《投资法》外,为了适应不同的投资需求,柬埔寨还颁布了《建设—经营—移交(BOT)合同条例》《柬埔寨王国政府关于经济特区的建立与管理法令》等法规。此外,其《土地法》《税法》《劳工法》《外汇法》《商业企业法》中也存在和外商投资相关的法律规定,这些法律法规共同构成了一个完整的投资法体系。对其具体内容,我们将在下文中围绕投资准入制度、投资形式的规定、投资保障制度、投资鼓励与促进制度、投资申请与审批程序等分别予以介绍。

(二)柬埔寨投资管理体系

柬埔寨对外商投资的管理效仿了菲律宾、马来西亚等东南亚邻国促进投资的管理模式,设立柬埔寨发展理事会(Cambodian Development Council, CDC)进行集中管理。在该理事会之下还设置有投资委员会(Cambodian Investment Board, CIB)。这一设置在其1994年《投资法》的第二章中做出了规定。该章第三条规定:"柬埔寨发展理事会是负责重建、发展和投资活动监管的唯一综合部门。柬埔寨发展理事会是王国政府负责各项重建、发展和投资活动审议和决策的高级机构。"该条赋予了柬埔寨发展理事会在投资活动中的综合管理权。

进一步地,柬埔寨1994年《投资法》的第4条规定:"柬埔寨发展理事会下设两个委员会,以协助其工作:(1)柬埔寨重建和发展委员会;(2)柬埔寨投资委员会。"此外,根据《柬埔寨王国政府关于经济特区的建立与管理法令》,设立柬埔寨经济特区管理委员会(Cambodian Special Economic Zones Board, CSEZB),由该委员会统一领导柬埔寨全国范围内的经济特区的建立与管理工作。因此,和投资管理相关的柬埔寨政府部门主要有三个:柬埔寨发展理事会,以及在其下设立的柬埔寨投资委员会和柬埔寨经济特区管理委员会。其职能分述如下。

第一,柬埔寨发展理事会是负责投资活动监管的唯一综合部门。但是其并不能决定一切投资事项。根据第147号次级法令第11条的规定,下列事项需要提交给柬埔寨"部长理事会"决定:(1)资本投资在5 000万美元以上的；（2）涉及政治敏感领域；（3）勘探和开采矿产和自然资源的；（4）可能对环境产生负面影响的；（5）涉及长期发展战略的；（6）基础设施建设，比如根据 BOT（Build-Operate-Transfer）、BOOT（Build-Own-Operate-Transfer）或者 BLT（Build-Lease-Transfer）所进行的柬埔寨国内重大基础设施建设等。除了上述 6 项规定之外，柬埔寨发展理事会在决定投资管理的事项方面拥有最高的行政决定权。

第二，柬埔寨投资委员会是发展理事会的下属机构，具体职能在柬埔寨政府第 149 号次级法令中做出了规定。其具体职能可简要概括为以下几项：（1）拟订战略计划，宏观协调私人投资；（2）为吸引潜在投资者进行市场宣传和推广；（3）促进投资方面的法律、政策的研究与倡议；（4）在政府内部及政府外部，就投资方面的问题进行协调并汇报情况。可见，投资委员会负责更加事务性的投资管理与促进工作。

第三，柬埔寨经济特区管理委员会的职责是作为经济特区的发展、管理和监督的"一站式服务"机构。因此，对于有关经济特区内的投资活动而言，特区管理委员会是实际上的综合管理部门。

第二节 外资准入制度

一国对外资的开放程度，首先表现于允许外资进入领域的范围是否宽广。上文已经提及，柬埔寨投资法并未对内资和外资的投资领域在原则上进行区分，显示出其对于外资的较高接纳度。但是，这一原则并不表明柬埔寨对外资在其境内的投资活动没有任何偏好，也并不表示外资和内资在投资准入上能够做到完全一致。在本节中，我们将首先对柬埔寨投资法予以鼓励、禁止、限制的投资领域进行阐述。进而，对柬埔寨限制外商投资获得土地所有权，以及在雇佣外国劳动者方面的限制进行分析。

一、鼓励、禁止与限制投资的领域

（一）鼓励投资领域

在是否专门遴选出某些部门作为优先鼓励投资领域的问题上，柬埔寨投资法的立法体例发生了重大的变化。柬埔寨1994年《投资法》第12条具体列举出了 9 种情形下的投资鼓励领域。根据该条规定，柬埔寨王国政府应制定激励措施，对如下重点领域的投资进行鼓励：（1）创新和（或）高科技产业；（2）创造就业机会；（3）出口导向型；（4）旅游业；（5）农用工业及转型产业；（6）基础设施及能源；（7）各省及农村发展；（8）环境保护；（9）依法设立的特别开发区投资。

这种"正面清单"的模式，在 2003 年《投资法》修改时，进行了重大调整，变"正面清单"为"负面清单"，凡是在负面清单之外的投资领域都属于政策鼓励型领域。2003 年修改后的《投资法》第 12 条规定："王国政府应根据本章对'合格投资项目'（Qualified Investment Projects, QIP）实施激励措施。"同时在 2005 年《投资法修正法实施细则》的附件 1 中具体列明"负面清单"的内容。因此，但凡是该负面清单以外的投资，且经过柬埔寨国内程序，被发展理事会审批认定为"合格投资项目"的，都能够获得柬埔寨给予的投资优惠。这就是说，所有负面清单外的合格投资都属于被鼓励的对象。毫无疑问地，2003 年修改后的《投资法》对外资开放与鼓励的力度明显更大。

（二）禁止投资领域

2005 年柬埔寨部长级会议通过的《投资法修正法实施细则》附件 1 所列"负面清单"，是实施其《投资法》第 6.1 条的具体化。从结构上看，该清单分为三个部分：（1）相关法律和次级法令禁止的投资活动；（2）不享受优惠的投资活动；（3）享受关税豁免，但不享受利润税豁免的投资活动。

就禁止投资的领域而言，《投资法修正法实施细则》附件 1 的第一部分规定了 5 项禁止投资的活动。分别是：（1）精神及麻醉物质生产及加工；（2）使用国际规则或世界卫生组织禁止使用、影响公众健康及环境的化学物质生产有毒化学品、农药、杀虫剂及其他产品；（3）使用外国进口废料加工发电；（4）森林法禁止的森林开采业务；（5）法律禁止的投资活动。

单从该部分列举的内容看，其限制投资的范围并不广。其中前两项是为了保护公众健康而对投资领域做出的限制，第三项和第四项是为了保护本国环境而限制的投资领域。第五项是兜底条款，规定任何法律禁止的投资活动都在禁止范围之列。该款的开放性特征，能够保证柬埔寨在限制投资方面的灵活性，以缓解具体列举禁止投资项目的不全面。然而，该条款对于吸引外国投资而言并不利，给外国投资者带来较大的不确定性。在该细则中，并未对柬埔寨在何种条件下将出台进一步的限制投资法律规定做出进一步规定。因此，外国投资者需要密切关注柬埔寨有关投资领域的法律法规的变化，及时了解其限制投资范围可能发生的改变。

应当注意的是，为了进一步巩固对外资限制投资领域的规定，防止某些法律规定被规避，《投资法修正法实施细则》第3条第2款规定："柬埔寨籍公民，或柬埔寨籍公民控制的法人，不得为规避本细则有关限制或禁止外籍实体或外国人投资领域的规定，直接或间接代理或代表外籍实体。"也就是说，外资"借名"投资限制领域而作为实际控制人在幕后进行操作的情形，不受柬埔寨法保护。

（三）限制投资领域

应首先说明的是，在柬埔寨投资法体系中，并无如同我国外资法分类中的"限制投资的领域"，但是出于表述和认知习惯的考虑，我们在本节仍然使用了"限制投资领域"的概念。实际上，按照柬埔寨投资法的规定，在投资领域的准入范围上，除了禁止投资的领域，就是允许投资的领域。在这些领域中，也并未采用股权比例要求（我国投资法上较多见的形式）的方式对投资进行限制。一概允许，未做其他限制的同时，柬埔寨2005年《投资法修正法实施细则》附件1"负面清单"第二部分规定了"不享受柬埔寨政府投资优惠活动的领域"。因此，更准确的说法应是"不享受优惠的投资领域"，但从实质上而言，亦可称为柬埔寨试图限制投资的领域，不鼓励，但也未禁止。

对于该部分投资领域，根据"负面清单"第二部分的规定，兹列举如下：

（1）商业活动、进口、出口、批发、零售，包括免税商店；

（2）运输服务，包括水运、陆运、空运，铁路系统投资除外；

（3）国际标准酒店外设立的饭店、卡拉ok厅、酒吧、夜总会、按摩室、健身室，或虽位于国际标准酒店内，但投资人将店面出租给非合格投资项目第三方经营的，投资人无权享受投资法修正法赋予投资人的免缴利润税政策；

（4）旅游服务、旅游代理、旅游信息及旅游广告；

（5）赌场、赌博业务及服务；

（6）货币、金融业务及服务，包括银行、金融机构、保险公司及其他金融媒介；

（7）报刊及媒体业务，包括电台、电视台、新闻、杂志、电影、视频制作或复制，影剧院、演播室及相关业务；

（8）专业服务；

（9）危及生物多样性、人类健康及环境的改性活生物体；

（10）有国内合法原材料供应渠道，使用天然林木生产加工木材制品的项目；

（11）烟草制品生产；

（12）投资额在 50 万美元以下的食品饮料生产项目；

（13）投资额在 50 万美元以下的纺织行业配套产品生产项目；

（14）投资额在 50 万美元以下的服装、纺织、鞋、帽生产项目；

（15）投资额在 50 万美元以下，不使用天然木材的家具、固定附着物生产项目；

（16）投资额在 50 万美元以下的纸及纸制品生产项目；

（17）投资额在 100 万美元以下的化学品、水泥、农用化肥、石化产品生产项目；

（18）投资额在 50 万美元以下的橡胶及塑料制品生产项目；

（19）投资额在 30 万美元以下的皮革及相关制品生产项目；

（20）投资额在 30 万美元以下的金属制品生产项目；

（21）投资额在 30 万美元以下的电气、电子设备及办公材料生产项目；

（22）投资额在 30 万美元以下的玩具及体育用品生产项目；

（23）投资额在 30 万美元以下的机动车、零部件生产项目；

（24）投资额在 50 万美元以下的净水供应项目；

（25）投资额在 100 万美元以下，产品 100% 供应出口产业的配套产业项目；

（26）投资额在 800 万美元以下的国际贸易展览中心及会议厅；

（27）投资额在 200 万美元以下，占地面积小于 1 万平方米，车位不足的新式市场或贸易中心建设项目；

（28）投资额在 20 万美元以下的动物饲料生产项目；

（29）投资额在 30 万美元以下的陶瓷制品生产项目；

（30）投资额在 400 万美元以下的教育培训机构，提供技能开发、技术、工艺培训，为工业、农业、旅游业、基础设施、环境、工程及科学等领域提供服务；

（31）三星级以下宾馆；

（32）宾馆客房在100间以下，或旅馆客房在30间以下，旅游区面积小于10公顷的综合性旅游中心；

（33）投资额在100万美元以下，占地面积小于1 000公顷的自然旅游区或自然旅游区开发项目；

（34）面积小于50公顷的综合性娱乐场所，包括酒店、主题公园、体育设施、公园；

（35）停车场；

（36）仓库设施；

（37）投资额在100万美元以下、病床在50张以下，无先进设备、实验室、手术室、X光室、急救室、药房、电梯（三层以上建筑）、救护车、太平间的综合性医院；

（38）投资额在100万美元以下的现代医药生产项目；

（39）投资额在50万美元以下的传统医药生产项目；

（40）农业；

① 1 000公顷以下的水稻种植项目

② 500公顷以下的经济作物种植项目

③ 50公顷以下的蔬菜种植项目

（41）畜牧业；

① 1 000头以下的家畜养殖项目

② 100头奶牛以下的牛奶场

③ 1万只以下的家禽养殖项目

（42）水产；

① 5公顷以下的淡水养殖项目

② 10公顷以下的海水养殖项目

（43）人工林、林场及野生动物养殖；

① 1 000公顷以下的人工林

② 200公顷以下的林场

③ 100头以下的野生哺乳动物养殖

④ 500只以下的野生鸟类养殖

⑤ 1 000头以下的野生爬行动物养殖

四十三款各类项目定义由农林渔业部负责解释。

（44）水产、谷物、农作物冷冻及加工出口；

① 投资额在50万美元以下的水产冷冻及加工出口项目

② 投资额在 50 万美元以下的谷物及农作物加工出口项目

（45）电信增值服务；

（46）房地产开发项目。

从该清单列举的内容中不难看出，柬埔寨试图将投资的激励措施更多地用于带有高科技含量的产业，提升柬埔寨在全球产业链中的地位，为将来的转型升级铺路。比如，在其 1994 年《投资法》中处于"鼓励类"的"旅游产业"，已经不再享受投资优惠。而过去同属于鼓励类的"创造就业型产业"，在新法实施后，也不一定都能享受到投资优惠。《投资法实施细则》从投资金额以及投资规模的角度对其进行了更为详细的划分，只有达到相关金额和规模标准的项目才能享受到相应投资优惠。这也反映出，经过十多年的发展，柬埔寨经济已经有了很大起色，对待外资的态度也逐渐变得挑剔起来。

二、外商投资的其他限制

（一）限制外国人拥有土地所有权

土地是一国之根本，柬埔寨规定了严格限制外国人拥有其土地所有权的法律规定。柬埔寨《宪法》第 44 条规定："全部自然人或法人均可单独或集体拥有所有权。仅限于柬埔寨籍自然人或法人有权拥有土地。"其 2001 年《土地法》第 8 条还规定："仅限于柬埔寨自然人或法人可拥有土地所有权，外籍人士伪造身份证件以在柬埔寨拥有土地的，应受到惩罚。"根据柬埔寨 2001 年颁布的《土地法》第 9 条第 1 款规定："在柬注册的企业，其 51% 以上的股份由柬籍自然人或法人持有，可以成为土地的所有者。股权比例以公司章程为准。股东签署的违背本条款的私人协议无效。"该条第 2 款规定："如果公司章程规定的股权比例发生变更使其不再是柬籍公司，该企业有义务按照实际情况变更公司章程并依法将此变更通知主管部门。"

1994 年柬埔寨《投资法》第 8 条也规定："除柬埔寨王国宪法中有关土地所有权的规定外，投资人依法享受非歧视性待遇。"《投资法》第 16 条还规定："根据宪法和相关法规对土地所有权及使用的规定：（1）用于投资活动的土地，其所有权须由柬埔寨籍自然人，或柬埔寨籍自然人或法人直接持有 51% 以上股份的法人所有；（2）允许投资人使用土地，包括采用长期租赁、最长租期70年[1]的方式,并可申请展期。采用该土地使用方式如涉及地上不动产和私人财产所有权的,按相关法律规定处理。"因此,自1994年柬埔寨《投资法》开始,便在投资领域对土地采取"所有权"和"使用权"的二分管理体制。在所有权方面,严格禁止外国自然人和法人拥有土地;而在使用权方面,又给予外资使用土地以充分法律保障。比如,规定了最长租期可达70年并可续期的长期土地租赁制度。但是该法对外资使用土地方式的规定依然不够充分。

1994年《投资法》第16条的规定在2003年《投资法》中做了部分修改和补充。该条规定:"投资人用于执行合格投资项目的土地,其所有权人必须由柬埔寨籍自然人或法人所有;按照土地法规定,允许投资人以特许、长期租赁、可展期的短期租赁等形式使用土地;在土地特许合同或土地租赁协议规定期限内,投资人有权依法拥有、抵押及转让合格投资项目用地,以及位于地上的不动产和动产;投资人不得转让或抵押未投入运营的特许土地。"

柬埔寨2005年《投资法修正法实施细则》中,对外资土地权益的享有方面做了更具体的规定。该实施细则第19条第1款规定:"所有权:投资活动所用土地,依据现行法律,应为柬埔寨自然人或法人所有。"该条第3款规定:"根据柬埔寨王国宪法,外籍自然人或法人不得拥有柬埔寨王国土地。"该实施细则的第13条进一步规定:"合资企业可由柬埔寨实体、柬埔寨及外籍实体,或外籍实体组成。王国政府机构亦可作为合资方。股东国籍或持股比例不受限制,但合资企业拥有,或拟拥有柬埔寨王国土地或土地权益的除外。在此情况下,非柬埔寨籍实体的自然人或法人合计最高持股比例不得超过49%。"总体上说,上述实施细则的内容和1994年投资法的规定具有较大的连续性,贯彻了柬埔寨《土地法》中关于外籍自然人和法人不得获得柬埔寨土地所有权的规定。因此,我国投资者如果想要获得柬埔寨的土地所有权,可以通过在柬埔寨注册成为柬埔寨公司法人的方式获得。

紧接着,该实施细则第20条对投资当中涉及的"土地使用权"问题做出了详细规定。该条第1款规定:"柬埔寨法人:除所有权权利外,允许柬埔寨投资人以多种方式使用土地,包括特许、租赁、转让或抵押。"该条第2款规定:"外籍法人:允许外籍法人以多种方式使用土地,包括

---

[1] 后改为50年。

特许、十五年或以上长期租赁及可展期短期租赁。土地使用权包括承租人在合同规定期限内对建筑物、装备及土地改良所拥有的权利。使用土地方式需符合现行法律规定。"因此，在投资活动中的土地使用问题上，该实施细则用两个条款分别规定了柬埔寨法人的土地使用权和外籍法人的土地使用权。就柬埔寨法人而言，其土地使用方式更为多样，包括特许、租赁、转让或抵押。而对于外籍法人，其土地使用权的获得方式相较于柬埔寨法人更少，包括特许、十五年以上的长期租赁和可展期的短期租赁；而缺少通过转让和抵押方式获得土地使用权。因为转让方式可让外资直接获得所有权，而抵押情况下，如果抵押人到期不能偿还债务，抵押权人亦可获得抵押土地的所有权，而这一结果违反了外籍法人和自然人不得获得柬埔寨土地所有权的基本制度。按照1994年《投资法》第16条第2款的规定："投资者可通过长期租赁的方式使用土地，最长租期为70年，期满可申请租赁。"在2003年修法后，这一明确的70年期限的规定已经被删除。根据最新颁布的柬埔寨《民法典》第247条的规定，一次性土地长期租赁的期限为50年。但是应注意的是，《民法典》颁布前已经签订的超过50年的租约继续有效，不受影响。

值得注意的是，2012年5月7日，柬埔寨首相洪森签发《提高经济特许地管理效率》的政府令，宣布自即日起暂停批准新的经济特许地。对于已经获得经济特许地，但未按法律和合同规定进行开发，或者利用特许地经营权开拓更大土地，转售空闲土地，违背合同，侵犯社区人民土地利益的公司，政府将收回其经济特许地；对于之前已获政府批准的经济特许地，政府将继续依照法律和合同执行。[1]因此，目前外籍法人只能通过长期租赁和短期租赁的方式获得土地使用权。而外商投资，通过设立柬埔寨籍法人的方式将获得几乎不受限制的土地使用权益，这是其优势所在。这一规定也能反映出柬埔寨对于外商投资的开放程度，以及对于吸引外资的热切程度。

(二) 限制雇佣外国人

根据2003年修改后的《投资法》第18条规定："一个合格投资者有权雇佣外国人作为经理、技术人员和熟练工人，并为他们获得签证和工作许可。但是只有柬埔寨没有符合这些工作所要求的条件和能力的人时方可

---

[1] 我国驻柬埔寨经济商务参赞处：《外国企业在柬埔寨是否可以获得土地》，http://cb.mofcom.gov.cn/article/ddfg/201404/20140400559836.shtml，2018-05-23。

如此。"因此，该条在原则上旨在促进柬埔寨公民的就业率。规定只有柬埔寨不存在符合企业要求的工作人才时，才可以雇佣外国人。当然如果确实投资企业所需人才，特别是技术和管理类人才，在柬埔寨难以寻觅，柬埔寨政府也会给这些特殊人才发放签证和工作许可。

第三节　外商投资形式

外商投资形式，通常是指东道国允许外国资本在本国直接投资过程中所采取的方式。对外商投资形式的规定不仅对东道国而言具有重要意义，对于跨国公司企业的对外投资决策也同样具有重要价值。

第二次世界大战结束后，广大亚非拉国家纷纷脱离殖民统治，亟须发展本国经济，改善本国人民的生存状态。因此，绝大部分发展中国家都制定外商投资法，尽最大可能地吸引发达国家的资本。与此同时，发展中国家也希望利用发达国家投资的机遇，提高本国的科技水平和企业管理水平。在此双重因素的推动下，资本输入国希望通过规定灵活的外商投资形式的方式来实现上述目的。比如，我国既规定了中外合资公司、中外合作公司的形式，也规定了外商独资公司的形式。对于前两者而言，我们既可以利用外国的资本，也可以在与外国公司合营的过程中，学习到前沿科学技术和先进的公司管理方法。广大发展中国家在吸引外资的过程中都带有类似的目的。而对于外国投资者而言，通过与东道国政府或企业进行合作合营，也可以尽快熟悉当地市场和文化，并利用当地政府和企业的优势尽快获得在东道国的竞争优势。然而，也存在另一部分跨国企业，其更希望采取外商独资的方式。原因有：（1）由母公司全资控股可以提升决策效率，有利于在全球市场竞争的过程中保持高效的竞争力；（2）由母公司全资控股可以更好地保护知识产权，对于某些敏感行业而言尤其如此；（3）对于某些知名企业而言，为了维护其良好的全球形象、维护其商标价值，有必要采取独资的形式来加强其公司声誉与商标等企业无形价值的管理。

在此背景下，一国外资法中规定的外商投资形式即成为对外投资过程中应关注的重点内容之一。柬埔寨在20世纪90年代恢复民族独立和政治稳定后，大力吸引外国投资。但是，其1994年通过的《投资法》中并未直接对外商投资形式做出规定，留下了很大的漏洞。随后，1997年柬埔寨政府颁布的《关于实施〈柬埔寨王国投资法〉的决定》中，单设一章（第四章）对外商投资形式进行了补充规定。该决定的第9条是关于可允许投资形式的规定："允许的投资形式包括：（1）内资全额所有；（2）外资全额所有；（3）合资企业；（4）建设—经营—移交；（5）商业合作合同；（6）法律授权的其他投资形式。"

在对柬埔寨的投资过程中，我国企业可根据自身需求选择不同的投资方式。总体上而言，柬埔寨投资法关于投资方式的规定是开放式的，体现出广泛吸纳外国资本的诚意，能够满足不同的投资形式需求。

一、独资企业

根据1997年柬埔寨政府颁布的《关于实施〈柬埔寨王国投资法〉的决定》，允许的投资形式包括：100%外资投资企业，也就是外商独资企业。但是在2003年《投资法》修改，以及2005年制定《投资法修正法实施细则》时，并未再次提及外商独资企业。但是从这两部法律也可看出，柬埔寨只对合资企业拥有土地所有权进行了限制，对其他投资形式未做限制，因此也就没有必要再单独列出。

二、合资企业

就合资企业的投资比例而言，柬埔寨的法律规定也是非常自由的。2005年颁布的柬埔寨《投资法修正法实施细则》第13条规定："合格投资项目可以以合资企业形式设立。合资企业可由柬埔寨实体、柬埔寨及外籍实体，或外籍实体组成。王国政府机构亦可作为合资方。股东国籍或持股比例不受限制，但合资企业拥有，或拟拥有柬埔寨王国土地或土地权益的除外。在此情况下，非柬埔寨籍实体的自然人或法人合计最高持股比例不得超过49%。"按照该条规定，外资企业既可以与柬埔寨企业合资经营，也可以与柬埔寨王国政府机构合资经营。并且，外资持股的比例在原则上也不设上限和下限。

三、BOT

BOT（Build-Operate-Transfer），即建设—经营—移交，是指政府（通

过契约）授予私营企业（包括外国企业）以一定期限的特许经营权，许可其融资建设和经营特定的公用基础设施，并准许其通过向用户收取费用或出售产品以清偿贷款、回收投资并赚取利润；特许权期限届满时，该基础设施无偿移交给政府。[1]自20世纪80年代以来，利用BOT方式进行基础设施投资逐渐成为发展中国家吸引外资的重要模式。由于BOT投资通常涉及的是大型基础设施工程建设，具有耗资大、工期长、投资回报跨期长的特点；而发展中国家在经济发展中面临方方面面的问题，都亟须大量资金投入，因此利用BOT的方式让外资参与本国的公共基础设施，如港口、机场、高速公路等的建设将有效缓解政府资金不足的困境。同时，由于在BOT的投资模式之下，项目投资者并未获得所建设基础设施的所有权，且在经营期届满后，将要把有关基础设施的经营权转移给东道国。因此，东道国对本国重要基础设施以及经济资源主权的掌控也不会受到威胁。这些因素共同促成了BOT投资模式的兴起与蓬勃发展。

自20世纪90年代以来，柬埔寨一直被联合国确认为属于"最不发达国家"。但是自从其政治稳定后，经济发展迅速，国内面临着大量的基础设施投资，我国企业也积极参与柬埔寨国内的基础设施建设。除了以一般国际建设工程承包的方式外，也采用BOT的方式建设了一批经典工程。比如，2010年以来，我国企业与柬埔寨政府签订了建设暹粒新机场，以及金边到西港特区高速公路的BOT合同。[2]我国企业积极参与柬埔寨基础设施投资，在获得可观商业收益的同时，也应理性面对项目建设与经营过程中的一系列风险。下文中，我们将对柬埔寨有关BOT项目的法律规定进行介绍和分析。

柬埔寨于1997年12月18日，以次级法令的形式出台了《柬埔寨王国关于BOT合同的法规》，该法自1998年2月13日起生效，至今仍然有效适用。该法令共4章18个条文。其中，1~8条为"总则"，9~11条为"选择被许可方的程序"，12~14条为"BOT合同的责任和纠纷的解决"，15~18条为"最后条款"。

（一）BOT合同的管理

就《柬埔寨王国关于BOT合同的法规》（简称《法规》）的适用范围

---

[1] 余劲松：《国际投资法》，法律出版社，2014，第106页。
[2] 张文韬：《务实推进中柬经贸合作》，http：//www.gov.cn/xinwen/2018-01/10/content_5255369.htm，2018-05-20。

而言，该法规的第2条第1款规定："本法规仅适用于国家、公共法人为许可方，私人法人为被许可方的项目。不适用于私人之间的项目。"该款说明了 BOT 合同在性质上为"公—私"合作型项目（Public-Private Partnership，PPP）。该条第2款规定："负责有关基础设施项目的主管部门应按照本法规规定的条件，在柬埔寨王国政府的授权下，代表政府签订 BOT 合同。"

(二) BOT 合同的客体及其范围

《法规》第3条规定："只有柬埔寨发展理事会或柬埔寨王国政府授权的单位宣布的基础设施项目才是 BOT 合同的客体。"

《法规》第3条第2款规定："该类基础设施包括下列项目：电厂、道路、高速路、港口、电讯网、铁路、民用住宅、医院、学校、机场、体育场、旅游饭店、新建城市、水电站、水坝、工厂、净水厂及垃圾处理。"由该条款可见，柬埔寨允许外资参与 BOT 项目的范围是较为广泛的。对比我国允许外资参与 BOT 建设的情况，自20世纪90年代我国引进 BOT 投资模式以来，各地相继推出了 BOT 项目，但是我国允许外资参与 BOT 投资的范围与我国《外商投资产业指导目录》中允许外资投资的范围紧密相关。至少民用住宅、医院、学校、旅游饭店，仍然被排除在外资 BOT 投资方式之外。由此，也可以看出柬埔寨对于外资的需求更加迫切。

(三) 被许可方的权利和义务

1. 被许可方的权利

被许可方，也就是签订 BOT 合同的私营投资方。其主要权利有：

① 独家管理权。《法规》第4条第2款的规定："合同应给予被许可方对基础设施项目的独家管理权，期限最长不超过30年，可按照合同规定的条款延长。"也就是说，该法规明确规定 BOT 合同的投资方拥有不受干扰的独家管理权，其对项目的管理除受到柬埔寨政府的依法监督外，不受他方的干扰。但同时也规定此权利的最长期限不超过30年。通常而言，BOT 合同的期限不足30年，如有需要，可按照合同规定的条件进行延长。因此，在签订 BOT 合同时应根据不同投资项目的情况，谨慎拟订项目经营期限及期限延长条款，尽量给企业预防风险留下灵活应对的空间。我国驻柬埔寨大使馆商务处指出，目前在柬埔寨开展 BOT 项目的主要以中资公司为主，涉及行业包括水电站、输变电网等，水电站的经营期限一般为

30～40年。[1]

②收取费用的权利。《法规》第4条第4款规定:"合同应明确被许可方有权收费。内部上缴的比例应遵照柬埔寨王国政府或其他法律授权人在许可合同中确定的条件执行。"该款原则上规定了被许可方在经营所投资项目的期限内有收取费用的权利,这一权利也是BOT合同投资方的根本性权利。但是正如该条所明确的,项目建成投入运营后,并非所有收取的费用都能够作为投资方的回报,而应按照BOT许可合同中的利润分配条款进行操作。因此,利润上缴比例条款也是BOT合同的核心条款,投资方应合理估算风险,争取有利的费用分配份额。

③项目转让的权利。《法规》第7条规定,在满足下列条件时,BOT合同的被许可方有转让该项目的权利:"第一,按照合同已完成至少全部投资的30%;第二,对已经完成的合同规定的项目,被许可方与第三方应负连带责任;第三,上述转让还应获得柬埔寨政府或许可方的同意。"

2. 被许可方的义务

按照《柬埔寨王国关于BOT合同的法规》的规定,许可方的主要法律义务有:

①负担建造费用的义务。《法规》第3条第3款规定:"BOT项目框架下的基础设施的建造费用完全由被许可方承担。"因此,在BOT合同投资模式下,被许可方将完全负担项目建设的费用,而柬埔寨政府无须提供资金。为了防范项目不能按期完工的风险,该《法规》的第3条第4款还同时规定:"合同应明确规定被许可方交纳履约保证金。"据此,BOT合同的被许可方,应按照合同列明的方式交纳相应的履约保证金。

②成立项目公司的义务。在柬埔寨通过BOT形式的投资方,都必须在柬埔寨注册法人公司。

③上缴部分收入的义务。如上所述,在BOT合同中有专门的利益分配条款,根据该条款,被许可方应按照规定上缴给柬埔寨政府或BOT合同的授权方一定比例的利润。

④移交相关基础设施的义务。该义务的履行也是BOT合同根本特征的体现,BOT合同的客体都是公共性基础设施,建造及修缮这些基础设施通常属于一国政府职责的范围。到期后收回,交给东道国政府运营,政府

---

[1] 商务部国际贸易经济合作研究院、中国驻柬埔寨大使馆经济商务参赞处、商务部对外投资和经济合作司:《对外投资合作国别(地区)指南——柬埔寨》(2017年版),第34页。

将承担其提供相关公共服务的职能。《法规》第 5 条规定："被许可方应在运营良好的条件下无偿地将有关基础设施移交给柬埔寨王国政府或其他法律规定的许可方。上述移交应在合同规定的管理期限届满时完成。"据此，被许可方移交其所投资并运营的基础设施还需满足三个条件：第一，应保证该基础设施在移交时仍然处于运营良好的状态。该义务实际上要求合同被许可方尽到良善保管与维护的义务，以保证在移交后柬埔寨政府仍然能够正常利用这些基础设施。第二，移交应是无偿的。第三，移交工作应当在许可经营期限届满前完成。只要同时满足以上三个条件，合同被许可方才算是恰当履行了其移交相关基础设施的义务。

（四）许可方的权利和义务

柬埔寨政府在 BOT 投资模式下既可能是合同的许可方，享有"私法"上的权利并承担"私法"上的义务；同时，政府也有一定的对 BOT 投资的监管权和相应的义务，因此也享有"公法"上的权利并承担相应的义务。

1. 作为合同许可方的权利

① 享有按比例分配利润的权利。上文已述，在 BOT 许可合同中，柬埔寨政府享有的具体利润分配比例将在各具体合同中列明。

② 接受移交的基础设施的权利。对应于合同被许可方按期移交的义务，柬埔寨政府作为合同许可方时，在许可经营期限届满后享有接收移交的基础设施的权利。

③ 对 BOT 合同的监管权。《法规》第 8 条规定："一旦发生下列事由，柬埔寨王国政府或许可方应有权进行罚款、中止或解除 BOT 合同：① 被许可方进入破产程序；② 被许可方经许可方多次警告仍不履行合同规定的主要义务；③ 被许可方违反柬埔寨法律法规。"该条赋予柬埔寨政府在 BOT 合同履行过程中的监管权，不仅可以进行罚款，还可以中止或解除合同。前两种情形都比较清晰具体，而第三种情形包含内容极多，因此在柬埔寨进行 BOT 投资的企业需要密切注意柬埔寨的法律法规，做好法律风险管控。

2. 作为合同许可方的义务

东道国政府，作为 BOT 合同的许可方和监督方，其主要的义务有：按照合同规定提供项目建设所必需的条件与服务，发放 BOT 许可证，在许可经营期限内不得干涉项目的管理与运营，等等。

(五) 选择被许可方的程序

1. 招标和非招标程序

选择 BOT 合同的被许可方，通常按照公开招投标的程序进行。这一惯例也被《法规》所接纳。《法规》第 9 条第 1 款规定："选择 BOT 项目的被许可方应严格按照国际或国内（公开或不公开）的招标程序进行。"该条具体规定 BOT 项目的招标程序既可以是公开的也可以是不公开的。但并未进一步规定"公开"与否的判断标准，因此给予了柬埔寨政府较大的自由裁量权。一定程度上将损害国际投资规则对于透明度的要求。

除了招标的一般程序外，《法规》还规定，在三种特殊情况下，柬埔寨王国政府可以不采取公开或不公开招标程序，而采取直接商谈的方式选择投资方。《法规》第 9 条第 2 款规定："如发生以下情况，将通过谈判进行选择：(1) 招标未成功；(2) 因项目的特殊需要而选择特殊的被许可方；(3) 因基础设施的特殊标准要求具备此能力的被许可方才能达到此特殊要求。"此款中的"特殊需要""特殊标准要求"，通常由基础设施项目的难度而定，比如建立核电站必然需要具有特别高的施工技术能力和资信能力的投资方承担合同的建设与运营任务。同样地，该法规也未列举和详细阐述何谓"特殊需要"及"特殊标准"，这些规定需要柬埔寨王国政府在具体法规中予以进一步细化。作为中国投资方而言，可以通过中国从事柬埔寨投资法律服务的律师以及中国驻柬埔寨商务部门，进一步准确、及时地了解柬埔寨在此方面的相关政策与实践。

2. 拥有决定权的部门

根据投资金额的大小，柬埔寨规定了不同的 BOT 审批和决定部门。《法规》第 10 条第 1 款规定："任何以柬埔寨王国政府名义批准的合同，被许可方的技术和投资金额的选择应按照以下规定办理：(1) 500 万美元（含）以下的项目由相关项目的主管部长、财经部部长和发展理事会共同决定；(2) 1 000 万美元（含）以下的项目由首相按照有关项目的主管部长、财经部部长和发展理事会的共同建议决定；(3) 1 000 万美元以上的项目由部长理事会按照项目主管部长、财经部部长和发展理事会的共同建议决定。"该条第 2 款规定："任何以公共法人名义批准的合同，被许可方的技术和投资金额的选择应由该公共法人的主管部门决定。"因此，根据不同名义批准 BOT 合同的部门，以及不同的金额，柬埔寨规定了 BOT 项目拥有投资方选择权的不同部门。

3. 发放 BOT 许可证以及 BOT 合同的签署

有权部门选择 BOT 项目投资方后，应颁发 BOT 许可证。但被选择的投资方应先交纳为完成项目建设所需的履约保证金，此后才能获得 BOT 许可证。许可证中应明确 BOT 合同有关各方的权利和义务。《法规》的第 10 条第 3 款对此要求做出了规定。

根据 BOT 许可证，有关部门应准备并同被许可方签订详尽的 BOT 合同。任何以柬埔寨王国政府名义批准的合同，由被许可人与有关项目的主管部长、财经部部长和发展理事会签署；任何以公共法人名义批准的合同，由被许可人与该公共法人的主管部门、财经部部长和发展理事会签署。

4. 成立项目公司

在 BOT 投资模式下，由于资金需求量巨大，通常需要多方投资。为了项目的顺利完成，由投资方、建设单位、运营方等多方主体成立项目公司也是实践中通常的模式。成立项目公司还能起到融资和隔离投资方母公司风险的目的。《法规》第 11 条第 3 款明确规定："为执行该 BOT 合同，被许可方应按照柬埔寨王国法律成立公司并注册。该公司的目标应符合 BOT 合同许可的内容。该公司应遵守柬埔寨王国的有关法律法规。"因此，在柬埔寨境内按照柬埔寨的公司法成立具有法人资格的公司，是 BOT 项目中的必经环节和法定义务。实际上，政府与项目公司作为 BOT 合同的主要主体达成合作意向，项目公司分别通过贷款合同、经营合同、建筑合同、设计合同与银行、经营承包商、建筑商、工程设计机构达成有关贷款、经营、建设、设计方面的合作意向。在此复杂的过程中，履行合同中规定的相关义务。

（六）争端解决

《法规》第 14 条规定："所有 BOT 合同下的纠纷应按照合同条款通过谈判和仲裁，及时、友好地解决。"因此，BOT 合同投资中的投资者，如发生与东道国的纠纷，应按照合同争端解决条款确定的方式解决。争端出现后，通常都需要首先与东道国进行谈判解决纠纷；如果 BOT 合同中签订有"投资者—东道国"投资仲裁条款，也可以发起仲裁程序。仲裁条款对外国投资人有利，为争端解决提供了第三方司法解决的途径。具体内容将在投资争端解决章节中予以详述，此处不赘。

四、并购合格投资项目

并购是相对于新设立企业的一种投资形式。柬埔寨投资法除了允许外商在其境内投资组建新企业之外,也允许外国投资者通过并购境内企业的方式进行直接投资。从国际投资的趋势上看,跨国并购逐渐成为对外投资的一种重要形式。柬埔寨投资法既允许两个以上投资者合并,也允许其他人收购现存企业的并购方式。在其2005年《投资法修正法实施细则》的第三章中,用四个条文对在柬埔寨采用并购方式进行投资的程序做出了规定。

第一,如果两个或多个合格投资人,或者一个合格投资人和其他任何非注册为合格投资者的法人同意采取合并为一个新实体的,该新实体必须以书面形式向柬埔寨发展理事会或者省/直辖市一级的投资委员会提出注册为新的合格投资人的申请。同时应申请将原合格投资的注册证书转让给新的实体。只有如此,该新的实体才能获得并实施原合格投资人的合格投资并享受柬埔寨法给予的优惠和保障。柬埔寨发展理事会或省/直辖市一级的投资委员会在收到上述申请后,应在10个工作日内,发出书面批准或驳回该申请的通知。

第二,如果未在柬埔寨注册为合格投资者的自然人或法人想要收购一项已经被批准的合格投资(QIP),该收购人也应向柬埔寨发展理事会或省/直辖市一级的投资委员会提出书面申请。只有该收购申请获得批准,并且原QIP的最终注册证书转移给收购人后,该收购人才能获得原QIP最终注册证书中列明的投资优惠和保障。同样地,柬埔寨发展理事会或省/直辖市一级的投资委员会在收到上述申请后,应在10个工作日内,发出书面批准或驳回该申请的通知。

第三,由于投资人股份转让给收购方而造成后者取得合格投资的控制权的,该收购人,也即投资人,必须在相关股份转让前10个工作日内,向柬埔寨发展理事会或省/直辖市一级的投资委员会提出转让申请,并提供受让方的名称和地址。理事会或省/直辖市一级的投资委员会在不超过10个工作日的期限内予以答复。此处所提及的"控制权",是指收购人将获得原合格投资的至少20%以上的股份的权利。

第四,已在柬埔寨注册为合格投资者的,也可以收购其他合格投资项目。但其必须履行如同上述未注册人的申请程序,否则同样也不能获得原合格投资项目的投资优惠和保障。

总体上来看，柬埔寨所允许的并购投资的形式是比较开放的，既包括合并的方式，也包括合格投资者收购其他合格投资、未注册合格投资者收购合格投资的方式。在程序上，既可以向其发展理事会递交申请，也可以向设在省一级的投资次级委员会递交申请，并且审批程序也较为便捷。实践中，我国企业在柬埔寨通过采用并购方式进行投资的情况正在变得越来越多。随着我国"一带一路"建设的推进，对包括柬埔寨在内的沿线国家的并购投资会变得更加频繁。[1]

第四节 柬埔寨外资保护法律制度

发展中国家为了利用外资、发展经济，必须在其投资法律制度的构建中强调对外资的保护。首先，外国投资者在对外投资的过程中担心的往往是东道国将其投资"国有化"的风险；其次，外国投资者也对投资产生的利润能否兑换成本国货币或国际货币汇往国外的问题非常关心。因此，各国外资保护立法着重对这两个方面的问题进行明确，柬埔寨亦然。早在其1994年《投资法》中，就单列一章（第四章"投资保障"），规定了对投资者保护的制度。

一、不实行国有化的保证

就外国投资者最为担心的"国有化政策"问题，柬埔寨在其《投资法》中做出了郑重承诺。该法第9条规定："王国政府不实行对投资者在柬埔寨境内的私有财产产生负面影响的国有化政策。"在2003年柬埔寨修改其投资法时，该条款未经修改被完全保留了下来。该条在原则上规定不得实行对投资者产生不良影响的国有化，值得肯定。然而值得注意的是，该条并未完全禁止实行国有化的政策。自20世纪60年代以来，广大发展中国家在吸引外资的过程中，都强调本国有对外国投资实行国有化的主权

---

[1] 据商务部对外投资和经济合作司统计，2017年我国企业在"一带一路"沿线国家实施并购62起，投资额88亿美元，同比增长32.5%。参见 http://hzs.mofcom.gov.cn/article/date/201801/20180102699459.shtml，2018-06-14。

权利。那么，问题的关键在于，东道国实行国有化是否受到严格的法律限制，能否对外国投资者给予"充分、及时、有效"的补偿。就该条的文本表述而言，并未规定这一补偿标准，而只是表明柬埔寨在实行国有化政策时，不得对投资者产生"负面影响"。笔者认为，这一立法语言尚不够严谨。对于何谓"负面"，不存在统一的评价标准，柬埔寨《投资法》及2005年《投资法修正法实施细则》也都没有进一步明确这一概念。如果柬埔寨政府"主观上"认为其国有化未对投资者产生负面影响，即可以实施征收行为，将会造成投资者与柬埔寨政府的冲突。再者，该条也未明确，如果需要对被征收的投资者予以补偿时，应当采用何种标准。我们建议，柬埔寨投资法应该参照国际管理，将国有化征收所导致赔偿的标准具体化。

所幸的是，中国在1996年与柬埔寨签订了双边投资协定，即《中华人民共和国政府和柬埔寨王国政府关于促进和保护投资协定》。该协定第四条专门对"国有化"问题进行了双边的保证。根据该条："一、缔约任何一方不应对缔约另一方的投资者在其领土内的投资采取征收、国有化或其他类似措施（以下称'征收'），除非符合下列条件：（1）为了公共利益；（2）依照国内法律程序；（3）非歧视性；（4）给予补偿。二、本条第1款第4项所述的补偿，应等于宣布征收前一刻被征收的投资财产的价值，应是可以兑换的和自由转移的。补偿的支付不应无故迟延。"该条首先从"征收前提"的角度对能否进行征收进行了限制，亦即只有出于"公共利益"的目的，并且在程序上依照法律程序时才可以实行征收。同时，实行征收时不得具有"歧视性"，不管是在中国投资者与柬埔寨本国投资者之间造成歧视，还是在中国投资者与其他外国投资者之间造成歧视，都是不允许的。然而该条规定仍然存在模糊之处，对"公共利益"的判断，向来是法律上的难点，也是实践中争端发生最多的领域。在中柬两国双边投资协定中，并未明确哪些是公共利益，对公共利益的判断权通常留给各主权国。通常来讲，为了公共健康、公共环境保护、国家安全和国防的需要，可以被认为是为了"公共利益"而进行征收的。

当然，如果柬埔寨政府决定实行国有化，必须给予中国投资者补偿。对于补偿的标准，该条第2款也予以明确，亦即"补偿应等于宣布征收前被征收的投资财产的价值"。此处"等于"实际上可以等同于国际投资中通常所要求的补偿应具有"充分性"。此外，该款还明确"补偿的支付不应无故迟延"，因此补偿的"及时性"也有了法律保障。该条为保护中国投资者在柬埔寨投资的财产利益发挥了重要作用。就中国企业投资柬埔寨的实践来看，柬埔寨政府在实行国有化政策上保持了一贯的非常克制的姿态。从笔者所检索与阅读的资料来看，至今仍未出现对中国投资企业实行国有化的案例。目前来看，在柬埔寨投资面临潜在国有化的风险是非常低的。

二、外国投资利润及本金汇出的自由

在投资的过程中将投资所获得的回报汇往国外，或者在投资结束后将其原本汇往国外关系到外国投资者的根本利益。然而，一方面，对于广大发展中国家来说，由于外汇资金短缺，往往都建立了较为严格的外汇管理制度，限制外资自由出入和自由兑换，这种外汇管制措施可能导致外国投资者将其投资利润及本金汇出的风险。[1]另一方面，各国为了吸引外国投资者，又往往在其投资法上做出制度安排，在实施外汇管制的同时给予外国投资者货币汇兑及资产转移至国外的保证。相比其他发展中国家，柬埔寨的外汇管制要宽松得多，对投资者利润和本金的汇出给予了充分的自由。

（一）利润汇出

柬埔寨1994年《投资法》对投资利润和本金的汇出都做出了法律上的保证，但是两者汇出的条件有所不同。该法第11条规定："根据有关法律及柬埔寨国家银行发布的有关规定，王国政府允许在柬埔寨有投资的投资者通过银行系统购买外汇转往国外，以进行与其投资活动有关的财务结算。以上结算包括为了以下的目的：（1）用以支付进口及偿还国际贷款本利；（2）用以支付特许权使用费和各项管理费用；（3）转移盈利；（4）按照第八章之规定将投资资本返回国外。"根据该条，柬埔寨原则上给予投资者（无论是国内还是国外投资者）自由汇出投资盈利的权利，没有任何限制。投资者只需要通过柬埔寨银行系统进行外汇兑换即可。

（二）本金汇出

一般来讲，投资本金的额度非常大，许多国家都对投资本金的汇出从时间和数额方面进行汇出的限制，以保证本国外汇收支的平稳。上述柬埔

---

[1] 余劲松：《国际投资法》，法律出版社，2014，第173页。

寨 1994 年《投资法》第 11 条,原则上允许投资原本按照第八章的规定自由汇出。需注意的是,在 2003 年柬埔寨修改其投资法时,为了适应新的柬埔寨投资管理体系,第八章规范投资原本汇出的内容也做了一定的修改。根据新的投资法规定,合格外国投资者的原本如果需要汇出,必须经过公司解散程序,并满足其他的相关要求。

首先,公司解散应首先通知柬埔寨发展理事会。新《投资法》第 21 条规定:"如果投资者决定结束他们在柬埔寨的合格投资项目,投资者必须通过挂号信的方式或亲手将通知书递交给柬埔寨发展理事会。该挂号信必须经投资者或公司全权代表签署,并且信中应详细说明停止投资活动的原因。"

其次,公司解散应履行法定程序,该程序包括司法解散或自愿解散两种。新《投资法》第 22 条规定:"如果投资者没有向法庭申请解散他们在柬埔寨的合格投资项目,投资者就必须向柬埔寨发展理事会出示柬埔寨财经部的证明文件,以证明与该投资项目相关的债务已经彻底结清。只有历经此程序后,投资者才能被批准根据柬埔寨商业法的程序解散其投资项目。"该条规定并未规定司法程序解散公司的事由,但通常包括公司违反柬埔寨法律法规被勒令解散或者因为公司经营不善出现资不抵债的情况而进入破产程序。在此情况下,只需通过司法程序即可解散公司,如果还剩余资产,投资者可以将之转移至国外或在柬埔寨境内使用。

而在投资者不愿继续投资而自愿解散公司的情况下,则需履行批准程序。第一,投资者应向柬埔寨发展理事会正式提起公司解散的申请。第二,投资者在提起申请时,应取得柬埔寨财经部的相关证明文件,即证明该公司不存在任何债务纠纷的文件。只有履行上述程序,并获得柬埔寨发展理事会批准后才能正式停止其活动并按照柬埔寨商业法解散其公司,拿回其原本和剩余资产。

再者,应当注意的是,投资者拿回其剩余财产并需转移至国外时,如果涉及在投资活动中免税进口的机器和设备,应注意这些享受税收减免待遇的物资自进口时起算是否已经超过 5 年,未满此期限的,应当按照柬埔寨法律的规定补缴相关税款。

值得提及的是,除了柬埔寨国内法对投资者外汇风险的保证,我国于 1996 年与柬埔寨签订的双边投资协定中也对该风险予以了进一步防范。《中华人民共和国政府和柬埔寨王国政府关于促进和保护投资》第六条规定:"一、缔约任何一方应按照其法律和法规,保证缔约另一方投资者转移在其领土内的投资和收益,包括:(1)利润、股息、利息及其他合法收入;(2)投资的全部或部分清算款项;(3)与投资有关的贷款协议的偿还款项;(4)本协定第一条第四项的提成费;(5)技术援助或技术服务费、管理费;(6)有关承包工程的支付;(7)在缔约一方的领土内从事与投资有关活动的缔约另一方国民的收入。二、上述转移应依照转移之日接受投资缔约一方通行的市场汇率进行。"因此,我国与柬埔寨投资协定对保证我国投资者将利润和原本的汇出进行了更为全面的规定。不仅投资公司的财产,在柬埔寨工作的中国人的工资及其他收入,也可自由汇出。除了规定可自由汇出财产及利益的范围,该协定还强调应按照利益转移之日的东道国通行市场汇率进行兑换。该协定能够在更大程度上防范我国投资者的外汇风险。

第五节 柬埔寨外资鼓励和优惠法律制度

一、税收优惠

柬埔寨在1994年《投资法》中即建立起投资鼓励制度。该法第五章专门规定了"投资鼓励"制度,具体是该章的第12～15条,计4个条文。在2003年《投资法》修改时,对该章的第12条、第14条和第15条分别做了修改。总体而言,柬埔寨在给予外国投资和国内投资的鼓励制度安排上没有进行任何区分,所给予的投资优惠力度也是比较大的。

如前文所述,2003年修改后的《投资法》已经不再正面列举柬埔寨政府鼓励的投资领域,而是采用负面清单的管理模式。修改后的《投资法》的第12条规定:"王国政府应向合格投资项目提供本章规定的投资优惠。"依据该条规定,柬埔寨并未对鼓励还是限制投资领域进行区分,而仅规定但凡是被认定为"合格投资"的项目都能够享受到相关优惠。当然也不区分内资和外资。

就具体优惠方式而言,1994年《投资法》的第13条规定:"对投资的鼓励主要包括全部或部分免征关税及其他税务。"因此,柬埔寨采取的主要投资鼓励方式是税收优惠,既包括关税也包括国内税两个部分。进而该法第14条详细列举了优惠的给予条件。2003年修改《投资法》时,第

14条也被予以了较大幅度的调整。修改后的投资鼓励方式仍然主要是税收优惠,具体给予方式在该条中做出了详细列举,共计11项,分别如下。

① 合格投资项目在盈利税免税期内的,免缴税法规定的盈利税。免税期为:项目启动期+三年+优惠期。启动期最长至合格投资项目开始有盈利的第一年度,或取得第一次收益后的三年,以两者中先到的为准。免税期最长给予9年,比如在柬埔寨各地设立的经济特区中的合格投资即可享受该优惠。

② 合格投资项目享受上述第一款规定优惠的,应取得柬埔寨发展理事会核发的守法证明。

③ 合格投资项目超过免税期的,应按税法规定税率缴纳盈利税。

④ 合格投资项目享受第一款规定优惠的,不得申请享受税法规定的特别折旧产生的优惠。

⑤ 内销型合格投资项目进口生产设备、原材料的,应予免征进口关税。

⑥ 出口型合格投资项目进口生产设备、建筑材料、原材料、半成品及配件的,应予免征进口关税。使用海关保税仓库的出口型合格投资项目除外。

⑦ 配套产业合格投资项目进口生产设备、建筑材料、原材料、半成品及配件的,应予免征进口关税。

⑧ 自然人或法人与合格投资人发生并购交易的,可根据采取的并购程序向柬埔寨发展理事会继续申请投资人合格投资项目全部或部分投资保障、权利、投资优惠及义务。

⑨ 合格项目位于柬埔寨发展理事会优先发展目录内所指定的特别经济区或出口加工区内的,与其他合格投资项目同等享受本法规定的投资优惠。

⑩ 合格投资项目100%免征出口税,现行法律另有规定的除外。

⑪ 经柬埔寨发展理事会批准,合格投资项目可依据移民法及劳动法规定,为其在柬埔寨王国境内雇佣的外籍经理、技师、技工办理签证及就业许可证,并为上述人员配偶及家属办理居留签证。

根据该条的规定,第①~④款都是有关"盈利税"豁免的规定。就利润税的豁免期而言,新法规定比旧法更为明确,但也更为严格。旧法中规定:"依据每项投资的条件及王国政府内阁法令规定的优惠条件,从第一次获得盈利的年份算起,可免征盈利税的时间最长为8年。如连续亏损

5年,其亏损额则被准许用来冲减盈利。如果投资者将其盈利用于再投资,则可免征其盈利税。"因此,旧法中的盈利税免税期最长可至第一次盈利年份后8年。但具体为多少年,并未在投资法中详细规定,给予了柬埔寨发展理事会较大的自由决定权。新法中更加明确地规定为:启动期+3年+优惠期。实际上是投资企业第一次盈利(或第一次获得收益)后3年,加上柬埔寨财务管理法中规定的具体优惠期。根据其财务管理法,优惠期一般为3年,根据不同的投资类型和资本数额决定。比如,对于轻工业来说,若投资资本不足500万美元,则优惠期为0;如果投资额在500万美元以上2000万美元以下的,可以获得1年的优惠期;如果投资额超过2000万美元,则优惠期为2年。为了获得利润税豁免,合格投资人必须每年进行年检,并获得柬埔寨发展理事会颁发的"守法证明"。[1]

应注意的是,2005年柬埔寨《投资法实施细则》的附件1中的第三部分列举了两项投资活动,只能享受关税豁免待遇,但不享受利润税豁免待遇,它们分别是:(1)电信基础服务;(2)天然气、石油勘探及全部矿产开采项目,包括石油、天然气开采的供应基地。

该条第5~7款是关于"进口关税"豁免的规定。内销型企业和出口型企业进口某些类别的商品都可享受到关税豁免,但是享受优惠的范围各不相同。显然给予出口型企业免税进口的产品的范围更加宽广,既可包括给予内销型企业关税豁免的生产设备和原产料,还包括建筑材料、半成品及配件等。当然,给予出口型企业更多的优惠是各国投资法的惯常做法。因为相比内销型企业而言,出口型企业更能为东道国带来外汇收入,并且在提供大量的工作机会的同时不会和本国产业形成竞争。相比于旧法中关税减免的范围而言,新法的范围有所缩小,体现出柬埔寨在使用关税刺激投资方面的态度开始发生变化,有更加谨慎的趋向。

二、在经济特区内投资的优惠

经济特区是一个国家或地区所划出的一定范围内的区域,对该区域的对外经济活动采取更为开放的特殊政策,提供更为优惠的措施,实行特殊的管理办法,以吸引外资和技术,扩大外贸,促进本地区和本国的经济发

---

[1] http://www.cambodiainvestment.gov.kh/investment-scheme/investment-incentives.html, 2018-06-14。

展。[1]20世纪60年代以来,发展中国家竞相设立以"出口加工区"为特色的经济特区,以更加优惠的制度吸引外国投资者。然而发展到20世纪90年代以后,大部分国家的经济特区已经更加强调对高科技企业的吸纳。我国的经济特区制度是这一趋势的典型代表。对于柬埔寨来说,其国内政治直到20世纪90年代后才逐渐稳定下来,经济发展起步较晚。目前,柬埔寨设立的经济特区仍然是以"出口加工"为主要特征,其中尤以服装产业为主。

(一)柬埔寨经济特区发展概况

迄今为止,柬埔寨政府已经批准了25个经济特区,获批的经济特区主要分布在国公省、西哈努克省、柴帧省、卜迭棉芷省、茶胶省、干拉省、贡布省、磅湛省和金边市。其中,西哈努克省经济特区的数量最多,我国红豆集团主导的,联合中柬企业共同开发建设的西哈努克港经济特区(简称"西港特区")就位于该省。西港特区是我国商务部首批中标的境外经贸合作区之一,也是首批获商务部验收确认的6个境外合作区之一。[2]

在目前柬埔寨的法律框架下,柬埔寨经济特区委员会是负责经济特区运作及其发展、管理和监督的综合管理部门,实行"单一窗口"管理制度。经济特区委员会的具体任务包括:(1)涉及柬埔寨境内开发经济特区的政策、战略、计划的拟订;(2)委任经济特区行政相关工作原则与所有法规,组织特区单一窗口机制,管理特区运作的一般行政工作,调解偶然发生的纠纷;(3)履行向区内投资人提供税务与非税务的优惠,并对经济特区内的投资人进行柬埔寨法律法规的指导;(4)拟订劳工管理与劳工培训原则,环保、建筑工程、进出口、获得投资优惠以及其他技术性业务原则,为投资人与柬埔寨各政府部门之间的联系提供便利,保障经济特区工作能顺利有效运作;(5)对特区内的异常活动进行监督检查;(6)在特区开发商、区内投资者及工人任何两方之间发生冲突时,提供技术和法律咨询。

(二)柬埔寨经济特区立法及其优惠规定

为了规范经济特区的管理,以及明确经济特区中投资人享有的优惠措

---

[1] 余劲松:《国际投资法》,法律出版社,2014,第183—184页。
[2] 我国驻柬埔寨经济商务参赞处:《柬埔寨对外国投资的市场准入的规定》,http://cb.mofcom.gov.cn/article/ddfg/201404/20140400559808.shtml,2018-05-24。

施,柬埔寨于 2005 年 12 月颁布了《关于特别经济区设立和管理的第 148 号次法令》(简称《法令》)。该法令共分 9 章 17 个条文,其实质性条款主要包括:建立经济特区法律程序、经济特区的管理框架和任务、对经济特区的奖励、经济特区出口加工生产区的管理与相关特别措施、劳动力条款。就关于经济特区中的投资促进措施而言,主要在第 6 条和第 7 条中做出了详细规定。这两个条文分别针对给予"特区开发商"和"区内投资者"的优惠做了区分规定。在该法令中,"特区开发商"是指实行合格投资项目的柬埔寨籍和外籍自然人或法人,已获得为开发建设基础设施进行投资的批准,组织、经营并为特区内的投资商提供各种安全保障服务的建设者与经营者。"区内投资者",是指持有经营合格投资项目的柬埔寨籍和外籍的自然人或法人,已经购买或租用特区开发商的不动产,并在区内经营生产业、服务业或商业的投资活动者。西港特区内的入区企业红豆国际制衣(柬埔寨)有限公司负责人钱志平表示,税收优惠与相对较低的劳动力成本是该公司投资柬埔寨、入驻西港特区的两大主要原因。[1]

1. 给予"特区开发商"的优惠

给予"特区开发商"的优惠,主要包括:① 盈利税特别优惠。该《法令》第 6 条第 1 款规定:"特区开发商应获得以下投资活动的所有优惠:按柬埔寨王国《投资法》第 14 条第 1 项所规定的盈利税豁免的优惠期限最长可为 9 年。" ② 关税优惠。上述第 6 条第 1 款的第 2 项规定:"作为区内兴建基础设施使用的物资、设备、建材的进口应由国家承担进口税和其他税务的责任。"同时,《法令》第 7 条第 1 款规定:"区内开发商应获得免税进口用于兴建连接市镇的道路与包括为了公共利益、区内利益的公共服务的基础设施的机械设备及材料。"该条第 2 款规定:"特区开发商可以通过临时免税方式依法申请进口在兴建基础设施过程中所需的基础设施建筑的所有运输工具和机械。"

2. 给予"区内投资者"的优惠

给予"区内投资者"的优惠主要包括:① 关税优惠。《法令》第 6 条第 2 款规定:"根据柬埔寨《投资法》第 14 条第 9 项的规定和相关法规,区内投资者将获得海关关税和国内税的优惠。"也就是说,区内投资企业和其他投资者一样可以享受柬埔寨投资法所给予的关税优惠。② 增值税

---

[1] 西港特区:《柬埔寨的投资热土》,http://www.xinhuanet.com/fashion/2016-03/31/c_128852149.htm,2018-05-23。

优惠。《法令》第6条第3款规定:"区内投资者应获得增值税零税率的优惠,区内投资者每次进口的优惠税款应作记录。若生产原料再出口情况下,此税款将被删除。若生产输出原料转售于国内市场时,区内投资者应根据出口量与记录款额比值补交增值税。"③盈利税。该《法令》未单独做出说明,但是按照柬埔寨《投资法》的规定,凡是合格项目投资者,可以根据法律获得与其他企业一样的盈利税等优惠。

该《法令》还专门对两者在投资过程中所产生的外汇和国有化风险做出了相同的保证:①给予收入汇出的权利。该《法令》第7条第4款规定:"特区开发商、区内投资者、外国职工有权享有将区内投资的所有收入、工作的税后薪金通过银行汇往国外。"②非国有化的保证。《法令》第7条第5款规定:"除了税务优惠之外,特区开发商、区内投资者有权享有如现行柬埔寨王国《投资法》第8条款(新)、第9条款及第10条款(新)及相关法规所述的有关投资保证。"

上述特别经济区享受的优惠政策,可用表3-5-1表示。

表3-5-1 特别经济区享受的优惠政策

受益人	优惠政策
经济区开发商	1. 利润税免税期最长可达9年; 2. 经济区内基础设施建设使用设备和建材进口免征进口税和其他赋税; 3. 经济区开发商可根据《土地法》取得国家土地特许,在边境地区或独立区域设立特别经济区,并将土地租赁给投资企业。
区内投资企业	1. 与其他合格投资项目同等享受关税和税收优惠; 2. 产品出口国外市场的,免征增值税。产品进入国内市场的,应根据数量缴纳相应增值税。
全体	1. 经济区开发商、投资人或外籍雇员有权将税后投资收入和工资转账至境外银行; 2. 非歧视性待遇、不实行国有化政策、不设定价格。

资料来源:柬埔寨发展理事会

第六节 柬埔寨外商投资申请及批准程序

柬埔寨1994年《投资法》的第三章是"投资程序"的规定。该章共2个条文,即第6条和第7条。这两个条文在2003年柬埔寨投资法修正法中都进行了更改。相比 1994 年投资法的规定，2003 年修正后的投资法更加强调外商投资审批的效率，审批时间上有所缩短，具体程序的规定上也更加精细化与规范化。总的原则是，只有按照柬埔寨 2005 年颁布的《投资法实施细则》第 6 条规定的程序申请成为合格投资者，其"合格投资"才能获得柬埔寨投资法给予的各种优惠和保障。

2003 年《投资法》第 6 条在原则上规定，如果投资人打算在柬埔寨从事投资活动，必须履行申请程序。该条规定："所有想要成立合格投资公司的人（QIP）必须向柬埔寨发展理事会递交符合投资法和其他相关法规的投资计划书。"据此，柬埔寨发展理事会具有在投资事务上的审批权，而投资者需要将符合柬埔寨法律法规要求的"投资计划书"向其提交。2003 年《投资法》第 7 条以及 2005 年颁布的《投资法修正法实施细则》（简称《实施细则》），对"投资计划书"应包含的内容、柬埔寨发展理事会的审批程序等事项做出了详细规定。

首先，投资者应向柬埔寨发展理事会递交投资计划书，柬埔寨发展理事会在收到该计划书后 3 个工作日内，应向投资申请人发出一份"有条件注册证书"，如初审发现拟投资项目为柬埔寨投资法所禁止，则发出不同意通知书。《实施细则》第 6 条第 2 款规定："计划投资活动属于（1）不予享受投资优惠的项目；或者（2）已经或正在由投资人，或其他自然人或法人执行，且已经依据投资法享受投资优惠的，柬埔寨发展理事会或者各省/直辖市的投资委员会可以驳回投资申请，并通知申请人。"尤其值得注意的是，《实施细则》附件 1 中列有投资"负面清单"，该清单中的投资项目都可能被柬埔寨发展理事会或省一级投资委员会否定。如驳回投资申请的，应出具不予批准函，并指明未接受投资计划的理由。

此外，《实施细则》第 6 条第 4 款规定："特定投资项目关系国家利益或具有环境敏感性的，理事会或省一级投资委员会有权予以推迟注册，并在受理投资计划书 3 个工作日内告知申请人原因。"如果投资人提交的计划书不符合相关格式要求，理事会或省/直辖市投资委员会可以在受理投资计划书后 3 个工作日内，书面通知申请人，要求其做出修改后重新提交。

就"有条件注册证书"应予记载的内容而言，2003 年《投资法》第 7 条第 3 款规定："有条件注册证书将详细说明合格投资项目所需要的同意文件、批准证、财务清算、执照、许可证和其他文件，并说明发放这些证件的部门。该有条件注册证书还应按照新《投资法》第 14 条确认可以给予该 QIP 的优惠和鼓励条件,并承认该 QIP 的公司章程的效力。"据此,一项"有条件注册证书"上应至少包括三大方面的内容,即(1)该合格投资需要进一步获得柬埔寨各部门批准的文书类别;(2)具体列明进一步批准文书或发放证书的管理部门;(3)在该有条件注册证书上指明将获得的优惠措施,并对该合格投资项目的公司章程予以承认。

其次,柬埔寨发展理事会及其他相关政府部门在法定的期限内办理审批程序,并制作完成相关批准文件。在发放给投资申请人有条件注册证书后,柬埔寨投资法规定,其发展理事会作为投资申请的"一站式窗口",负责协调办理各种批准手续。也就是说,投资申请人将所有相关的需要提交具体审批的材料统一交给发展理事会,或者其下属的省一级投资委员会。进而由其负责办理各种许可证。比如涉及环境项目审批的,直接由发展理事会将相关材料交给环保部门,环保部门将相关许可证直接交至发展理事会。最后统一由发展理事会将各部分审批发放的许可或批准性证件发放给投资者。新《投资法》第 7 条第 5 款规定:"柬埔寨发展理事会代申请者向各有关单位领取有条件注册证书内制定的各种许可证。政府有关单位必须在发放给有条件注册证书后的 28 个工作日之内把相关许可性证书发放给申请者,任何政府官员,如无恰当理由,而在此期限内未能给申请者发放的,将受到法律处分。"1994 年《投资法》中规定的有关审批期限是自收到完整投资申请文件后不超过 45 日。相比之下,新法的规定不仅更加明确,而且在审批期限上也有了明显缩短。

最后,柬埔寨发展理事会或设立在省/直辖市一级的投资委员会的"一站式窗口",将最终注册证书统一发放给投资申请人。《实施细则》第 7 条第 3 款规定:"有条件注册证书持有人在取得全部证照及核准手续后,理事会或省/直辖市投资委员会核发最终注册证书。"核发最终注册证书的期限为,自核发有条件注册证书之日起 28 个工作日以内。其中第 7 条第 4 款规定:"有条件注册证书持有人未取得全部证照及核准手续的,理事会也应在 28 个工作日内核发最终注册证书。"但是在最终注册证书核发后,根据该条第 5 款的规定:"申请人仍需办理合格投资项目合法运营所需其他证照及核准手续。"从这些规定中可以看出,柬埔寨对于投资的宽容度是比较高的,而且在程序设计上也体现出一定的灵活性。

第四章

柬埔寨土地法律制度研究

第一节 柬埔寨土地法概述

一、柬埔寨的土地纠纷

近年来,柬埔寨友好的投资环境和开放的市场经济吸引着越来越多的海外投资者的目光。据统计,2016年中国对柬埔寨直接投资流量6.26亿美元,截至2016年末,中国对柬埔寨直接投资存量43.69亿美元。中国投资人在柬埔寨的投资主要集中于房地产、能源、轻工业、农业等领域。这些产业对土地使用的需求量都很大,因而中国投资人会不可避免地涉及柬埔寨当地土地问题。然而,柬埔寨又是一个土地纠纷频发的国家,土地纠纷被外界视为该国最严重的社会问题之一。

根据2015年的统计资料,正在等待处理的285起土地纠纷案件影响牵涉到柬埔寨48 015个家庭,波及22万人。柬埔寨几乎每个省都有土地纠纷,其中金边最为严重,整个金边有6 078个家庭卷入土地纠纷。根据相关研究,柬埔寨的土地纠纷涉及的土地有995 017.6公顷。土地纠纷涉及的土地类型呈多样化态势,包括农业用地、居住用地、国家用地(含社区林地、被洪水淹没的林地、河岸、湿地、公共池塘、属于学校的土地,沿海土地、运河、道路或运河储备、庄稼地、公社或乡村土地)等。其中,居住用地纠纷涉及的土地面积最广,占争议土地面积的80%(见图4-1-1)。[1]

---

[1] http://ngoforum.org.kh/files/e1f20a9889d8ae9144413f14d7b2053e-Layout-Land-dispute-report-2015-Eng.pdf,2018-07-18。

近 10 年来，柬埔寨每年都会新增数十起土地纠纷案件（见图 4-1-2）。柬埔寨的土地纠纷呈现出覆盖范围广、波及人口多、增长势头猛、争端解决难等特点。2015 年，柬埔寨有 285 起土地纠纷案件等待解决，但柬埔寨全年只解决了其中的 21 起，案件处理效率有明显的下降（见图 4-1-3）。根据进一步调查，这 21 起被解决的土地纠纷案件中，有一半以上的案件发生在 2010 年以前，其中 2 起发生在 1999 年。由此可见，在柬埔寨土地纠纷的解决是一个漫长而复杂的过程。作为外国投资者，投资时需要充分了解柬埔寨的土地法，尽可能避免卷入柬埔寨当地的土地纠纷。一旦不幸碰上土地纠纷，投资者也需要懂得如何利用当地的法律捍卫自己的权利。[1]

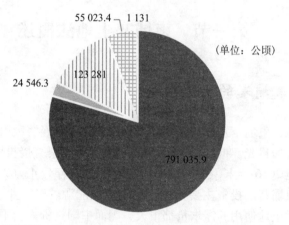

图 4-1-1　柬埔寨土地纠纷状况统计图/用途划分

柬埔寨的土地纠纷由来已久，且原因复杂。柬埔寨曾经历过长期的战乱，人口损失严重，出现大量荒芜的土地。1993 年柬埔寨重获和平后，这些荒芜的土地陆续被人占有。由于此前柬埔寨一直缺乏国家层面的土地权属凭证，大量的民间土地交易以乡县政府官员见证的形式进行流转，直到 2018 年这种流转方式依然存在。不动产登记制度的不完善，造成了大量的土地纠纷，直到现在也是困扰柬埔寨经济社会发展的难题之一。

〔1〕 http：//ngoforum.org.kh/files/e1f20a9889d8ae9144413f14d7b2053e-Layout-Land-dispute-report-2015-Eng.pdf，2018-07-18。

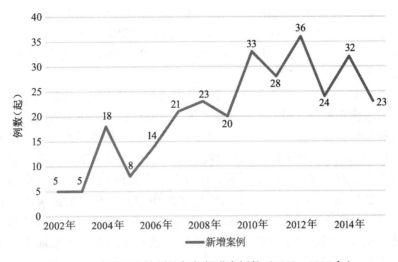

图 4-1-2　柬埔寨土地纠纷每年新增案例数（2002—2015 年）

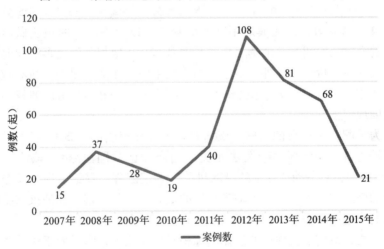

图 4-1-3　柬埔寨土地纠纷每年解决案例数（2007—2015 年）

二、柬埔寨土地法的法律渊源

土地法并不是一个独立的法律部门，一个国家的土地法规范往往会涉及宪法、行政法以及民商法等多个法律部门。因而研究一个国家的土地法，首先要解决的问题是这个国家与土地相关的法律规则和法律原则来源于哪些法律文件，也就是这个国家的土地法的法律渊源有哪些。柬埔寨王国与土地相关的法律规定主要分布在柬埔寨《宪法》(1993)、柬埔寨《土地法》(2001)、《外国人房屋产权法》(2010)、《柬埔寨民法典》(2011)、《国土部、司法部关于民法相关不动产登记共同法令》(2013)等法律文件中。

柬埔寨《土地法》总计268个条文，是柬埔寨王国土地法最主要、最直接的法律渊源。它规定了柬埔寨王国与不动产相关的民事权利及产权的登记和保护，旨在保护不动产所有权以及其他相关的不动产权利。柬埔寨《土地法》既包含调整平等主体间权利义务关系的民事法律规范，也存在相当多的行政法律规范甚至刑事法律规范。但是随着2011年《柬埔寨民法典》的实施，2001年柬埔寨《土地法》中与土地相关的民事法律规范大多已经被废止或修改。目前该法一半以上的条文已经失效，具体修改情况见《柬埔寨民法典适用法》第80条。目前几乎所有关于柬埔寨土地制度的中文资料都很少注意到这个变化。

《柬埔寨民法典》由日本学者能见善久主持编纂，总计1 305条，于2011年正式生效。民法典对不动产的物权，以及不动产的租赁做出了体系化的规定，对研究柬埔寨土地法，尤其是与土地相关的民事法律制度具有很大的参考价值。此外，由于外国人在柬埔寨无法获得土地所有权，柬埔寨还颁布了《外国人房屋产权法》，对外国人在柬购置房产的权利做出了明确规定。

为了配合民法典的实施，柬埔寨国土部和司法部在2013年1月颁布了《国土部、司法部关于民法相关不动产登记共同法令》。该法令总计142个条文，对不动产登记的管辖机关、登记流程、登记事项以及登记申请书的格式进行了规定。不动产物权的设立、变更、移转和消灭需要按照该法的规定进行登记，否则不能产生对抗第三人的效力。

总之，柬埔寨土地法的法律渊源相对比较庞杂，为了便于表达，下文中提到的"柬埔寨土地法"如无特殊标记，是指广义上的柬埔寨土地法。它不仅包括柬埔寨《土地法》这一部法律文件，还包括其他法律文件中涉及土地的部分。

三、柬埔寨土地法的特点

柬埔寨土地法有其鲜明的特点，主要表现在以下几个方面。

第一，柬埔寨与土地相关的私法制度深受法国和日本的影响，很多制度都能在《法国民法典》或者《日本民法典》中找到渊源。形成这种现象的原因在于柬埔寨之前是法国殖民地，《法国民法典》的一些做法在当地已经逐渐形成习惯。而随后日本学者在帮助柬埔寨起草民法典时，既保留了《法国民法典》中的一些做法，又植入了日本民法学的理论。比较典型的就是《柬埔寨民法典》规定的物权变动模式采用"债权意思主义"，即自物权转让合同生效之时就发生物权变动效力，交付和登记只不过产生了对抗第三人的效力。

第二，柬埔寨土地法对违法行为的惩罚十分严厉。柬埔寨《土地法》第247条到266条都是规定的违法处罚措施。违反柬埔寨《土地法》甚至有可能会造成刑事责任，例如该法第255条规定"无论是否造成民事损害，任何销售或者以担保人的名义使用不属于他的不动产的行为都应当被判处6个月到3年的监禁"。

第三，柬埔寨土地法在不动产租赁权的物权化方面做得更为彻底。15年以上的长期租赁可以形成不动产的对物权。该项权利可以转让或者继承，经登记可以产生对抗第三人的效力，这样承租人的权利就获得了更大限度的保障。这一特点对赴柬投资中土地的使用尤为重要。

四、柬埔寨不动产的产权类型

柬埔寨土地产权有硬产权和软产权之分（见表4-1-1）。这种分类方式虽然很常见，但其实没有法律上的依据，只是习惯上的分法。硬产权是国土管理规划局提供的所有权证书，其中包含得到国土部国家级认证的土地详细信息。而所谓的软产权土地，其实就是没有土地产权登记，只有区县一级的政府机关颁发的占有权证明的土地。因而严格意义上讲，首先，软产权的权利人只是享有土地的占有权，不享有真正意义上的所有权。因为区县一级的地籍管理机关是无权进行产权登记的，只有省/首都以上级别的地籍管理机关才有权进行产权登记（参见《国土部、司法部关于民法相关不动产登记共同法令》第5条）。但这也并不意味着软产权是毫无意义的，因为《柬埔寨民法典》将占有权视为一项物权，受法律保护。其次，软产权的持有人可以根据《柬埔寨民法典》第162条第1款规定的不动产取得时效制度以及其他方式获得国家认可的正式的产权（硬产权），并进行产权登记。但作为外国投资者要注意的是，如果要长期租赁一项不动产，最好选择有硬产权的不动产，因为长租权要产生对抗第三人的效力必须要有不动产登记。

表 4-1-1 硬产权、软产权对比分析表

产权类型	权利性质	效力范围	优缺点
硬产权	所有权	国家认可	优点： 1. 产权明晰，不会存在一地多证的现象； 2. 可以到银行进行抵押贷款； 3. 受到更全面的法律保护。 缺点： 1. 需要缴纳4%的过户税； 2. 转让登记手续复杂； 3. 目前有硬产权的土地不多，尤其是在农村地区。
软产权	占有权	地方认可	优点： 1. 转让手续简单； 2. 不需要缴纳过户税。 缺点： 1. 没有国家认可的登记，因而在土地的让与、抵押、长租的过程中都会存在较大的交易风险，多数银行不愿意接受软产权的抵押； 2. 存在一地多证的现象，容易引起产权纠纷； 3. 软卡没有统一的格式，真伪难辨； 4. 物权转让不可对抗善意第三人。

不动产的产权除了上述习惯意义上的分类方式，还有法定的分类方式。《柬埔寨民法典》采"物权法定主义"，物权的种类和内容由民法典和其他特别法进行规定，习惯法上的规定与民法典和其他特别法的规定相抵触的，一律无效。《柬埔寨民法典》规定的物权类型有"所有权、占有权、用益物权（包括长租权、用益权、使用权、居住权和地役权）、担保物权（包括留置权、先取特权、质权、抵押权和让渡担保权）"。

此外，相关特别法上还规定了建筑物区分所有权（很多资料将其译为"分契式产权"）。建筑物区分所有权是柬埔寨最新的产权形式。这项产权是指有多个业主的大楼或建筑，大楼的某些部分是某个业主专有的（私人区域），某些部分归全体业主共有（公共区域）。建筑物区分所有权设立的最初目的在于解决外国人在柬埔寨购买房屋的问题。由于外国人在柬埔

寨无法获得土地的所有权，外国人只能对多业主房屋一楼以上私人部分可拥有产权，楼下以及更下层则不允许外国人拥有产权。值得注意的是，在柬埔寨的司法实践中，分契式产权现在已不仅仅适用于民用住宅，而且还适用于商用大楼，尤其是合租的办公楼。

五、外国投资者在柬埔寨王国获取土地的方式

柬埔寨《宪法》第44条规定："只有高棉合法组织和高棉籍的公民可拥有土地的所有权。"所以外国投资者无法在柬埔寨获得土地所有权，但是外国投资者可以通过以下三种方式使用土地。

第一，与柬埔寨的自然人或者法人合资经营企业，由柬埔寨的自然人和法人在企业内占据总计51%以上的份额，那么这家企业将会被视为柬籍企业，在柬埔寨可以拥有土地的所有权，当然这么做会削弱中方投资人对企业的控制权。如果房地产等特殊行业需要获得土地的所有权，可以采用中柬合资的方式，让另外51%的股权由多个柬埔寨股东持有。

第二，通过长期租赁的土地方式获得土地的"长期租赁权"（日语称为"永借权"）。15年以上的不动产租赁属于长期租赁。长期租赁权在柬埔寨属于不动产物权，可以转让和继承，经过登记后还可以产生对抗第三人的效力。需要特别注意的是，在柬埔寨，土地的长期租赁合同属于要式合同，制定程序较为严格。《柬埔寨民法典》第245条规定：长期租赁合同必须采用书面形式方能有效，未采用书面形式的长期租赁将被视为不定期租赁，双方可以依据《柬埔寨民法典》第615条之规定随时解除合同。

第三，政府的土地特许。土地特许是指主管部门通过颁发法律文件授予自然人、法人或者非法人组织占有土地权利，并允许其在土地上行使本法设定的权利（柬埔寨《土地法》第48条）。土地特许最长期限为99年，比一般的土地租赁时限要长，但受到的限制颇多。被许可人应当按照特许经营合同的要求进行经营，否则土地会被没收。特许经营土地也不能转让，如果被许可人死亡，其继承人若愿意继续经营，可以在剩余的许可期限内继续使用土地。由于土地特许在实际操作过程中制造了很多社会矛盾，现任柬埔寨首相洪森已然表示不会再批准经济特许地，直到其任期结束。

对比以上三种获取土地的方式，我们认为长期租赁的优势是十分明显的。首先，相较于中柬合资获取土地所有权的方式，长期租赁无须以柬资

占企业51%以上的份额为前提,可以保障中方资本对企业的绝对控制。如果选择中柬合资经营,则需要考虑合作者的信用度和管理能力。其次,在柬埔寨的法律框架下,长期租赁合同中的承租人在合同存续期间内对不动产的权利几乎和所有权人相等同。而现代企业能在某个特定地方长期存续的情况也并不多见,因此获得永续的土地所有权没有太大的必要。最后,土地租赁的自由度较大,只要不破坏土地,经营者可以完全按照自己的意愿进行经营,也可以将土地租赁权转让给第三人。

第二节 《柬埔寨民法典》中的土地制度

随着《柬埔寨民法典》的正式颁行,柬埔寨的私法体系已经逐步建立起来。自此,《柬埔寨民法典》取代了柬埔寨《土地法》成为调整柬埔寨境内与土地相关的民事法律关系的最主要的法源。也就是说,外国投资者要了解柬埔寨当地与土地相关的民事法律制度,应当把《柬埔寨民法典》列为最主要的参考依据。

一、土地的所有权制度

所有权是指物之所有者,在法律法规规定的范围内对权利客体享有的使用、收益以及处分的权利。《柬埔寨民法典》第139条对土地所有权的范围进行了规定,土地所有权的范围应当延伸至地表以上以及地表以下所有区域,但必须在土地所有者的利益范围内。由此可见,柬埔寨土地所有权涵盖了地下空间,这一点和日本民法典的规定基本一致。因此,如果中方投资人到柬埔寨要修建地铁或者地下设施,涉及私人所有的土地时,依法需要与土地所有权人协商。土地所有权人行使土地上的收益权应当符合法律法规的规定。土地所有权人在使用土地时不得恶意妨碍他人的活动或者恶意损害他人利益。

柬籍自然人或者法人可以通过以下方式获得土地所有权。

第一,占有取得土地。柬埔寨《土地法》规定了取得时效制度,承认自1989年起的占有可以构成不动产物权。任何人在柬埔寨《土地法》生效之前和平地、无争议地占有私人可以合法占有的不动产不短于五年,有权申请获得明确的所有权证书。当然这里的占有必须是无疑义的、非暴力的、公开的、持续的、善意的占有。违反其中任何一个条件都不能通过取得时效制度获得土地所有权。然而在取得时效制度下，土地权属容易发生争议，作为投资者要注意的是，在购买或者租赁他人所有的土地时一定要认真审查土地的相关权属证明，并尽可能查明土地当前有无权属争议，以免卷入当地纠纷当中。查明土地的权属时一定要去查阅土地登记，如果土地权利记载在某人名下，则可根据《柬埔寨民法典》第 139 条之规定，推定其为合法权利人。即使登记错误，也可基于登记的公示公信力，不能认定物权让与行为无效。

第二，购买获得土地。购买是获取土地所有权的另一条重要途径，只有具有缔约能力的柬埔寨人才可以出售或者购买土地，外国人不享有买卖土地的权利。但是在柬埔寨注册的企业，如果其 51% 以上的股份份额由柬埔寨自然人或者法人持有，那么这家企业会被视为柬籍企业，可以成为土地的所有权人，股权比例以公司章程为准。然而，问题在于公司章程所载的股权比例会与真实持股比例有所出入，实务当中会碰到这种情况：股东会通过代持股协议或者其他协议的方式使得企业实际的持股比例与公司章程所载的不一致。这种协议如果导致非柬埔寨国籍的企业获得了土地所有权，那么协议会被视为无效，非法获得的土地有可能会被没收。此外，公司章程规定的股权比例在经营过程中也并非一成不变的。例如，甲企业是中柬合资经营的企业，企业成立之初柬埔寨自然人和法人在公司的股权份额总计超过 51%，被视为柬埔寨企业，享有土地所有权，并以企业的名义购买了一块土地。但企业在随后实际运营的过程中，公司章程所规定的股权比例发生变更，使得柬埔寨自然人或者法人在公司内持有的股权份额的总量低于 51%，就不再是柬埔寨企业。按照柬埔寨《土地法》第 9 条第 2 款的规定，这种情况下，该企业有义务按照实际情况变更公司章程，并告知主管部门。通常而言，企业必须先处理好土地所有权的问题才能变动股权。

二、土地的租赁制度

外国投资者可以向柬埔寨当地的土地所有者租赁土地。不动产租赁可分为长期租赁和短期租赁。一次租赁期不短于 15 年的不动产租赁属于长期租赁，其他期限的租赁都属于短期租赁。在《柬埔寨民法典》第五编中，有一章专门规定了租赁合同，可供投资者参考。然而需要特别注意的是，在柬埔寨的民法体系中，不动产的长期租赁属于物权，被规定在物权编当中。因此，当合同法有关租赁合同的一般性规定与物权法当中有关不动产长期租赁权利的规定有冲突时，优先适用物权法的规范。这是柬埔寨的土地制度中最具特色的一项制度，对投资活动具有重大意义，投资者应引起重视。

（一）租赁合同的签订

不管是长期租赁还是短期租赁，建议投资者尽量要与土地的权利人签订书面的土地租赁合同，以确定双方的权利义务关系。租赁合同是指出租人同意将租赁物交由承租人使用和收益，由承租人支付相应租金的合同。投资者要使用土地，可以与土地的所有权人、土地特许经营权人、土地长期租赁权人签订租赁合同。租赁合同可分为有具体租期的租赁合同和无具体租期的租赁合同。未以书面形式制定的租赁合同一律视为无具体租期的租赁合同。无具体租期的租赁合同双方均可以随时通知解除，但是土地租赁合同自通知解除到正式解除不得短于1年。如果租赁的土地用于种植农作物，解除通知应当在这次收获季节后，并且在下次播种前。

不动产长期租赁超过15年（含15年）的租赁合同必须以书面形式签订。该书面合同签订后，承租人获得针对租赁合同标的物的"长期租赁权"（部分中文资料翻译为"永租权"）。"长期租赁权"在柬埔寨的民法体系中是一种特殊的权利，被规定在物权编中。长期租赁的权利义务关系优先适用《柬埔寨民法典》第三编第四章（第244到第255条）的规定，只有当第四章没有规定时才适用债法中关于租赁合同的规定。

当然，不动产长期租赁合同的租期也并非可以无限延长，否则长期租赁权就与所有权无异。根据民法典的规定，长期租赁的租期不得超过50年，超过50年的应当被缩短至50年。双方协商一致后，长期租赁合同可以续签，但续签的租期不得超过50年，从续签的租赁合同生效之日起开始计算。这里要注意的是，柬埔寨《投资法》规定的外国投资者签订长期租赁合同的最长租期为70年，期满可以续租，两部法律存在着不一致之处。但是《柬埔寨民法典》是新法，其颁布后，当前所有的土地租赁期最长为50年，可以延长续租一次，不得超过50年。《柬埔寨民法典》颁布前已经签订的超过50年的租约继续有效，不受影响。

（二）租赁合同双方的权利义务

租赁合同的效力表现在租赁合同双方当事人之间的权利义务关系上。根据《柬埔寨民法典》的规定，租赁关系中出租人需要承担以下五种义务。

第一，租赁关系一旦确定后，出租人就不得干涉承租人对租赁物的正常使用和收益。出租人签订租赁合同的根本目的就在于让自己能够对租赁物进行正常的使用，并从中获益。如果出租人总是基于所有权人的身份去干涉承租人对租赁物的使用，必然会导致合同的根本目的落空。因此法律为出租人设立了"禁止干涉"义务，保证承租人能够安全地使用租赁物。

第二，出租人对租赁物负有修缮义务。租赁物在使用过程中必不可少地会发生折损，影响出租人的使用和收益。这时，出租人有义务对租赁物进行维修，以保障承租人能够正常使用租赁物。例如甲公司在金边租赁了一台办公楼，结果没几天刮来一阵大风导致办公楼的门窗损坏。这时甲公司就有权要求出租人立即对损坏的门窗进行维修。

第三，出租人对承租人负有合理费用支付义务。如果承租人承担了本应该由出租人支付的费用，承租人可以立即请求出租人返还。例如，甲公司要求出租人立即对损坏的门窗进行维修，出租人却一直拖延。甲公司无奈之下便自己出资将门窗修缮。由于维修费用本应由出租人承担，所以这时甲公司可以要求出租人立刻支付维修费用。

第四，如果承租人对不动产进行了改良或者存在其他有益支出，在合同解除之时，承租人有权要求出租人返还承租人的实际支出或者对租赁物的增值部分进行补偿。但是这项义务不适用于不动产的长期租赁。

第五，出租人对租赁物具有瑕疵担保义务。如果租赁物存在隐蔽瑕疵，承租人可以要求出租人进行维修或者将一个没有瑕疵的替代物交给承租人使用。当然，如果租赁物的现实状况与租赁合同所载有显著的不一致，且承租人没有进行事先检查，则出租人对此不承担责任。

此外，《柬埔寨民法典》对承租人也规定了四项基本义务。

第一，承租人有义务依照合同的约定以及租赁物的自然属性使用租赁物。如果承租人违反该义务，出租人有权解除合同。

第二，承租人承担善良管理人的义务。承租人对租赁物要谨慎地保护和管理，不能滥用权利，竭泽而渔。如果承租人违反善良管理人义务，出租人有权解除合同。如果承租人还造成了损失，出租人还有权要求承租人赔偿损失。

第三，承租人应当按照合同约定的时间缴纳租金。如果合同中没有具体的条款约定租金的缴纳时间，那么建筑物的租金应当在每月的月末支付，土地的租金应当在每年的年末支付。

第四，承租人有相关事项的报告义务。如果租赁物需要修理，或者第三人对不动产主张权利，承租人应无迟延地报告给出租人，出租人已经知道相关事实的除外。

（三）不动产租赁的对抗效力

租赁作为一种特殊的债，它不仅仅可以在当事人之间产生效力，还可以对第三人产生对抗效力，即"债权的物权化"。《柬埔寨民法典》第598条规定，无论是长期租赁还是短期租赁，无论有没有办理登记，所有类型的不动产租赁都可以基于占有、持续地使用和收益而对于后发生的任何物权受让行为均有对抗效力。因此，第598条的核心含义就是我们中国人常说的"买卖不破租赁"。不过要注意的是，《柬埔寨民法典》中租赁权的对抗效力来自对不动产的占有、使用和收益。如果承租人只是签订了租赁合同，而没有取得对不动产的占有，那么就不能对抗后发生的物权让与。

例1 甲在金边租赁一个商用办公楼，租期3年。在租赁合同签订后，甲入驻办公楼之前，该办公楼的所有权人将办公楼转让给乙，并办理了登记。那么，在这种情况下则不能适用"买卖不破租赁"规则，甲的租赁权不能对抗后发生的物权。甲只能要求办公楼的原所有权人，即租赁合同的相对人，承担违约责任。

例2 甲在金边租赁了一个商用办公楼，租期3年。在租赁合同签订并且在甲入驻办公楼之后，该办公楼的所有权人将办公楼转让给乙，并办理登记。这时，适用"买卖不破租赁"规则，甲的租赁权可以对抗乙的所有权。

（四）不动产长期租赁与短期租赁的区别

不动产的长期租赁制度是柬埔寨土地制度中一项十分特别且又与投资人利益息息相关的制度。这项制度的特别之处在于承租人与出租人就某一不动产以书面形式签订不短于15年的长期租赁合同的，承租人可以获得该不动产的物权。也就是说，在柬埔寨租赁权既可以是债权也可以是物权。某项租赁权究竟是物权还是债权，取决于租赁合同中约定的租期。

长租和短租的区别有以下几个：第一，长租权登记后可以产生对抗第三人的效力，无论长租权人是否占有不动产；短租的对抗效力只能基于对租赁物的占有、使用和收益。第二，长租权人对财产享有独立的处分权。长租权人可以将其租赁权转让给第三人，也可以进行转租，还可以作为财产性权利被继承，这些权利的行使均无须征得出租人的同意；而短租的租赁权人不享有独立的处分权，转租必须得到出租人的同意。第三，长租权人可以行使与所有权人同等的物权请求权，如消除危险、排除妨碍和返还原物等；而短租权人没有物权请求权。第四，长租权可以用来抵押，而短租权人无权在财产上设立抵押。第五，长租权人在租赁合同终止后无须将租赁物恢复原状；短租合同中的承租人有将租赁物恢复原状的义务。

总而言之，长期租赁权是一种用益物权，长租权人享有的权利远远大于短租权人的权利。因此投资者要进行长期投资的话，应签长租合同，并到地籍管理机关办理权利登记。

（五）长期租赁合同的签订

投资人选择长期租赁土地，首先要做的是前期调查工作。投资人租赁土地时要选择权属关系明确、不存在权利负担的土地。不仅需要到土地管理部门查阅土地登记资料，还需要实地考察不动产。除了要考察该不动产的商业价值外，还要考察不动产是否已被第三人承租。我们在上文提到了不动产租赁对抗效力，如果投资人租赁的土地已经被第三人承租并被第三人实际占有、使用，那么投资人就无法立即行使对不动产占有、使用和收益的权利。

在合同的订立阶段，投资人必须与土地的原先权利人签订正式的书面合同。我们在上文中也提到，如果双方不签书面的租赁合同，将会被视为不定期租赁，双方随时都可以提出解除合同。在租赁合同中，双方最好要约定租赁合同终止后的补偿问题。因为根据《柬埔寨民法典》第254条第2款和第3款的规定，长期租赁合同终止后出租人自动取得不动产上所有改良设施以及构筑物的所有权，且无须支付任何补偿，但合同另有约定的除外。例如，投资人在租赁的土地上建了个车库，如果租赁合同上没有事先约定，无论这个车库修得有多么豪华，合同终止后这个车库自动归出租人所有，且出租人无须支付任何经济补偿。

长期租赁合同中还需要明确租金。由于不动产长期租赁的租期较长，因而租金的多少往往难以在合同制定之初就能够客观合理地确定下来。所以，《柬埔寨民法典》第249条就规定："由于客观情形的变化，导致租金不合理，每一方当事人都有权请求法院将租金增加或减少到合理的额度。"随着经济的发展和地价的上升，当地的土地出租人很有可能会根据这项规定在租赁期内向法院申请提高租金。投资者一定要以动态的眼光审视自己的土地使用成本。

长期租赁合同订立并生效后，承租人就获得了不动产的长租权。但是这个长租权只有登记后才能发生对抗第三人的效力。因此，长期租赁不动产一定要去土地管理部门办理不动产产权登记。

（六）长租权的特殊法律效力

投资者总是希望他获得的土地权利是稳定且可预期的。如果他的土地权利随时有可能被政府或者其他人剥夺，无疑会大大增加投资风险。并且，投资者也总是希望他对土地有一定处分权，当企业需要资金的时候，他可以将土地权利变现。总之，投资者想要的土地必须有稳定的使用权限和自由的处分权限。而《柬埔寨民法典》中对"长租权"的制度设计恰恰能够满足投资人的诉求。在《柬埔寨民法典》中，"长租权"属于用益物权[1]，有占有、使用、收益、处分四项权能。

长期租赁权作为一项物权，它几乎完全突破了债权的相对性，拥有了极为特殊的法律效力。主要体现在以下五点。

第一，不动产长期租赁权经登记后可以产生对抗第三人的效力。例如甲公司租赁了乙的一块土地并办理了登记，但后来发现乙公司就同一地块还与丙公司签订了买卖合同，与丁公司签订了用益权设立合同，与戊公司签订了另一份租赁合同。虽然这三份合同都发生在先，但均未办理登记，这时法律认为甲的租赁权优先。由于甲公司的租赁权办理了登记，所以甲公司的租赁权即使后成立，也可以对抗于成立在先的丙、丁、戊的权利。

第二，不动产长期租赁权可以被有偿或无偿地让与或者进行其他处分，且无须得到出租人的同意。当企业不愿意继续经营时，可以将自己的租赁权转让给第三人。

第三，长期租赁的不动产可以自由转租，且不需要征得出租人的同意。而短期租赁的财产的转租则需要出租人的同意。

第四，不动产的长期租赁权作为一项财产性权利可以被继承。

第五，承租人可以像所有权人那样行使物权请求权，如请求返还原物，消除危险和排除妨害。

（七）长期租赁合同的终止及其法律后果

承租人不支付合同约定的租金达到3年的，出租人有权解除合同。出现下列情形之一的，承租人也可以解除租赁合同：第一，因不可预见的事件或者不可抗力的出现，造成不动产无法产生收益达到3年；第二，因不

---

[1] 注意区分"用益物权"和"用益权"。《柬埔寨民法典》采物权法定原则，物权包括所有权、占有权、用益物权和担保物权。其中，用益物权又包括长租权、用益权、使用权、居住权和地役权。参见《柬埔寨民法典》第132条关于物权种类的规定。

动产的部分破坏导致承租人无法期待未来的收益会高于每年支付的租金。

长期租赁终止的法律后果与短期租赁有所不同："长期租赁合同终止后，出租人无权要求租赁人将不动产恢复原状；但承租人造成不动产毁损或者改变了不动产的自然属性的除外。长期租赁合同终止后，出租人可以无偿获得不动产之上的一切改良成果以及安装在不动产上的一切构筑物。当事人可以约定排除以上两款的规定的适用，但当事人之间的约定未经登记不得对抗善意第三人。"（《柬埔寨民法典》第254条）

三、土地的用益权制度

"用益权"对中国人而言，或许是比较陌生的，以至于很多翻译柬埔寨《土地法》的中文资料，把"用益权"错译成"地役权"。中国、日本和韩国的民法典并没有规定"用益权"，这项制度最初起源于罗马法，后来被《法国民法典》所继承。柬埔寨曾经是法国的殖民地，因而《柬埔寨民法典》当中的很多制度设计深受《法国民法典》的影响，柬埔寨就把"用益权"纳入民法典。在《柬埔寨民法典》中，"用益权"是用益物权的一种，它是指以用益权人的生存时间为最长期间使用他人所有的不动产的权利。用益权者可以根据用途，使用不动产，且拥有从该不动产产生的天然孳息及法定孳息的权利。用益权可以由法律设定，也可以由合同设定。法定的用益权优先于合同用益权，法律另有规定的除外。

"用益权"与"长租权"的权能有一致之处，但"用益权"的收益权和处分权相对而言要小很多，在获得土地的用益权后，用益权人有权根据自身的需要使用土地，并从土地中收取天然孳息和法定孳息。用益权人可以将土地出租，但租赁期不得超过3年。因此，对于外国投资者而言，这项权利意义不大。

四、土地的地役权制度

地役权[1]是为了增加自身土地收益的需要，根据合同约定的目的而

---

[1] 笔者注意到，一些全文翻译柬埔寨《土地法》的中文材料把第119条中的"用益权"错译成"地役权"，而又把第142条中真正应当翻译成"地役权"的词，翻译成了"便宜权"，本书均已做出纠正。

使用他人土地的权利。他人的土地被称为供役地,自己的土地被称为用役地。柬埔寨的地役权制度跟中国物权法上的地役权制度基本相同,唯一值得注意的是长租权人以及用益权人可以将自己的土地作为用役地创设地役权,但合同另有约定的除外。

五、土地的担保制度

土地和房屋作为重要的财产,常常成为担保物权的客体,以担保将来债权的实现。《柬埔寨民法典》规定的担保物权有五种:留置权、先取特权、抵押权、质权和让渡担保。此外,柬埔寨《土地法》还规定了所谓的"动产质权",它是指债务人不转移财产的占有而转移财产在登记机关注册过的产权证书,以担保将来债务的实现。由于产权证书是动产,所以这样的权利被视为"动产质权"。但这种担保方式已于2011年6月被《柬埔寨民法典实施法》第80条所废止。

柬埔寨现有的担保物权种类中的留置权、抵押权和质权在我国物权法中也有,但先取特权和让渡担保在我国物权法中是不存在的。先取特权是指享有先取特权的债权人对可以成为先取特权客体的财产享有优先于一般债权人的优先受偿权。债权人对债务人的总财产享有先取特权的称为"一般先取特权",债权人对债务人的特定财产享有先取特权的叫"特别先取特权"。债权人在特定动产上的先取特权叫"动产先取特权",债权人在特定不动产上的先取特权叫"不动产先取特权"。"一般先取特权"成立产生于四种原因导致债权债务关系:共益费用、劳动者债权、丧葬费和日用品供给。"动产先取特权"存在于不动产租赁、动产买卖、动产保存等原因形成的债权中。例如,中国的甲公司在金边租赁了柬埔寨的乙公司的一栋大楼,后甲公司无力支付租金,那么乙公司就可以根据《柬埔寨民法典》第790条第2款的规定,对这栋大楼上甲公司所有的动产享有优先受偿权。不动产优先受偿权存在于不动产买卖、工事和保存形成的债权中。让渡担保是指为担保债务,债权人或第三方将其有的特定动产转让给债权人,当债务人将债务履行完毕后,债权人将该动产的所有权返还给权利的设定人。由于让渡担保不涉及不动产,本文不做赘述。

六、外国人房屋产权制度

柬埔寨于2010年通过了《外国人房屋产权法》,对外国人享有的建筑物区分所有权做出了规定。根据该法第5条的规定,外国人可以享有共有建筑物中私有部分的所有权以及对共有部分的使用和收益的权利。该法第6条规定,外国人不能对共有建筑物一楼及以下的私人部分享有所有权。除经济特区、主要中心街以及其他政府指定的地区以外,外国人不能够拥有离陆地边界线30千米内的以及其他政府指定区域的私人部分的所有权。如果建筑物是建在租赁的土地上,外国人可以和柬埔寨国民一样,享有对私有部分的长期租赁权。

七、不动产登记制度

柬埔寨于2013年1月正式颁布了《国土部、司法部关于民法相关不动产登记共同法令》,正式确立了民法典实施后的不动产登记制度。该法令适用于所有权的移转、变更、更正和抹消,长租权、用益权、先取特权、质权、抵押权的设定、移转、变更、更正和抹消,地役权的设定、变更、更正和抹消。

根据该法令第5条的规定,不动产登记受理的管辖机关是不动产所在地的地籍管理机关。权利人可以到不动产所在地(首都/省级)的地籍管理机关或者不动产所在地(市/县/区级)的地籍管理机关递交不动产登记申请。无论是哪一级别的地籍管理机关收到申请,均应制作不动产登记受理簿,并且不动产登记受理簿应与其他受理簿分开制作。如果是市/县/区级的地籍管理机关受理了登记,应当立即将不动产登记申请及相关文件送达不动产所在地(首都/省级)的地籍管理机关。不动产登记的管辖机关是不动产所在地(首都/省级)的地籍管理机关。

第三节 投资柬埔寨涉及土地问题时的注意事项

中国人前往柬埔寨投资涉及土地问题时,需要注意两个方面的事项:一是中柬两国土地法律规范的差异;二是柬埔寨与土地相关的法律风险。

一、中柬两国土地法律规范的差异

（一）中柬两国土地所有制的差异

中国与柬埔寨土地所有权的核心差异是土地所有制的差异。众所周知，中国的土地所有权只有两种类型——国有土地和集体土地，不存在私有土地。而柬埔寨土地所有权的类型包括公共所有权、集体所有权以及私人所有权。公共所有权的主体包括国家、公共团体、公共机构及一切公法所承认的公共法人和公共组织。公共所有的不动产依法可以出租和转让。集体所有权包括寺庙所有的不动产及土著居民社区所有的不动产。寺庙的不动产不可以转让，但可以出租，只要收益专用于宗教事务。此外，寺庙的不动产不受政府部门制定的规章的约束。因此，中国投资者去柬埔寨投资，尽量避开与集体所有土地相关的交易。

（二）物权变动模式的区别

《柬埔寨民法典》在物权变动模式上受到《法国民法典》和《日本民法典》的影响，采债权意思主义的规范模式。也就是把物权变动当作债权行为的当然结果来认识，不承认物权行为的存在，也不需要任何外在的形式。《柬埔寨民法典》第133条规定："物权的设定、转移和变更，根据当事人之间的合意而发生。"这个条文理解起来并不难：物权的变动仅仅需要当事人合意即可，并不需要"交付""登记"等形式要件。而在中国，仅有双方的"合意"不足以产生物权变动效力，"交付"或者"登记"是引发物权变动的必要条件。这一点在不动产交易中就表现为：在柬埔寨，不动产登记只是物权变动的对抗要件；而在中国，不动产登记是物权变动的生效要件。

但是《柬埔寨民法典》第133条如果深究起来恐怕还有这样的歧义：该条中的"合意"是指"物权变动的合意"还是"债权发生的合意"。这个歧义并不是笔者凭空想象出来的，而是日本民法理论就有类似的分歧。[1]因此，从投资者权利保护的角度上说，必要时可以用《柬埔寨民法典》第133条维护自身权益。但从风险预防的角度上说，不动产交易还是要及时到地籍管理机关办理登记，避免出现纠纷。

---

[1] [日]我妻荣著，罗丽译：《新订物权法》，中国法制出版社，2008，第59页。

(三) 土地特许权与建设用地使用权的区别

柬埔寨的土地特许权和国内的建设用地使用权，都是通过政府许可的方式使用土地，但存在诸多区别：① 权利的客体不同。国内的建设用地使用权的权利客体只能是国有土地。而柬埔寨的土地特许权的权利客体只能是私有土地。② 使用年限不同。柬埔寨土地特许的年限为 99 年，而国内工业用地、仓储用地的使用年限为 50 年。商业、旅游、娱乐用地使用年限为 40 年。③ 处分权限不同。柬埔寨土地特许权不得转让，但可以继承。而国内建设用地使用权人有权将建设用地使用权转让、互换、出资、赠予或者抵押，但法律另有规定的除外。④ 违约和违法的处罚方式不同。在柬埔寨，未按法律原则和合同规定进行开发，或者利用特许地经营权开拓更大土地，转售空闲土地，违背合同，侵犯社区人民土地的公司，政府将收回其经济特许地。而国内建设用地在开发、利用过程中允许变更用途，但需要报政府批准。对违反约定，擅自变更土地用途的，惩罚措施也没有那么严厉，以警告、罚款、没收违法所得为主，很少会直接没收土地。

(四) 土地长期租赁权与建设用地使用权的区别

柬埔寨的土地长期租赁权以及国内的建设用地使用权都是投资者使用土地的重要方式，两者都是物权，但两者也存在以下区别：① 权利客体不同。柬埔寨的土地租赁的客体既可以是国有土地，也可以是集体土地，还可以是私有土地。国内建设用地使用权的客体只能是国有土地。② 权利的基础不同。柬埔寨土地长期租赁是以租赁合同的形式，建立在平等主体间的民事法律关系的基础上。而国内的建设用地使用权的产生，无论是出让还是划拨，本质上都建立在行政行为的基础上。③ 登记的效力不同。在柬埔寨，不动产的长期租赁采登记对抗主义。不动产长期租赁未经登记仅仅是不得对抗善意第三人，但不动产租赁权作为一项权利依然受法律保护。而国内的物权法对不动产物权的设立和变动一般采登记要件主义。建设用地使用权的设立登记是建设用地使用权设立的法定要件。④ 支付的对价不同。在柬埔寨，长期租赁合同支付的对价的性质是"租金"。租金通常并非一次性缴纳，而是按合同约定的时间缴纳，合同没约定的按年缴纳。如果客观情形的变化导致租金不合理的，双方都可以请求调整租金。而国内的建设用地使用权，如果是以土地出让的方式取得，受让人支付的对价被称为"出让金"。土地出让金通常是一次性确定，出让人只有付清所有的土地出让金后，才能申请办理土地登记。建设用地使用权设立后，无论将来地价是上涨还是下跌，双方都无权调整土地出让金。⑤ 续期的方式不同。长期租赁合同的续期需要承租人与出租人协商,以签订合同的方式续期。国内住宅建设用地使用权到期后,自动续期。非住宅用地使用权的续期依照法律规定办理。但是目前国内工业用地和商业用地如何续期,法律并没有明确规定。

二、柬埔寨与土地相关的法律风险

柬埔寨是一个土地纠纷较多的国家,据柬埔寨人权中心发布的一份《2007—2011年柬埔寨土地纠纷统计报告》,柬埔寨土地纠纷案件波及全国5%的领土,受影响人数达76万人。柬埔寨几乎各省都有土地纠纷,其中金边最为严重,占10%。[1] 情况自2013年柬埔寨不动产登记管理制度建立后开始好转,政府的土地所有权计划稳步推进。根据政府数据,截至2016年1月底,在现行的系统土地登记(超过290万份土地权证)和零散土地登记(60万份土地权证)进程中,并通过第001号指令运动,共发放了约400万份土地所有权证。系统的土地所有权证颁发方案总体上是成功的,因为它促进以低成本向受益人颁发了几百万份土地所有权证。但由于它明确排除了有争议的土地,因此也漏掉了最需要土地所有权保障的家庭和社区。政府估计,截至2016年年中,在全国估算的700万块土地中,仅有约60%的土地颁发了土地权证。

柬埔寨虽然制定了一部相对比较成熟的民法典,但这并不意味着它在社会现实中有良好的效果。尤其是像柬埔寨这样经济极不发达、国民教育十分滞后的国家,必然不可能有足够的法律人才来操作这部民法典,国民在观念上也不太可能立即接受现代的私法制度。而且我们也可以看到《柬埔寨民法典》自2011年就正式实施了,但柬埔寨2013年才制定民法相关的不动产登记管理制度。这是一件十分荒唐的事情,但在柬埔寨这样的国家的确是发生了。

三、投资柬埔寨土地法律问题的应对

在柬埔寨这样一个经济不发达、土地纠纷严重的国家,作为一个外国

---

[1] 卢光盛、卢军、黄德凯:《柬埔寨外商直接投资法律制度研究》,世界图书出版公司,2018,第118页。

投资者必须要做好法律风险防范。因为一旦涉及土地的法律纠纷出现，以柬埔寨现有的司法体系和办案效率是难以解决的。根据柬埔寨土地纠纷的实际判例来看，土地纠纷在调解失败的情形下，通过司法途径彻底解决土地问题，通常需要经过初级法院、上诉法院、最高法院三次判决，最少消耗5年时间，审理程序冗长而低效。为了避免这种情况，最重要的是要在拿地之前做好尽职调查。调查的内容应当包括：① 土地产权是否明晰，没有产权登记的"软产权"土地尽量不要购买或租赁。如果经营中却有必要购买软产权的土地，那么就要进行深入的实地考察，确保没有其他权利人对该土地主张权利。并且要注意远离省份交界处，国有土地与私人土地交界处等高危地带。② 核实土地地契的真伪，柬埔寨的假地契也是大量存在的。地契所载情况与地籍管理机关登记情况不一致的土地，一律不要购买和租赁。③ 土地的界址是否明确，如果土地的界址不清，则容易与他人发生土地界址的纠纷。这样的土地因此尽量不要购买和租赁。④ 土地上是否有其他实际占有人。如果有其他实际占有人的，交易之前应要求土地所有权人将土地上实际占有人清空，以防止你的权利被在先租赁权人对抗。⑤ 土地上是否有权利负担。

除了核实产权以外，还要慎重选择交易对象，交易对象的信用度越高，法律风险就越小。一般而言，中国投资人现在到柬埔寨投资需要选择租赁土地。能够成为租赁权客体的土地非常多：柬埔寨自然人或法人所有的土地或经济特许地、外国人在柬埔寨的经济特许地、长期租赁地等。一般而言，如果是创办企业的话，最好选择到中国投资人在柬埔寨创办的工业园租赁土地。

在订立合同时，强化合同审查环节的工作。合同审查可以分为两大部分：第一部分是合同效力的审查，第二部分是合同完整性的审查。效力审查主要审查合同主体的适格性及合同标的的合法性。效力审查要重点突出审查合同相对人是否与土地上登记的权利人完全一致，不能有任何微小差别。土地上的权利人是自然人的，合同相对人就必须是自然人；土地上的权利人是法人的，合同相对人就必须是法人。此外还要审查标的是否合法，外国人无法获得柬埔寨土地所有权及住宅楼一层以下房间的所有权。外国人与柬埔寨人签订土地买卖合同，只可能是竹篮打水一场空。在合同完备性审查方面应注意以下几个方面：第一，明确土地的界址，避免界址争议。第二，核查登记土地的用途。如果土地登记为农用地，而投资者需要用于商业用途的话，则需要通过相关途径改为商业用地；如果无法更改的，则不要购买。第三，明确土地或者建筑物上是否有瑕疵，供水供电设施是否齐全。柬埔寨是个电力短缺的国家，如果投资人购买或租赁的不动产没有稳定的供水供电设施，势必影响企业经营。第四，约定好合同履行顺序和履行方式。第五，如果是租赁合同，约定好合同终止后，承租人对不动产改良的补偿问题。第六，核查合同条款之间有没有矛盾，语言表达是否有歧义。

总而言之，投资人要高度重视事前的法律风险防范，尽量不要等到法律纠纷出现后再寻求司法救济。更何况，中国和柬埔寨目前也没有签订司法互助协议，即使一些纠纷可以由中国法院管辖，柬埔寨也未必会承认和执行中国法院的判决。

四、柬埔寨土地纠纷的争议解决

柬埔寨有五种通常意义上的土地纠纷争端解决机制，它们分别是：乡镇理事会（Commune Councils）、地籍委员会（Cadastral Commissions）、行政委员会（Administrative Commissions）、国家土地争端解决机构（National Authority for Land Dispute Resolution）、法院。

乡镇理事会有权调停居民间土地纠纷的意见分歧，但没有裁决权。尽管乡镇理事会没有设立正式的土地纠纷解决程序，但绝大部分案件首先还是会在乡镇理事会进行调解。

如果乡镇理事会无法调解成功，或者当事人不想由乡镇理事会调解，则需要向有管辖权的机关提出处理请求。根据《关于土地纠纷的法院和地籍委员会的管辖决定的共同法令》第1条之规定：登记的土地，即有权属证明的土地发生纠纷由法院管辖；未登记的土地，即没有土地权属证书的土地纠纷由地籍委员会管辖。地籍委员会既是不动产的登记机关，也是土地纠纷的处理机关。土地争议在地籍委员会中会按照以下程序处理：当事人提出控告—地籍委员会进行调查—召开行政会议—组织调解—登记。地籍委员会有三个级别：市/县/区级，首都/省级，国家级。一般而言土地纠纷首先会由市/县/区级地籍委员会处理。当出现以下四种情形时，市/县/区级地籍委员会可以将纠纷递交首都/省级地籍委员会处理：① 个人请求在多人占有的小规模的土地中画出界限。② 一方当事人是高级别的权力机关。③ 市/县/区级地籍委员会的负责人与本案有利害关系。④ 争议涉及国家公共土地。市/县/区级地籍委员会对纠纷处理没有最终的决定权,当市/县/区级地籍委员会调解失败的情况下,应当移交首都/省级地籍委员会同意。首都/省级地籍委员会仅有权在获得当事人一致同意的前提下进行裁决,当首都/省级地籍委员会依然无法解决纠纷时,应当递交国家级地籍委员会处理。国家级地籍委员会对纠纷享有完全的裁决权,但裁决的结果并非终局。根据《有关地籍委员会的组织和权能的政令》第23条之规定,纠纷当事人自收到裁决书之日起30日内有权向法院申诉,要求法院对国家级地籍委员会的裁决结果进行司法审查。

行政委员会并非常设的土地争端解决机构,它只是暂时性地存在于土地登记制度中。行政委员会被授权对无权属证明的土地争端进行调解,调解不成时将案件递交国家级地籍委员会处理。

国家土地争端解决机构是基于柬埔寨王室的命令设立的,而并非由议会立法设立。国家土地争端解决机构由柬埔寨副首相主管,其成员包括了国会议员、政府部门官员、政府咨询员和律师,因而该机构地位高,权威性大。该机构被国王授权处理超越地籍委员会或者法院管辖范围的土地纠纷。[1] 从理论上讲,柬埔寨国家土地争端解决机构的处理决定并非终局,当事人依然可以到法院提出上诉,但至目前为止还没有出现这样的情况。

柬埔寨的法院有权管辖有权属证明的土地纠纷。《柬埔寨民事诉讼法》第9条规定,不动产纠纷由不动产所在地法院管辖。法院的优势在于法院的判决是终局的,具有强制执行力。柬埔寨国土部和司法部还于2011年5月3日共同颁布了《民事诉讼法相关不动产登记共同法令》,确保了民事诉讼活动和不动产登记制度的有效衔接。因此,土地纠纷的司法解决是解决土地纠纷最彻底的途径。

---

[1] 根据柬埔寨的立法,其实并不存在地籍委员会和法院都无权管辖的案件,因此国家土地争端解决机构对土地纠纷行使管辖权的正当性与合法性常常受到外界的质疑。

第五章

柬埔寨公司法律制度研究

得天独厚的地理环境、开放的市场经济以及宽松的外汇政策使得柬埔寨经济在最近20年得到快速发展。世界银行的资料显示，柬埔寨1994年至2015年的GDP平均增长率为7.6%，居世界第六位。柬埔寨良好的投资环境和投资前景吸引了很多中国投资者的目光。中国投资者要去柬埔寨投资设立企业，就必然要研究柬埔寨当地与投资相关的法律，而柬埔寨公司制度则是其中不可或缺的内容。

2004年10月13日，柬埔寨正式成为世界贸易组织成员方后，加快了法律近代化的步伐。2005年柬埔寨《商业企业法》颁布，2011年《柬埔寨民法典》生效，填补了该国在私法领域的空白。柬埔寨《商业企业法》总计304个条文，对企业的设立、兼并、解散以及企业的内部关系进行了笼统的规定。《柬埔寨民法典》则是公司在日常经营活动必然要涉及的一部法律。研究柬埔寨的公司制度，必须先从这两部法律入手。

第一节 柬埔寨企业的类型

当中国的投资人认可了柬埔寨的投资环境并决定前往柬埔寨投资创办企业时，首先要探明柬埔寨的法律体系中有哪些企业形式可供选择，不同类型的企业之间有什么区别，企业类型的选择将决定企业的设立方式、投资人对外所承担的责任、企业融资方式、企业的内部关系乃至企业所要缴纳的税收等。因此，企业类型的选择有可能直接关系投资的成败。

与中国类似，柬埔寨的企业也划分为合伙制企业和公司制企业。在柬埔寨，合伙制企业并不多，而且合伙制企业的普通合伙人对外需要承担无限连带责任，因而这种企业形式风险较大，不适合海外投资者。而公司制企业的投资人通常只以出资限额对外承担责任,投资风险要远远小于合伙制企业,在柬埔寨公司制企业包括私人有限公司(private limited company)、公众有限公司(public limited company)和一人公司(single-member private limited company)。将公司分为私人有限公司和公众有限公司是英、美、法等国的分类方法。分类的依据是股东的对象及股份能否自由转让。一般而言,公众有限公司可以向公众出售股票募集资本,股份转让的限制也很少,类似于中国公司法中的"股份有限公司"。而私人有限公司只能在特定的范围内募集资本,不得向公众公开发行股票;股东的股权转让也会受到严格限制,类似于中国的"有限责任公司"。除了直接在柬埔寨设立公司以外,外国企业还可以在柬埔寨设立子公司、分支机构和办事处来从事相关民商事活动。

一、私人有限公司和一人有限公司

在柬埔寨,私人有限公司是私营企业最常见、最普遍的形式。柬埔寨的私人有限公司可以有 2~30 个股东。私人有限公司可以向股东、股东的家庭成员及公司的管理人员发行证券,但不得向社会公众发行证券。私人有限公司股份转让的限制由公司章程规定。

一人有限公司是指只有一名自然人或者法人股东的有限公司。根据柬埔寨《商业企业法》第 86 条(a)项之规定,除了股东间的关系外,一人公司与私人有限公司具有一致的特征。

二、公众有限公司

公众有限公司是法律授权可以向社会公众发行证券的有限公司。柬埔寨《商业企业法》对公众有限公司的股东人数没有设限,但董事不得低于三人。无论是公众有限公司还是私人有限公司的董事,都是由全体有投票权股东选举产生的,参加投票的股东过半数通过即可。

三、外国商业组织

外国商业组织是指在国外有经营场所,根据外国法律产生,并在柬埔寨从事经营活动的法人。根据柬埔寨《商业企业法》第 271 条规定,外国商业组织可以通过三种形式在柬埔寨从事商业活动：商业代表办事处或者商业关系办事处、分支机构、子公司。其中商业代表办事处及分支机构不具备独立的法人资格。

（一）商业代表办事处

外国企业可以在柬埔寨注册设立商业代表办事处或者商业关系办事处，进而从事一定的商业活动。商业办事处的优势主要有两个：第一，商业办事处能够快速地被批准设立（大约只需4周时间），并且设立和经营过程中向政府递交的法律文件很少。第二，商业办事处无须缴纳企业税。商业办事处的缺陷在于它能够从事的商业活动十分有限，根据《柬埔寨商业企业法》第274条之规定，外国商业办事处可以从事以下7种活动：① 以向本国公司介绍客户为目的，在柬埔寨联系客户。② 为其本国公司研究并提供商业信息。③ 从事市场调研。④ 在商品展销会上从事商品交易及在其办事处或者展销会上展示样品或商品。⑤ 为商品展销会而购买并储存一定的商品。⑥ 租赁办公场所并招聘当地的工作人员。⑦ 代表本国公司与当地客户签订合同。但是外国商业办事处在柬埔寨不得经常性地购买或销售商品，不得提供服务，也不得从事制造、加工和建造活动。

总之，商业办事处的主要功能在于从事一些简单的、非营利性的活动。因此，商业办事处也无须向柬埔寨政府缴纳企业税。外国投资人如果有在柬埔寨投资的意愿，可以先在柬埔寨设立一家办事处，进行市场调查和联系客户等前期工作，等时机成熟时再去注册公司从事经营性活动。

（二）分支机构

外国公司也可以向柬埔寨商业部申请注册分支机构。相较于办事处，分支机构的优势在于其所能从事的商业活动更加广泛。根据《柬埔寨商业企业法》第278条之规定，外国公司的分支机构可以在柬埔寨经常性地购买、销售商品和服务。外国公司的分支机构也可以像本地公司一样从事制造、加工和建造等活动，但法律禁止外国法人或自然人从事的经营活动除外。相较于直接注册公司，设立分支机构的优势在于分支机构的内部组织结构更加精简，管理人员可以由总部直接任命，也不存在各类烦琐的内部表决程序。然而设立分支机构也存在着一些劣势：首先，分支机构需要缴纳20%的企业税。其次，分支机构不具备独立的法人资格，其全部法律责任最终必须由其本国公司承担，因而投资风险更大。例如，中国甲公司投资20亿元到柬埔寨设立一家分公司，后来由于分公司经营不善，致使其负债100亿元，那么债权人不仅可以要求柬埔寨的分公司承担全部清偿责任，还可以要求中国的总公司对这100亿元债务承担全部清偿责任。如果甲公司一开始设立的不是分公司，而是一个有独立法人资格的有限公司，则甲公司的全部投资风险只以其投资的20亿元为限，即使该有限公司的资产不能清偿到期债务的，债权人也无权要求甲公司承担责任。最后，分支机构的经营范围也有一定限制，例如不能适用QIP。

（三）外国公司的子公司

外国公司的子公司是指一家外国公司在柬埔寨注册设立并至少持有51%以上股份的公司。"外国子公司"是"有限责任公司"的种属概念，子公司必然是在柬埔寨当地注册设立的"公众有限公司"或者"私人有限公司"。如果某一家公众有限公司或者私人有限公司由另外一家外国公司投资设立并持股51%以上，那么这家公众有限公司或者私人有限公司就是该外国公司的"子公司"。因此外国公司在柬埔寨的"子公司"设立、经营和解散均应适用"公众有限公司"或者"私人有限公司"的规定。"子公司"和柬埔寨当地公司的主要区别在于"外国公司子公司"无法享有土地的所有权。此外，子公司的名称之前要冠以母公司的名称。表5-1-1为柬埔寨商业组织形式对比分析表。

表5-1-1 柬埔寨商业组织形式对比分析表[1]

形态	特征	优势	劣势
商业代表办事处	①不从事营业活动 ②不具备独立的法律人格	①公司内部组织、章程、会计简化 ②不用缴企业税	①不适用QIP ②仅可从事少量非营业性活动
分支机构	不具备独立的法律人格	①公司内部组织、章程、会计简化 ②营业范围和柬埔寨本国公司没有太大差别，禁止从事的业务除外	①不适用QIP ②母公司要承担分支机构的债务

---

〔1〕 日本贸易振兴机构：《柬埔寨公司设立手册》，https：//www.jetro.go.jp/ext_images/_Reports/02/2017/41a8bb4ee6bc7c31/201703syusei_cambodia_setsuritsu_final.pdf，2018－07－21。

续表

形态		特征	优势	劣势
当地设立的公司	私人有限公司	① 至少一名股东 ② 至少一名董事	① 与母公司不属于同一法律人格，投资风险更小 ② 股东承担有限责任 ③ 适用 QIP ④ 营业范围和柬埔寨本国公司没有太大差别，禁止从事的业务除外	① 需要缴纳企业税 ② 需要承担更多的报告义务
	公众有限公司	至少三名董事		
合伙		两名以上自然人可以设立	独立性、灵活性更高	不适用 QIP

第二节 投资者在柬设立公司的法律和政策

一、外国投资者在柬设立公司的流程

投资者要在柬埔寨设立企业，必须要到柬埔寨商业部办理注册登记。在柬埔寨从事商业活动的企业，无论是合伙企业，还是公司或者公司的分支机构、办事处都必须进行注册，否则将构成非法从事商业活动罪，被追究刑事责任。在正式到商业部办理注册登记前，外国投资者可以先向柬埔寨发展理事会提交 QIP 申请，在获得有条件注册证书后再进行注册，这样才能获取投资优惠。

到正式的注册申请环节，首先要做的是要给公司拟一个合适的名称，并向商业部递交申请。商业部对拟适用的名称进行搜索后认为可以使用的则会批准使用。公司的名称被批准后，申请人需向柬埔寨商业部递交公司章程。根据《柬埔寨商业企业法》第93条规定，公司章程中应当载明以下内容：① 公司的名称。② 公司在柬埔寨的注册办公地。③ 可供公司实施的经营项目和经营限制，在不违反法律规定的前提下，公司可以设置一个或者多个经营项目。④ 公司的注册资本，目前柬埔寨的法定最低注册

资本为四百万瑞尔（约 1 000 美金）。⑤ 每一位股东的姓名和完整的地址。⑥ 本公司董事的人数。在章程中不必载明具体的董事人数，可以预先确定一个人数范围。

公司的章程应有所有股东的签名，然后由公司的申请设立者向商业部递交。章程递交时应同时附上注册企业所需要的其他文件，包括注册登记申请表、公司章程、文件属实证明、在指定刊物上发布广告的申请、全部董事或股东的身份证或护照复印件和照片、董事无犯罪记录证明、股权分配决定（如有自然人参与）、办公地点及商业部要求的其他文件。主管部门在收到申请人的注册申请和注册费用后，将向申请人颁发标有注册号的注册证书。该证书自颁发之日起 1 个月内为临时证书，在此期间，登记员若发现申报材料有误，则可提出异议并吊销注册号。注册审批时间视情况而定，一般为 1 周。注册费用视公司的形式和规模而定。

在柬埔寨设立注册公司，无须亲自前往商业部。可使用柬埔寨商业部的电子注册系统进行网上注册，网址为：https://www.businessregistration.moc.gov.kh/。整个注册流程可分为创建账户、保存公司名称、注册公司、打印设立证书四个环节。注册前，申请者需要准备好我们上文中提到的注册申请材料。初次使用该系统时需要在网页右侧的"Register a New User"一栏中点击"Register"按钮进行用户注册。

企业在商业部办理完注册手续后 15 日内需要到税务机关进行税务登记，缴纳当年的营业税，并获得普通税照和增值税照。通常来说，注册公司在柬埔寨有三个文件拿到算是设立完成：一个是商业部颁发的营业执照，另外两个是普通税照和增值税照，由税务总局颁发。这三个文件办下来，通常需要 2 个月左右。但在柬埔寨目前没有谁能保证多少天内可以完成，政府也没有任何承诺多少天内一定办理完结，短则可以在六周内搞定，时间长的 3 个月也很常见。

二、外国投资者在柬设立公司的后续

在收到主管部门颁发的注册证书以后，公司的设立者或者董事可以召集董事会，但应至少提前 5 日，通过邮件将会议的时间和地点告知每一位董事。公司的初始董事应当在公司设立后的 1 年内组织第一次全体股东会议。会议通知应至少提前 20 天发给有权出席会议的人员，通知上应载明会议的日期、地点和议程。在公司的第一次全体股东会议前，由公司的初始董事主持公司事务。

三、外国投资者在柬兼并企业的程序

除了新设公司外，外国投资者，也可以通过在柬埔寨进行企业兼并的方式进行投资。两个以上的公司可以合并到其中的某一家公司，也可以合并设立一家新公司。因合并而解散的公司叫"合并消灭公司"，将继续开展业务的公司叫"合并续存公司"。合并消灭公司的法律人格自商业部向合并续存公司颁布合并证书之日起消灭。合并协议应经过每一家决定合并的公司董事会表决，经董事会法定人数过半数同意方能通过。柬埔寨目前的法律环境对开展并购业务较为自由。在柬埔寨，并无专门的法律法规对外资收购或兼并柬埔寨公司进行规定。通常而言，外国投资者收购柬埔寨公司的股份并无特别的法律限制，当然需要符合柬埔寨法律的一般规定，例如不能通过收购柬埔寨公司而拥有柬埔寨的土地。

所以，外资并购柬埔寨企业同样受到柬埔寨调整国内企业之间并购的法律规范限制。根据柬埔寨《商业企业法》第243条规定："合并协议应当包括以下内容：① 合并条件。② 合并存续公司的章程。③ 合并消灭公司的种类股份与合并存续公司的种类股份交换方法。④ 在不能交换合并消灭公司的股票的情况下，该合并消灭公司股份的股东将在合并中接受的金钱的金额、权利、证券或其他财产。⑤ 种类股份的股东在对合并决议进行投票前可以得到的其他信息。⑥ 合并完成所需要的及合并存续企业经营管理所必要的其他详细事项。"

在董事会决定公司合并后，合并存续公司的股东应当通知合并消灭公司的股东召开股东大会。公司的合并必须经每一家合并消灭公司全体股东的三分之二以上同意方能通过。

合并存续公司的董事还要向柬埔寨商业部提交相关材料，包括：① 合并协议书。② 合并消灭公司的合并合同的股东大会决议以及董事会决议。③ 合并存续公司的章程。④ 由商业部负责人要求制作的、合并消灭公司董事或高管的保证书，保证书的内容主要涉及债务偿还和股价换算。商业部在收到合并存续公司的章程时，将发行合并证明书。

柬埔寨国内目前尚无系统的反不正当竞争法或者反垄断法，相应地，柬埔寨也不存在治理不正当竞争行为或垄断行为的政府行政部门。因此，外资并购柬埔寨企业暂时尚不需要通过反垄断调查。但反垄断法是柬埔寨经济法制订计划中的内容之一,不排除将来外资在柬并购需要通过反垄断审查。

四、在柬设立公司的国籍认定

在柬埔寨,公司的股权结构主要影响公司的国籍和公司的控制权。根据柬埔寨《商业企业法》第101条规定,一家公司只有符合下列两个条件时才视为拥有柬埔寨国籍:① 公司在柬埔寨有营业场所和注册登记的办事处。② 该公司51%以上有表决权的股份由柬籍自然人或法人持有。非柬籍的企业在柬埔寨会有一定的经营限制,尤其是非柬籍的企业不能在柬埔寨获得土地所有权。

例如,最近国内有相关媒体发布消息称"卡森国际"的附属公司"卡森纸业"在柬埔寨斥资2 400万美元购买了约80万平方米的土地用于开发经营。笔者在irasia上查阅了相关公告,发现"卡森纸业"是由卡森柬埔寨(Kasen International Eco-Manufacture Co., Ltd)和范德华(柬埔寨当地的一个商人)共同持股,卡森柬埔寨持股比例为49%,范德华持股比例为51%。而卡森柬埔寨是卡森国际在柬埔寨的全资子公司。也就是说,卡森国际先在柬埔寨设立了一家全资子公司——卡森柬埔寨,从事相关经营活动。由于卡森柬埔寨是外国公司的全资子公司,故而卡森柬埔寨不被视为柬籍企业,所以其不能在柬埔寨购买土地。卡森纸业是卡森柬埔寨与柬埔寨当地的投资商范德华合作经营创办的企业,范德华持股51%,卡森柬埔寨持股49%。〔1〕这样"卡森纸业"就获得了柬埔寨的国籍,有权在柬埔寨购买土地,并获得土地的所有权。

根据双方公开的合作协议,该协议约定:"合营公司B之业务营运将由卡森柬埔寨委任之唯一董事监管,该唯一董事将负责合营公司B的日常管理及财务事宜。此外,范德华无条件同意其将根据合营公司B之组织章程细则或同等宪章文件,就需要合营公司B的股东批准之一切事宜按照卡森柬埔寨之指示进行表决。倘若范德华与卡森柬埔寨就合营公司B之股东议决之任何事宜存在分歧,卡森柬埔寨(或其指定方)将有权收购范先生

---

〔1〕 参见卡森国际控股有限公司相关公告,http://doc.irasia.com/listco/hk/kasen/announcement/a197755-cw_00496ann_19072018.pdf,2018-07-21。

于合营公司 B 之所有权益。"〔1〕通过该约定，卡森柬埔寨似乎获得了卡森纸业的控制权。因为公司的唯一董事是卡森柬埔寨任命的，范德华虽然名为控股股东，但实际上并没有独立的表决权。

很多中柬合资企业的中方投资人可能也会倾向于采用类似的架构去限制柬方合作者参与公司经营管理的权利。但在笔者看来，对于中方投资人而言，这样的约定的心理安慰效果恐怕要远远大于其能够产生的实际法律效果。如果中柬合资企业让单独一个柬埔寨自然人或者法人持股51%以上，一旦双方在合作中出现分歧，柬方股东可以采用以下方式取得公司的控制权：第一，行使柬埔寨《商业企业法》第 124 条授予的董事罢免权，罢免掉中方委任的董事，并根据柬埔寨《商业企业法》第 118 条之规定选任新的董事。第二，要求中方投资人按照协议收购其股份。这时，中方投资人就会发现真正的问题在于收购柬方的股权就意味着公司国籍发生变更。而根据柬埔寨《土地法》第 9 条第 2 款的规定，公司章程中的股权比例发生变更导致企业变成非柬籍企业的，必须报请柬埔寨商业部批准。这种情况下商业部会要求企业处理掉土地的所有权才能变更公司章程中规定的股权比例。如果中方投资人不想把手里的地卖掉，又临时找不到合适的柬埔寨自然人或法人来接手另外的51%的股权，就只能被迫向当前的合作者妥协。因此在卡森纸业这样的股权结构下，光靠双方的君子协议不足以产生有实质意义的法律效果。真正要限制柬方投资人经营管理权，还是需要进一步在公司章程中多做努力。因为从条文的规范含义来看，柬埔寨《商业企业法》第 118 条和第 124 条都属于任意性规范，可以通过公司章程排除适用。因此，中方投资人可以考虑在公司章程中规定董事的罢免采用"特别多数决"——公司三分之二以上有表决权的股东同意方可罢免公司的董事。这样，公司要罢免董事就必须经中方投资人同意，柬方投资人的人事任免权就被彻底地限制住了。当然，中方投资人要把柬方投资人所有权利都控制住是不太可能的，因为在这样的股权结构下，柬方投资人是大股东，小股东想完全控制住大股东是不现实的。最好的办法还是变换思路，让另外51%的股份由多个柬埔寨自然人或者法人持有，保证中方投资人是企业最大的股东。

〔1〕 参见卡森国际控股有限公司相关公告，http://doc.irasia.com/listco/hk/kasen/announcement/a197435-cw_00496ann_10072018.pdf，2018-07-21。

五、在柬设立公司的行业限制[1]

(一) 石油和天然气行业

柬埔寨通过签署石油协议（或产品分成合同）许可公司开展石油勘探。国家石油局负责招投标，并就石油协议的授予事项向政府提供建议。在1998年及1999年修订的《石油条例》的基础上，柬埔寨规定了开采投标邀请书的条款和评估、谈判及后续投标批准的标准。一般情况下，授予的开采期限为4年，之后可延期2次，每次2年。如果公司的勘探表明资源能够进行商业开发，公司应申请生产许可，包含拟议开发的详细工作计划和预算。公司在取得生产许可之前，不得进一步开发经营。根据《石油条例》，石油资源的生产期限为30年，若仍可进行商业开发，可再延期5年。

(二) 矿产资源行业

根据柬埔寨《矿产资源管理与开发法》，与商业相关的矿藏勘探和开采，可以按以下6类权证授权给个人或公司：技工采矿证、井矿与坑矿许可证、宝石开采许可证、矿石切削许可证、勘探许可证和工矿许可证。矿产和能源部门负责前述权证的受理与颁发。权证持有人必须支付相应费用，包括登记、更新、转让和土地租赁费用等。探矿权的有效期为2年，可延期。若在只有探矿权的基础上进行开采，在柬埔寨会触犯刑法构成犯罪。申请工矿许可证必须经柬埔寨发展理事会批准。

(三) 电力行业

《电力法》是柬埔寨管理电力部门和电力供应的基本法律，该法最近一次修订是在2015年，该次修订调整了有关矿产能源部的规定。矿产能源部和柬埔寨电力委员会是分管电力部门的主要机构。矿产能源部是政府职能部门，负责制定关于能源开发、战略布局和能源标准等方针政策，其制定的方针政策也是柬埔寨电力委员会在《电力法》下管理电力部门须参照的政策和标准。柬埔寨电力委员会是经2001年《电力法》颁布而建立的自治机构，负责管理和监督柬埔寨全境的电力服务，颁发许可证，制定执行标准，确定对电力供应商和消费者均公平的税费，并在必要时，有权

---

[1] 国家开发银行：《"一带一路"国家法律风险报告（上）》，法律出版社，2016，第186—187页。

对电力供应商或消费者的行为实施惩罚或直接提起诉讼。

  柬埔寨电力委员会是电力服务商的许可机构，非经许可，任何人或机构不得在柬埔寨境内提供电力服务。被许可机构可按许可证条款提供服务，许可证的附加文件包括两方面的内容：电力委员会许可提供电力服务的决定；许可证条款。柬埔寨电力委员会可能颁发的牌照类型有发电许可、输电许可、配电许可、综合许可（可进行发电、输电、配电以及其他几项或全部服务）、派送许可、大宗交易许可、零售许可及分包许可。以上许可证可颁发给自然人或企业，并会在附加文件中确定电力服务提供的范围（一般配有地图）。至于其他许可，实践中，柬埔寨电力委员会可颁发不确定期限的许可证，且有权根据法律和许可证条款等吊销相关许可证。一些大型的电站和电网建设项目因涉及公共利益，会根据《特殊许可法》和柬埔寨政府部门签订系列协议，因此，这些项目的许可和实施（包括许可证）也受相关协议条款的约束。

第六章
柬埔寨劳工法律制度研究

第一节 柬埔寨劳动法概况

虽为发展中国家，但柬埔寨的劳动法律体系堪称完整，丝毫不亚于欧美诸国。作为柬埔寨王国的劳动法典，柬埔寨《劳动法》颁布于1997年3月，经2018年7月7日修订后，共计16章396条，以劳动者的权益保障为重心，对劳动关系的方方面面做了详尽的规定，为柬埔寨劳动法律制度体系的核心。[1]《柬埔寨制衣行业劳工法指南》则针对纺织行业这一分布广泛、用工量巨大的支柱产业的劳动用工问题做了进一步的规范。总体而言，柬埔寨劳动法律体系包括以下几个方面的内容。[2]

一、适用范围

与我国劳动立法严格限制用工方的主体资格不同，柬埔寨《劳动法》的适用范围极为广泛，凡柬埔寨王国境内因履行劳务合同而产生的雇主与工人之间的关系，无论合同签订于何处，也不问合同当事人的国籍和居住地有何不同，均受该法调整。体现在雇主的认定上，只要雇佣一名或一名以上工人的任一企业或公司，无论其是否属于工业、矿业、商业、手工

---

[1] 我国《劳动法》共计107条，《劳动合同法》经修正后共98条，二者相加为柬埔寨《劳动法》的一半左右。

[2] 本章内容主要以董治良、赵佩丽主编《柬埔寨王国经济贸易法律选编》（中国法制出版社2006年版）、《柬埔寨制衣行业劳工法指南》中译版，以及其他中译、英译柬埔寨法律法规为依据。

业、农业、服务业、陆路或水路运输业，也不论其是否属于公共、半公共或私有性质，宗教或非宗教性质，职业教育或慈善性质，等等，均属于劳动法意义上的"雇主"。间断经营也是如此。

比较特殊的是"工匠"，作为雇主的一种特殊类型，其自担风险，自己经营手工艺，主要销售自产或家庭成员无偿帮助下生产的产品；或许也有少量的工人或学徒帮助，但整个作坊是由工匠自己经营管理的。如果非要做比较，其法律性质大体接近于我国劳动法上的"个体工商户"、西方很多国家的"自雇人"，属于独立的市场主体。也正因为如此，《柬埔寨劳动法》第7条第2款规定，非家庭成员、经常为其干活的工人数量超过7人的，失去工匠身份。

至于雇员，柬埔寨《劳动法》称为"工人"，无论性别与国籍，凡签订一份在他人（企业或公司）指导和管理下工作并据此获得报酬的劳务合同之人，均属于劳动法意义上的雇员。雇员性质的认定既不考虑雇主或工人法律上的身份，也不考虑报酬的多少，只要存在"指挥从属性""劳务有偿性"即可，无论公有还是私有。当然，以下人员被排除在"雇员"的范围之外：(1) 不受公务员普通法令或外交条例调整的人员；(2) 被暂时任命履行公务的官员；(3) 法官；(4) 被任命担任永久公务职位的人员；(5) 被其他单行法管辖的警察、军人、宪兵；(6) 被特殊法律管辖的从事空中和海上运输的人员；(7) 家仆或佣人，法律另有明确具体规定的除外。

与我国劳动立法劳动者不分层、不分类、全部同等对待不同，柬埔寨劳动法将劳工分为四大类：家仆或佣人、雇员或帮工、劳工、学徒工。家仆或佣人是指照料房东或主人的财产并获取报酬的劳动者；雇员或帮工是指签订合同协助他人，并获取报酬之人，不承担需要大量体力的工作或偶尔承担一些；劳工既不是佣人也不是雇员，其在雇主或雇主代表的管理下，从事大部分的体力劳动并获取报酬；至于学徒，是指与雇主或工匠签订学徒期合同之人，根据合同雇主或工匠教授或让他人教授学徒职业技能，作为回报，学徒根据合同条款必须为雇主工作若干年。此外，不同于我国劳动者权益保护"要么全有、要么全无"的模式，柬埔寨《劳动法》规定，不受该法调整、被特殊法律管辖之从事空中和海上运输的人员以及家仆、佣人可以享有劳动立法有关结社自由的规定，可以组建、参与工会并参加罢工。

另外，依据雇佣关系的稳定性，柬埔寨《劳动法》将劳动者区分为固定工与临时工，前者在长期稳定的基础上固定地从事某一项工作，后者则从事一份不稳定的工作，该工作或者是在短期之内完成，或者是暂时性、间歇性、季节性地从事。至于计时工、计件工、获取佣金的工人之区分，与我国大同小异。

二、个别劳动关系的规范与调整

1. 基本原则

作为国际劳工公约所确认的基本权利，非歧视、禁止强迫劳动被柬埔寨《劳动法》毫无保留地予以承认。按柬埔寨《劳动法》第12条之规定，任何雇主都不得对劳动者不合理地差别对待，除非法律有明文规定，或基于具体职位的客观要求，任何雇主基于种族、肤色、性别、信条、宗教、政治观点、出身、社会血统、工会会员身份或工会活动而做出的有关雇佣、限定和分派工作、职业培训、提拔、晋升、报酬、给予社会福利、处分或终止雇佣合同的决定，应予以撤销。同时，任何雇主，包括自然人雇主，都绝对禁止强迫、强制工人劳动，也绝对禁止雇佣人员从事劳动以抵还所欠债务。该等规定，以及柬埔寨《劳动法》之其他规定在性质上都属于公共秩序，除非法有明文，或对劳动者更为有利，否则，任何与之相抵触的规则、合同、协定等法律文本都是无效的。

2. 劳动用工

按柬埔寨《劳动法》，任何雇主在成立某一企业或单位时，应以书面形式向劳动部门作出声明，长期稳定的雇佣不足8名工人且不使用机器设备的雇主，可宽限至企业或单位实际成立之后的30日内。关闭亦同，雇主必须在企业或单位关闭之后的30日内向劳动部门报告。雇佣或解雇工人，除非是持续时间不足30日，或连续12个月内实际雇佣时间不超过3个月的间歇性雇佣，否则雇主也必须以书面形式在雇佣或解雇决定做出之日后的15日内向劳动部门报告。考虑到农业企业的特殊性，该时间可延长至30日。

雇佣工人后，除季节性农场工人外，雇主必须协助工人向劳动部门申请雇佣卡，以记载工人身份、工作性质、合同期限、工资及支付方式等内容，同时也应制作、保留好工资账簿，以记录每位工人的信息、所从事的工作、工资和假日等内容，并保留3年以上。雇佣卡除本身用途外，不得挪作他用，工人辞职时禁止雇主在雇佣卡上做任何评语。此外，雇主也不得以现金担保或任何形式的合同担保为条件，签订或维持雇佣合同。

为维持单位工作秩序，雇佣8名以上工人的，雇主有权利，也有义务制定单位内部规章制度，以规范雇佣条件、行为规则，尤其是工资和补贴的计算与支付、工作时间、工人承担的责任、惩罚规定等事项。内部规章制度不得违反法律法规的相关规定，也不得限制或剥夺劳动立法、集体协议赋予劳动者的合法权利，否则无效。程序上，劳动规章必须由企业经理在与工人代表协商之后，自企业成立之日起3个月内建立，并由劳工监察官签证，且必须广泛宣传并粘贴于容易到达的合适之处并保持字迹清楚的良好状态。这有点接近德国的"劳资共决"程序，但更为严格。依法制定的规章制度，员工有义务遵守，否则将面临企业的惩戒。当然，为防止企业滥用惩戒权，柬埔寨《劳动法》规定，雇主或其代表已经知悉劳动者不当行为超过15天，或严重不当行为7天仍不做出惩戒决定的，视为弃权，以后不得就该行为进行惩戒。为贯彻"惩戒法定"原则，柬埔寨《劳动法》第27条还规定要惩戒相当，任何处分都必须与工人不当行为的严重程度相对应，不得对不当行为处以罚金或对同一不当行为加倍处分。考虑到有的企业或单位雇佣人员不足8人，强制其制定内部规章不切实际，对该等企业，雇主可根据工人不当行为的严重程度，宣布警告、训斥、不超过6天的无报酬停工、提前通知或无提前通知的前提下解雇该工人等处分决定。

3. 学徒合同

这是在我国实践中广泛存在、但劳动法律体系中缺乏明文规定的一种合同类型。所谓学徒合同，按柬埔寨《劳动法》第51条，指工商业机构的经理、工匠或手艺人作为师傅同意提供或者受委托向签订合同的另一方提供完全、系统、专业的培训，作为回报，签订合同的另一方作为学徒在约定的条件下和时间期限内为其工作的协议。该协议必须在合同履行开始后的2个星期内以书面形式签订且合同期限不能超过2年；如果学徒是未成年人，可由其法定代表人代签。一般而言，学徒人数不得超过企业在岗人数的十分之一。

在柬埔寨，师傅的资格是有严格限制的，不仅年龄要大于21岁，而且必须证明在欲传授行业内作为技术员、培训员、手艺人、技术工从业至少2年。此外，有过犯罪记录、曾因违反当地传统习俗被判有罪，以及曾因盗窃、欺诈、挪用财务、贪污而入狱的人，不得担任师傅或主管学徒培训的人员。

师傅与学徒的义务及责任，柬埔寨《劳动法》也有详细规定。师傅必须渐进地、完全地向学徒传授合同约定的职业技能，且尽可能为学徒的其他学习提供便利、机会及条件；严禁雇主雇佣学徒从事超负荷的工作或从事学徒职业之外的工作或服务；考虑到学徒多为未成年人，故而师傅必须像父母一样注意学徒无论在家还是在外的言行举止，对学徒的严重不良行为、不良倾向，以及患病、旷工等需要其父母出面干涉之事，师傅应毫不拖延地告诉其父母。相应地，学徒在学习期间也必须服从和尊敬师傅，尽可能地协助师傅工作，并应保守职业秘密；若擅自撕毁合同，或其他人煽动学徒撕毁合同，应赔偿师傅所遭受的实际损失。

至于学徒合同的终止，除因学徒获得职业技能而终止外，在师傅或学徒死亡、服兵役、因违法犯罪行为而入狱及作坊或企业关闭等例外情形下，学徒合同也自然终止。此外，师傅或学徒任何一方也可主动提出提前终止学徒合同，相对方认为提前终止不合理的，有权主张损害赔偿，赔偿数额不得超过其实际损失。

4. 劳动合同

与我国一样，劳动合同也是柬埔寨劳动法重点规范的对象，只不过在我国，劳动合同必须是书面形式，而在柬埔寨，可以是书面形式也可以是口头形式。

① 合同的期限。与我国相似，柬埔寨的劳动合同也分有固定期限的劳动合同和不固定期限的劳动合同。在柬埔寨，前者必须采用书面形式，且不能超过 2 年，合同必须包含确定的届满日期，否则将被视为无固定期限劳动合同。不过，有固定期限合同的续签不受次数限制。此外，有固定期限合同期限届满后工人仍继续工作、雇主不为反对意思表示的，该合同自动转为无固定期限合同。试用期也包含在合同期限之内，不同工种试用期不一，取决于雇主所需用以判断工人专业价值的时间和工人所需具体了解雇主提供的工作条件的时间，但最长不得超过 3 个月。试用期间，工人工作地点远离居住地的，雇主有义务承担相应的交通费。

② 竞业限制。柬埔寨《劳动法》规定，在合同约定的范围内，工人应为企业发挥其全部职业能力，认真、自觉完成本职工作；但工作时间之外，除非有相反约定，工人可从事与其雇主无竞争关系的职业活动，或从

事对履行职责无害的事情。这与我国规定不太一致。[1]此外,柬埔寨劳动法也不允许离职竞业限制,任何禁止工人在合同期满从事任何活动的合同条款无效。估计这可能与其经济发展水平有关,技术、商业秘密的重要性体现得还不是特别充分。

③ 合同中止。所谓合同中止,即合同权利义务的暂时停止,待阻碍情形消失,合同权利义务重新恢复、继续履行。当然,并非所有权利义务都一并中止,柬埔寨劳动法将劳动合同义务区分为主要义务与非主要义务,劳动合同的中止仅影响合同的主要义务,即工人必须为雇主工作、雇主必须支付工人报酬义务的履行,其他义务如雇主提供住宿、工人忠实于企业和保守企业秘密等,在暂停期间继续有效,工会或工人代表的授权也不暂停。即使是主要义务,除非有相反的规定,雇主支付工人报酬的义务也必须继续履行,雇佣资历仍继续计算。

应该说,柬埔寨劳动法的立法技术堪称精湛,很值得我国劳动立法借鉴。至于引发中止的情形,根据柬埔寨《劳动法》第71条,包括:服兵役或接受义务性军事训练;工伤或职业病,以及非职业性疾病;女职工因怀孕、产假以及任何产后疾病的请假;法律法规、集体协议、个人协议的规定,不过需经雇主允许;依据内部规章的正当理由而暂时离岗;带薪假期的离岗;对工人未判决有罪的监禁;不可抗力妨碍合同履行不超过3个月;因特别严重的经济困难导致企业暂停营业不应超过2个月。没有兜底性补充规定。

④ 合同的终止。事关劳动者的就业及社会稳定,劳动合同终止素来是各国劳动立法的重中之重,柬埔寨劳动立法也不例外。与我国劳动立法不一致,也是非常值得我国劳动立法借鉴之处,就是柬埔寨劳动法在终止事由、程序上的区分对待。有固定期限的劳动合同,由于其实际遵循的是民事合同的一般规则,故而,除非双方具体、现时协商达成合意,否则,任何一方都只能在相对方有严重不当行为或不可抗力时,方可提前终止,否则,雇主有义务赔偿至少等于直到合同期满工人应得的报酬,工人则有义务赔偿雇主所遭受的实际损失。即使因合同期限届满而终止,雇主也有义务最少提前10日通知,否则合同将自动延长与原合同相同的期限。合同终止后,雇主有义务为其提供雇佣证书,并支付相应的解雇费。

---

[1] 根据我国《劳动合同法》第39条的规定,劳动者从事兼职活动,经用人单位提出仍拒不改正的,用人单位可以立即解除劳动合同,无论该兼职活动与其本职工作有无竞争关系。

无固定期限合同，由于合同无确切终止时间，加上牵涉解雇保护，终止规则较为复杂。

第一，在终止事由上，与我国劳动者提前 30 日通知就可解除合同、雇主解雇事由则严格法定不同，柬埔寨劳动法大体遵循的是解雇自由原则，任何一方均可根据自己的意愿，以书面形式提前通知对方终止合同，唯雇主方即机构、团体不得在无正当理由的情况下仅以工人的态度或行为影响其经营要求为由进行解雇。

第二，在程序上，提前通知。这是各国的共性规定，但柬埔寨劳动立法的特殊之处在于：一是根据合同的期限决定最短提前通知期；二是最短提前通知期，长的可达 3 个月，如果工人连续服务时间超过 10 年的话。此外，在通知期内工人有权享受全薪，以及每周外出 2 天寻找新工作的待遇。雇主如果自行终止劳动合同而不提前通知或不遵守通知时限的，有义务承担赔偿工人通知期内工人应得到的工资和福利。

当然，在合同规定的试用期或实习期内，或一方有严重过错，或不可抗力使合同义务不能履行时，提前通知义务可以免除。至于何种行为属于严重过错，柬埔寨劳动法作了列举式规定，雇主一方有：使用欺诈手段诱使工人签署合同；经常迟发甚至直接拒绝支付部分或全部工资；不依法提供安全与健康防范措施；不给计件工足够的工作，甚至使用辱骂性语言、恐吓、暴力或人身侵害。工人一方有：盗窃、盗用、挪用雇主财物；在签订劳动合同时欺诈；工作期间怠工，不遵守工作纪律，泄露职业秘密；恐吓、辱骂、人身侵害雇主或其他工人；煽动其他工人做出严重过错行为；在企业内进行政治宣传、活动或示威。不可抗力则主要包括：天灾人祸导致长期无法恢复工作，企业被公权机关勒令关闭，工人患慢性疾病、精神病、残疾及被捕入狱。需要强调的是，倒闭、被司法清算不被视为不可抗力。另外，与劳动合同过错终止不同的是，因雇主死亡导致单位关闭的，工人有权要求得到与通知期间应得的报酬相等的赔偿；工人患慢性疾病、精神病、残疾的，事先通知义务不能免除。

第三，大规模解雇，类似于我国的经济性裁员，不过裁员事由比我国宽松，雇主可以预见经营活动减少或内部需要重组即可，但程序比我国要复杂很多。雇主有义务依据职业资格、在企业的资历、工人们的家庭负担等因素确定裁员顺序，并书面通知工人代表；首先裁减的是那些最缺乏职业技能的工人，其次是资历浅的工人。考虑到企业的社会责任、对员工的照顾保护义务，被解雇的工人 2 年内有优先竞聘该企业同一岗位的权利，已婚或有子女的工人在资历上也可以得到某种优惠。

第四,劳动合同的承继。与其他国家的规定相似,雇主法律身份的变化,特别是继任、继承遗产、出售、合并等时,劳动合同在新雇主与原企业工人间继续有效;部分资产出售或营业转让的,"人随资产走",劳动关系依然继续。

第五,补偿与赔偿。为提升企业解雇成本,稳定劳动关系,也为了体现公平,防止将企业的经营风险完全转嫁由劳动者一方承担,加之为了减少失业对劳动者生活的冲击,当今各国无不规定有劳动合同终止尤其是企业单方解雇后的赔偿与补偿义务,柬埔寨劳动法也不例外。除工人犯有严重错误外,雇主单方终止劳动合同的,除事先通知外,还应按规定给予被解雇工人相应的补偿,工人因健康原因而下岗也是如此。如果一方无正当理由终止合同的,另一方除前述未事先通知的赔偿、解雇补偿外,还有权另行要求获得赔偿,赔偿金数额与解雇补偿金相当,一次性付清。此外,如果有证据证明新雇主恶意"挖角"、鼓动工人无正当理由违反合同的,新雇主将与该工人一起对原雇主的损失承担连带赔偿责任。

最后,后合同义务,主要是员工的保密义务。另外,离职工人有权要求雇主出具雇用证书,以证明其雇佣经历、所任职务等。该证书只能记载事实,严禁在证书中写有任何可能对工人受雇造成负面影响的评价。

需特别强调的是,上述后合同义务、补偿与赔偿规则、劳动合同的承继规则,有固定期限的劳动合同当事人同样也有义务遵守。

三、集体劳动关系的规范与调整

集体劳动关系的规范与调整是市场经济条件下劳动关系法律调整机制的核心与关键。柬埔寨虽然经济发展水平一般,但在该领域,法律制度却相当完整。当然,这与其独特的立法背景有关,柬埔寨《劳动法》委托的是法国专家起草,所以采用的也是欧洲大陆模式。

集体劳动关系法律调整机制的核心是劳动三权,即团结权、团体交涉权、争议权,为绝大多数国家的宪法或劳动基本法所确认。所谓团结权,又称劳动者结社权,指劳动者组织或加入工会的权利,劳动者"为拥护或扩张其劳动关系上之利益,而组织团体之社会法上之权利"[1]。劳动者

---

[1] 史尚宽:《劳动法原论》,世界书局,1934,第153页。

团结的目的,是想借助集体的力量,与雇主形成以团体对团体的局面,从而实现真正意义上的、反映其真实意志及利益的协商与谈判,是所谓团体交涉权,也称集体谈判权。既然是谈判,就有成功或失败两种可能,当集体谈判陷入僵局、破裂或雇主直接拒绝谈判时,工会通过集体行动,协同一致的中止劳动给付义务的履行,迫使雇主妥协,这就是争议权、集体行动权,"没有罢工权的协商将无异于集体行乞"[1]。对该"劳动三权",柬埔寨《劳动法》都予以明确承认。

1. 结社自由与企业的工人代表

根据柬埔寨《劳动法》第266条,工人和雇主享有无区别且无须事先批准地组成他们自行选择的职业组织的权利,工人的职业组织为工会,雇主的职业组织为雇主协会。雇主及其代表不得加入工会,严禁同一职业组织里既有雇主会员又有工人会员。所有工人,无论性别、年龄、国籍,均可自由加入其所选择的工会,当然,也可以选择不加入,或在加入后任何时间退出。

职业组织无论是工会还是雇主协会都拥有民事主体的身份及地位,有权向法院起诉,有权拥有财产,有权签订合同。工会与雇主协会完全自治,可以自行起草内部章程、工作计划,自行选举代表、组织机构。雇主做有关雇佣、管理、工作分派、晋升、报酬及福利、纪律措施、企业解散等决定时,不得考虑工人的工会从属关系或工会活动的参与情形。为确保工会的独立性、自主性,禁止任何雇主、雇主协会以任何形式干预、控制工会,包括从工人工资中克扣会费,或赞助、支付他们会费。

由于工会可以自由设立,同一企业、机构中可能存在多个工会,所以集体协商或谈判时就涉及工会的代表权问题,亦即在众多的工会中,到底哪一个工会有权代表工人与雇主、雇主协会进行协商或谈判,签订集体合同。对此,柬埔寨《劳动法》第277条规定,工会代表性的依据由会员数量的多寡决定,会员人数排第一、第二的工会被视为该企业的代表性工会,有权代表本企业工人与雇主、雇主协会进行集体协商或谈判。

至于企业工人代表,有点类似于我国的职工代表大会的代表。柬埔寨《劳动法》规定,凡雇佣8名及以上工人的企业或单位中,工人应该从代表性工会组织提名的候选人中选出一名工人代表,作为所有工人中唯一有资格在该企业或单位进行投票的代表。代表人数依据该单位工人总数确

---

[1] 黄越钦:《劳动法新论》,中国政法大学出版社,2003,第306页。

定，如8～50名工人的单位可选出一名正式的工人代表和一名助理工人代表，51～100名工人的单位可选出两名正式工人代表和两名助理工人代表，超过100名工人的单位，每增加100名工人就增加一名额外的工人代表和一名额外的助理工人代表。工人代表的职责与工会有交集但侧重点不同，作为一种常态化机制，其主要职责是代表工人发表意见、监督劳动法律法规的实施，所以，为解决工会代表的后顾之忧，对工人代表、工人代表候选人的解雇必须经劳动检察官批准。

2. 集体协议

工人团结不是目的，目的是为了与企业、雇主、雇主协会进行集体协商或谈判，就企业内劳动者整体的劳动条件、劳动待遇签订书面协议。作为一种制度化的利益表达、利益博弈机制，集体协商（谈判）是现代市场经济国家规范和调整劳动关系的最基本手段和最主要方法，也是预防和化解劳资冲突、规范和调整劳资利益关系的最好形式。

集体协议的当事人比较固定，一方是一名雇主、一群雇主、一个或多个代表雇主的组织，另一方是一个或多个代表工人的工会组织。在柬埔寨，无代表工人的工会组织的企业或机构，也可由雇主和工人选举出的骨干签订。

集体协议可以有期限，也可以无期限。若选择前者，该期限不能超过3年，但除非一方提前3个月通知解除协议，期限届满后自动、继续有效。如果集体协议是由工人选举出的骨干签订，则协议期限不得超过1年。无论签订方是谁，集体协议对相关雇主、该等雇主所雇佣的所有工人一体适用，无论其是否为工会会员。此外，在代表工人或雇主的职业组织的要求或自行提议下，劳动部部长在咨询了劳动顾问委员会的意见后，可以将一份集体协议的全部或部分约定扩展至在该职业领域和该协议范围内的所有雇主和所有工人。

至于集体协议的法律效力，各国规定大同小异。作为一种规范、调整劳动关系的"自治法源"，集体协议的法律效力一般仅次于国家的法律法规。集体协议中对工人权利义务的约定可以比现行法律法规更为有利，但不得低于法律法规所规定的标准，也不得与法律法规中有关公共秩序的规定相抵触。受集体协议约束之雇主与工人之间的劳动合同，也是可以优于、但不得低于集体协议所规定的标准，否则，相应条款都将被集体协议中的相关条款自动取代。

3. 工人罢工与雇主停工

应该说，通过集体协商或谈判，合理分配劳资双方的权利义务及利益，建立和谐稳定的劳动秩序一直是各国劳动法所追求的理想目标。然而，考虑到劳资利益冲突在一定时期内的"零和博弈"性质，集体协商谈判陷入僵局乃至破裂在所难免，此时，为保障集体协商或谈判的顺利进行，作为"迫使对方在谈判上让步的'最后的武器'"[1]，罢工权也就不可避免。同理，既然是博弈，劳动者可以罢工、停止工作，雇主自然也就可以闭厂、停工，完全或部分关闭某一企业或单位，以对抗可能存在的不合理要价。柬埔寨的劳动立法主要是对劳动者的罢工行为做了规范。

首先，罢工事由上，柬埔寨劳动立法比较宽泛，权利争议、利益争议皆可引发罢工。引发劳动争议的类型有很多，但归纳起来不外乎两种：一种为劳动合同的一方或双方当事人不依约履行，即"违约"；另一种是履约没有争议，但基于经济、社会状况尤其是市场形势的波动，当事人认为依约履行难以满足其合同目的，从而要求重新缔约或修改原合同约定，如劳动者因为通货膨胀而要求增加工资、用人单位因订单剧增而要求延长工时等。在劳动法上，前者被称为权利争议，后者则被称为利益争议，为劳动法上所独有之争议类型，由劳动关系的长期性、继续性特征所决定。台湾地区已故大法官黄越钦教授曾形象地将权利争议概括为"履约"问题，将利益争议概括为"缔约""换约"的问题。[2]

基于这两种争议的不同性质、极大差异，各国劳动立法一般都分类处理。在权利争议中，当事人的权利义务是既定的，或者由法律、法规直接加以规定，或者已由劳动规章、集体合同、劳动合同加以确认，所涉及的仅仅是权利贯彻问题。通常情况下，如果双方都依法、依约行使权利、履行义务，争议不大可能发生。即使争议发生，由于权利义务已经明确，完全可以通过仲裁、诉讼等司法途径加以解决。利益争议则不然，由于双方所主张的权利义务事先并没有确定，加之其所要解决的是经营过程中利益、风险的分配问题，无法纳入现行的司法程序加以解决，故而只能通过劳资双方的集体协商或谈判加以解决。既然是谈判，已如上述，就必然存在着成功或失败两种可能，成功自然是皆大欢喜，失败则不可避免的涉及

---

[1] [德] 马克曼：《联邦德国的集体谈判》，见德国技术合作公司、中国原劳动与社会保障部：《中德劳动立法合作项目概览（1993—1996）》，第375页。

[2] 黄越钦：《劳动法新论》，中国政法大学出版社，2003，第319页。

劳动者的罢工问题。

柬埔寨劳动法则不然，其对罢工事由的界定要宽泛很多。虽然其《劳动法》第321条规定，当集体争议产生于基于现存法律的司法判决的解释，或集体协议，或关于当事各方接受的仲裁决定的规则时，罢工的权利不得被应用，但结合第318条、第320条之规定，无论"目的是为了从雇主那里获得其所提要求的满足"，还是"不服仲裁裁决的情形发生或者仲裁委员会在规定的时间期限内没有给予或通知仲裁裁决时""当代表工人的工会认为其不得不行使这项权利以迫使雇主遵守集体协议或法律时"，罢工皆可进行。

其次，在程序上，必须遵守"最后手段法则"的限制，当且仅当所有和平解决争议的方法都已经尝试且仍无效果后，方可通过无记名投票的方式决定是否发动罢工。

再次，在手段上，作为一种"非暴力不合作"机制，罢工必须以和平方式进行，不仅不得有过激行动，而且还必须提前至少7个工作日给予相对方事先通知，安排好最基本的工作以确保企业的设施设备以及他人生命、健康或安全的保护，否则将被视为严重不良行为甚至犯罪行为。换言之，我国常见的"突然袭击"式罢工行为是绝对不允许的。此外，罢工必须基于自愿，非罢工者的工作自由应受到保护，不能受到任何形式的强迫或威胁。

最后，在法律后果上，罢工只能导致劳动合同履行的暂时停止，一旦罢工结束，工人应立即回到工作岗位；禁止雇主因罢工而对工人施以任何制裁，除为了维持最基本的工作外，禁止雇主雇佣新的工人代替罢工者。当然，基于权利义务相一致的原则，工人也不是毫无代价的，罢工期间雇主将不支付其工资，也不提供其工作津贴；一旦罢工被劳动法院或普通法院（无劳动法院时）宣布为非法，罢工者必须在签署此裁定书时起48小时内返回工作岗位；无正当理由、在该期限届满时仍未返回工作的，将被视为严重的犯罪行为。

四、劳动基准与劳动监察

所谓劳动基准，即劳动条件的基本准则，意在为劳动关系双方集体协商、劳动合同的订立提供一个底线标准。由于劳动基准从用人单位的角度体现为经营成本，所以为保证劳动基准的贯彻实施，劳动监察不可避免，否则"劳动立法只是一种道德运用,而不是有约束力的社会纪律"[1]。一般而言,劳动基准重点关注工资、工时与劳动保护。

1. 工资

所谓工资,顾名思义,雇主依据书面或口头协议对完成工作的工人所给予的报酬。不过,不是所有的劳动给付都属于劳动法意义上的"工资"。一般认为,"对价性"和"常规性"为判断是否属于工资的两个最为基本的性质,因此,类似于健康保健、法定的家庭津贴、旅行费用、为工人更有效工作而给予的福利等,不属于劳动法意义上的"工资"范畴。认识这点对于确定社保缴费基准、个人所得税税率、最低工资、解雇补偿或赔偿等方面,具有极为重要的意义。

为确保每位工人都过上与人格尊严相当的体面生活,柬埔寨劳动法也规定有最低工资制度,2018年还专门制定并通过了《最低工资法》。该法规定,专门成立由劳资政三方共同组成的"国家最低工资理事会",以"少数服从多数"的形式决定最低工资数额,并将原本在成衣、制鞋业领域实行的最低工资制扩大到全国各个领域,任何让工人得到低于最低保障工资报酬的书面或口头协议都将无效。此外,柬埔寨劳动法规定,无论工人的出身、性别或年龄有何不同,只要工作条件、职业技能和产出是相同的,工资(准确地说,应该是薪酬标准)就应一样,即同工同酬。

关于工资支付,柬埔寨劳动立法规定非常详细:①必须用合法流通的铸币或纸币及时、足额、直接支付给相关工人,禁止雇主限制工人使用自己工资的自由,任何情况下均不允许用酒精饮料或有害药品作为工资支付,而且不应在酒店、零售店或消遣场所支付工资,除非这就是工作地点。此外,也不应在休息日支付工资,如果工资支付日正是休息日的,应提前1日支付。②工资支付方式,根据劳动者类型的不同而有所不同:劳工工资应至少每月支付两次,且最长间隔时间不得超过16日;雇员工资必须每月至少支付一次;销售代理或商业代表的佣金必须至少每三个月支付一次;对所需要超过15日才能完成的项目工作或计件工作,工资发放日可协商确定,但劳工应每15日得到部分工资的支付,并且应在交付工作后的下一个星期内得到全额工资的支付。③工资的法定优先权。由于事关劳动者的基本生存,所以柬埔寨《劳动法》第123条规定,工人工资的优先权可以对抗所有其他一般的和特别的优先权,包括上缴国库的优

---

[1] 黎建飞:《劳动法热点事例评说》,中国劳动社会保障出版社,2006,第179页。

先权，所以任何有损工人工资支付的任何欠承包商款项的扣押或者付款都不能被执行。当然，在工人工作所需的工具和设备、由工人控制使用的物品和资料、为获得上述物品支付的预付款以及欠公司内部商店的款项，在离职时仍未归还的，雇主可以克扣工人的工资。但无论何种情形，克扣的工资总额不得超出维持工人及其家庭基本生活所需的必要工资部分。

2. 工作时间与休息休假

在任何性质的工作单位中，工人的工作时间每日不得超过8小时，每周不得超过48小时。被要求为例外或紧急工作加班的，雇主应支付比正常工作时间的报酬高50%的劳动报酬，在夜间或周休息日加班的，该报酬应增加为100%。当然，为弥补因意外事件或不可抗力、恶劣天气、节假日、当地节日、其他当地活动造成的大规模工作中断或普遍性的工作延缓而失去的时间，经劳动部门批准可以延长每日工作时间。此外，劳动部也可以根据季节或特定企业的发展需要，批准暂时性的特殊工作时间。

与此相应，除铁路运输工人由特别条款规定外，任何企业雇佣的工人每周至少应享有一个不低于24小时的连续休息时间，除非发生紧急情况，必须立即进行工作以挽救或防止紧急事件或修补已损物资、厂房设施或机构建筑。此种情形，除非不可抗力，企业暂停劳动者周休的计划应事先获得劳动监察官的批准，并做出补休的计划，而且该紧急情况之规定不适用于妇女以及年龄小于18岁的未成年工。

关于休假，柬埔寨的公共假日比较多，如种族灭绝胜利日、国际妇女节、国际劳动节、国际儿童节、国王和王后生日、宪法节、国庆日（独立日）、泼水节等，都属于带薪假日。当公共假日正好遇到星期天时，公共休假将顺延一天。因企业或单位经营性质工作不能被中断而需要工人在假日期间工作，工人除获得工资外，还有权获得补偿。计时工、计日工、依据产出数额支付报酬的工人也有权对假日休息而导致工资损失获得等额的补偿。

至于年休假，所有柬埔寨工人都有权享有雇主给予的带薪年休假，按每连续工作一个月给一天半带薪假计算，服务满一年后享有使用。原则上，带薪假日和病休不计算在带薪年休假之内；因直接影响工人直系家属的事件而给予的特别休假一般也不计算在带薪年休假之内，除非其尚未来得及休年休假。为有效满足工人弹性休假的需要，年休假可以推迟或合并使用，只要期限不超过3年即可。

3. 安全和健康

安全和健康无疑是工作环境的核心内容之一。现代劳动法的鼻祖——

英国 1802 年颁布的《学徒健康与道德法》，首要关注的就是工人的安全和健康问题。柬埔寨劳动立法在劳动者的安全和健康领域关注不多，只是原则性规定所有单位及工作场所都必须始终保持清洁及必须维持的卫生标准，为工人健康维持必要的工作条件；所有单位和工作场所的建设都必须保障工人的安全。其余的内容基本授权劳动行政部门负责。

4. 女工与童工的特别保护

柬埔寨的童工分两种：一是年龄满 15 周岁但不足 18 周岁的，二是年龄在 12～15 周岁的。前者，无论是雇员、劳工还是学徒，都不得从事夜间、地下采矿场或采石场、劳动部部门法令确定的危险或过于辛劳，以及其他可能危害健康、安全或青少年道德的工作，并保证晚间休息时间最少连续 11 小时以上；后者，除前述限制外，只能在白天从事工作，而且该工作不得危害其身心健康和身体发育，也不得影响其正常入学、参加相应部门批准的指导计划或职业培训。劳动监察官可以请合格医生对童工的工作是否超出其身体能力进行检查，在听取医生的建议或根据医生检查的结果，有权要求更换他们的工作或要求他们离开该企业。雇主也应当保留雇佣童工的记录，呈劳动监察官备案、考察和警告。

至于女工，柬埔寨《劳动法》规定，禁止雇主在产假期间或解雇通知日期正好在产假期间内解雇妇女。妇女有权享有 90 日的产假，产假之后和返回工作后的头 2 个月，应该只从事轻微的工作。在产假期间，妇女有权得到雇主支付的一半工资，包括他们额外的补贴。从分娩之日起 1 年内，哺乳母亲有权享有在工作期间每天一个小时的哺乳时间。雇佣至少 100 名妇女或女孩的企业，其经理应在单位内或附近设立哺乳室、日间托儿所，所有费用由雇主承担。

5. 农业工人的特别规定

对于被雇佣从事种植业、林业、渔业的工人，柬埔寨《劳动法》有一些特别规定，如特定季节工作时间可延长至每天 10 小时，工资允许以实物支付一部分，只要不是强迫，雇主有义务提供住房，妻子及未满 16 周岁孩子的家庭福利、教育，等等。

6. 劳动监察

上述内容对劳动者无疑非常有利，但对雇主而言，则体现为用工成本，因此如何落实甚为关键。基于此，柬埔寨设有劳动监察官、劳动管理员制度，对劳动法的实施情况进行监察。持有效证件的劳动监察官、劳动管理员无须事先通知，有权在无论白天还是夜间在其监察管辖范围内自由出入任何企业，在白天进入其合理认为应接受监察的工作场所，以确保有关规定得到有效遵守。除非会不利于监察效果，否则每次监察时劳动监察官、劳动管理员应当通知企业到场。

除正常劳动监察外，柬埔寨还特设有劳动医疗监察制度，对企业的工作条件及劳动医疗服务的实施状况进行监察。劳动医疗监察员与劳动监察官共同确保有关劳动者健康法律规定的实施。为确保公正，禁止劳动监察官、劳动医疗监察员、劳动管理员与其监察管辖范围内的企业有任何利益关系。对于向其反映的企业设施缺陷或违反法律行为的控诉来源，他们有义务严格保密，不得向雇主泄露。

五、劳动争议处理

已如前述，劳动关系有个别劳动关系与集体劳动关系之分，自然地，劳动争议也分为个体劳动争议与集体劳动争议。

所谓个体劳动争议，指一名雇主和一名或多名工人或学徒之间个别发生的，且与某一份劳动合同、学徒合同或者某一份集体协议的条款约定或者与现行法律、法规的解释或执行有关的争议，很显然，皆为权利争议。对于个体争议，在采取任何司法行动之前，争议当事人可要求所在省、市的劳动监察官进行调解。一旦收到申请，劳动监察官就应当按争议的性质向双方当事人进行了解，并依据相关的法律法规、集体协议或个别劳动合同进行调解，并在3个星期内举行听证会。调解结果应当由劳动监察官提交正式报告，写明是否达成协议或是否接受调解。合同当事人一旦接受劳动监察官的调解，所达成的协议就具有法律强制力。不接受调解的当事人可以在2个月内向具有相应管辖权的法院提请诉讼，劳动法庭或普通法庭（无劳动法庭时）对发生在工人和雇主之间有关劳动合同或学徒合同履行的个体劳动争议行使司法管辖权。

至于集体劳动争议，指一名或多名雇主和其某些职员之间就工作条件、职业组织所认可权利的行使、雇主与工人之间的关系等问题引发的争议。一般而言，该类争议处理不当会危及企业有效运作或者社会稳定。也正因为事关社会稳定，所以如果集体协议里无约定好的解决程序，双方当事人应当将该集体劳动争议告知其所在省、市的劳动监察官，由劳动监察官启动法定调解程序。在调解期间，争议双方当事人应避免采取任何可导致冲突的措施。调解协议经双方当事人签字和调解员签字认可的，具有与双方当事人及其代表人所签订的集体协议同等的法律效力。但是，当代表工人的一方不是工会时，该协议不仅对该单位工会没有约束力，对此工会所代表的工人亦没有约束力。如果未达成协议，调解员应记录和写明调解失败的关键焦点，在调解期限届满后最迟48小时内向劳动和职业培训部部长报告。

调解失败后，如果集体协议约定有仲裁程序的，按约定的仲裁程序处理，如果没有约定，则由争议当事人协商采取其他程序。一旦启动仲裁程序，劳动部部长应将调解失败报告移交仲裁委员会，仲裁委员会的成员应从司法行政官员、劳动顾问委员会成员及社会知名人物中挑选。仲裁委员会仅就调解报告记载的争议事项进行仲裁，对调解报告以外的争议或报告以后发生的事件，不得进行仲裁。出于仲裁案件的需要，仲裁委员会在保守相关信息和职业秘密的前提下有权调查卷入集体劳动争议的企业经济状况和劳动者社会状况，有权进入该企业及工会组织进行调查，有权要求双方当事人出具与争议有关的文件或相关信息，有权请求专家的协助。仲裁裁决做出后，仲裁委员会应通知劳动部部长，并由劳动部部长通知双方当事人，当事人有权对该仲裁裁决提起申诉。如果法定期限内未收到仲裁裁决，或当事人不服从仲裁裁决则可以进入前述的罢工、停工程序。

六、社会保险

柬埔寨的社会保障体系主要由一些社会保险基金、带有社会性的扶助项目以及基础性的救济工程组成，其中社会保险基金发挥了较大的作用。该基金主要包括三部分，即针对公务员[1]的社会保险基金（NSSFC）、针对退役军人的国家基金（NFV）以及针对私营部门从业人员的社会保险基金（NSSF）。就公司、企业而言，涉及直接缴费义务的主要是第三种，即NSSF。本文以下所指社会保险也是在这个意义上使用的。

虽然早在1993年，柬埔寨就建立了社会保障局（DOSS），2002年也通过了专门的《社会保障法》，负责对私有企业工人实施社会保障，然而迄今为止，柬埔寨的社会保险依然比较简单，主要包括两大险种：养老保

---

[1] 柬埔寨的公务员与中国不太一样，根据其1994年制定的《柬埔寨王国公务员规则》，除立法、司法、警察、军队外，其他公共部门的工作人员都可以概括为公务员。其中，一半以上分布在教育领域，主要是教师和研究人员。

险与职业风险。前者旨在为工人提供老龄津贴、残疾人津贴和遗属津贴，后者旨在为工人提供工伤或职业病津贴。[1] 两个社会保险计划从2007年开始都转由全国社保基金统一管理。只要是柬埔寨公民，不分种族、性别、宗教信仰、政治观点、民族血统、工会成员身份或工会行为，凡劳动法规定的所有人员、培训生或学徒、自谋职业人员、季节性或临时工人等均可加入该社会保险。

1. 养老保险

柬埔寨的养老保险金包含老龄津贴和补贴、病残津贴、遗属津贴和补贴。凡在全国社会保障基金中登记年限达到20年以上，且在获得社保资格后的近10年内至少向NSSF缴纳了60个月以上社保的，年满55周岁都有权领取养老金。每一位符合上述条件的NSSF会员，年龄未满55岁但身体出现过早劳损致使其丧失收入能力的，可以提前申请养老保险金。每个满55岁的NSSF会员，缴纳社保少于60个月，并且已经完成了所有可以领取工资的相关工作但是仍未达到可以申请养老保险金资格的，也可以申请养老补贴，该补贴为一次性发放。此外，在社会保障委员会登记超过五年，在伤残情况得到合法确认之日近12个月至少缴纳了6个月社保的NSSF会员，若在55岁前伤残，可以申请伤残津贴。

任何养老津贴、伤残津贴、提前养老津贴的持有人或任何NSSF会员，在其死亡时已符合领取养老保险、伤残保险的条件或者已经向社保基金缴纳了180个月社保的，他们的受益人将有权领取遗属基金。对于尚未领取伤残金或至其死亡之日缴费已达180个月以上的，其妻子（丈夫）、孤儿无论伤残与否均有权领取一笔遗属补贴，数额不低于每月发放的养老金。

2. 职业风险

该职业风险类似于我国的工伤保险，但比我国工伤认定"三工"要件[2]要宽松。柬埔寨的工人在工作期间，因工作原因身体受到伤害，无论是在何种地方为雇主、企业管理者工作，都可认定为工伤事故。同样，在工人居住地与工作场所的直接往返途中发生的事故也被视为工伤，但非基于工作原因绕道所致的除外。职业病也被视为职业风险的一个组成部

---

〔1〕需要注意的是，2018年7月在国会审议《劳动法（修正案）》《最低工资法》时，柬埔寨政府已明确表示要完善国家社会保障政策，提高工人社会保障福利，包括提供意外保险、健康保险（由雇主100%承担保费）、生产补贴，以及女工享有3个月产假和120%工资。此外，柬埔寨政府已决定从2019年开始，在私人领域推行退休金制度。

〔2〕即工作时间、工作地点、工作原因。

分。负责社会保障基金和健康安全的部长在咨询技术委员会后，有权签署关于认定与接触有毒物质、卫生条件恶劣或引起多种疾病的环境中工作的职业病有关的清单的联合法令，该清单应该随着医疗技术的进步和为推动建立预防职业疾病的医学意识而定期更改完善。

工作时间受伤、上下班途中遭遇突发伤害的工人及职业病的受害者应该在事故发生后及时通知自己的雇主关于自己所受损害的情况。若该损害是严重致命的，保险受益人承担上述通知义务。雇主则有义务在知晓损害发生的 48 小时内向 NSSF 报告本企业内发生的工伤事故或职业病情况。

至于相关待遇，非终身性的残疾在得到 NSSF 指定或认可的医生的确诊后，受害者即可领取每日残疾补贴，直至康复或因此死亡。雇主从受害者第一天缺工起支付日工资。受害者一旦被 NSSF 指定或认可的医生确认为永久性残疾后，当伤残等级达到20%时，有权获得永久残疾保险金；如果伤残等级未达到20%，则可获得一次性支付伤残补贴。受害人因职业风险而死亡的，全国社保基金应当为受害人遗属提供丧葬津贴和遗属养老金。

已经在领取临时性残疾保险金的 NSSF 成员又发生了新的风险事故，导致残疾等级提高的，在新的残疾等级的基础上重新计算伤残保险金。除此以外，受害者若在最近的一份工作中获得了更高的工资，则应该以该较高工资作为伤残保险金的计算基础。NSSF 会员已经在领取伤残津贴的，但是新的工伤事故导致了伤残等级在20%以上的新的残疾，受害人有权依据其新的伤残等级领取新的伤残保险金。NSSF 应该为领取伤残保险金的人提供定期的医疗检查，受害人不得拒绝 NSSF 提供的例行检查。

第二节 赴柬埔寨投资企业劳动用工指南

应该说，伴随着社会的文明和进步，各国法律的趋同性已越来越明显。以中柬劳动法为例，二者在劳动关系认定、倾斜保护、劳动自由、禁止强迫劳动、禁止童工、同工同酬、解雇保护、最低工资保障、劳动监察等方面，具有高度的相似性。尽管如此，受制于经济发展水平、历史文化传统、政治体制等的差异，二者的差异依然很明显。差异最大的，莫过于集体劳动关系的规范与调整，以及集体劳动争议的处理。

一、集体劳动关系的规范、调整与集体劳动争议的处理

前已有述，以法律关系主体是否为团体为标准，可将劳动关系区分为个别劳动关系与集体劳动关系。由于资本是一种集中的社会力量，劳动者却只拥有自己的劳动力，"强资本、弱劳动"的格局乃是一种世界性的存在，指望单个劳动者在劳资博弈中与雇主平等对话，无异于痴人说梦，唯有透过组织形成集体的力量，塑造以团体对团体的格局，方有可能实现力量的某种均衡。因此，集体劳动关系的规范与调整为市场经济条件下劳动关系法律调整机制的核心与关键。[1]我国前总理温家宝同志在全国人大十一届一次会议所做的政府工作报告也明确提出要"推动企业建立工资集体协商制度"。

前已有述，集体劳动关系法律调整机制的核心就在于"劳动三权"，即团结权、团体交涉权、争议权。应该说，集体协议（我国称之为集体合同）本身，中柬两国并无太大差异，差异主要存在于集体协商（或谈判）的主体——工会，以及集体协商（或谈判）的保障机制——罢工权方面。

1. 工会

工会，顾名思义，工人的协会，即以维持和改善劳动者劳动条件、提高劳动者经济地位为目的，由劳动者自愿结合而组织起来的团体，为劳动者的职业团体。柬埔寨工会能发挥多大作用还有待时间检验，但我国工会体制的失效、工会维权能力的缺乏不仅为我国劳动法的最大软肋，更是我国集体协商制度失灵、《劳动合同法》进退失据的根源所在。比较而言，中柬两国工会除我国工会所不存在的罢工权外，存在以下差异：

① 制度定位。在我国，工会为中国共产党领导下的、群众自愿结合的工人阶级群众组织，是重要的政治社会团体，而非职业团体；柬埔寨工会根据其《劳动法》第 266 条，为与雇主协会相对应的工人组织，为典型的职业团体。由此决定我国工会的职能多元，除最核心的维权职能外，还有参与（企业管理）、组织、教育等职能。多种职能交织，导致现行工会

---

[1] 最为典型的就是美国劳动法，其副标题就是"劳工联合与集体谈判"。参见［美］罗伯特·A. 高尔曼著，马静等译：《劳动法基本教程——劳工联合与集体谈判》，中国政法大学出版社，2003。

定位不明，角色常有混淆，"娱乐化"有余而维权能力不足；柬埔寨工会的职能就比较简单，就是维权。

② 组织架构与独立性。我国工会乃一元化组织体系，中央有中华全国总工会，各省、市、县等有地方总工会、产业工会，基层还有基层工会，形成一个严密的组织体系。上级工会组织严密、规模庞大，所属工作人员也是国家公务员，行政化色彩非常浓厚。与上级工会的强有力相比，基层工会名义上具有独立的法人地位，实则为单位内部的一个机构或附属部门，普遍遭到用人单位、管理层的控制，在人事与财务上依附于所在单位，并以人格化的形式表现为工会干部对董事长、总经理或党委书记等的依附，完全不具备工会应有的独立性、代表性。柬埔寨工会在这方面比我们要强很多，无论是工会还是雇主协会都拥有独立的民事主体身份及地位，有权向法院起诉，有权拥有财产，有权签订合同。工会与雇主协会完全自治，自行起草内部章程、工作计划，自行选举其代表。为确保工会的独立性、自主性，禁止任何雇主、雇主协会以任何形式干预、控制工会，不仅从工资中克扣会费不允许，主动赞助工人会费或工会经费也不允许，更别提"按员工工资总额的2%划拨"。

③ 设立、加入与退出。柬埔寨工会允许工人无须事先批准的组成，所有工人，无论性别、年龄、国籍，均可自由加入其所选择的工会，也可自由选择不加入，或在加入后在任何时间退出。雇主及其代表不得加入工会，严禁同一职业组织里既有雇主会员又有工人会员。这点是我国工会所不具备的，我国工会乃强制设立、强制加入，不允许退出。现行《工会法》第3条将"以工资收入为主要生活来源"作为界定工会会员的唯一标准，导致实践中经常出现董事长、总经理与所属雇员同属一个工会的荒唐现象，严重削弱了工会的严肃性、独立性，进而丧失应有的代表性。

④ 代表权。我国工会一经设立，即享有代表工人发言的权利，基层工会一经成立，即享有代表工人签约的权利，无论工人赞同与否。柬埔寨工会则不同，由于其工会可以自由设立，同一企业、机构内可能存在多个工会，一旦涉及集体协商或谈判，就涉及由哪一个工会代表工人与雇主、雇主协会进行谈判、签约的问题。已如前述，原则上，工会的代表性依据其会员的多寡，会员人数排第一、第二的工会被视为该企业的代表性工会，代表本企业工人与雇主、雇主协会谈判、签约。

⑤ 企业工人代表。柬埔寨《劳动法》规定，凡雇佣8名及以上工人的企业或单位中，工人应该从代表性工会组织提名的候选人中选出一名工

人代表,代表工人发表意见、监督劳动法律法规的实施,这个也是我国不存在的。

2. 罢工与罢工权

对于罢工,当前我国立法持回避态度,既未肯定也未否定,实践中则以否定性态度居多,很多罢工活动的组织者、参与者被追究以"聚众扰乱社会秩序罪"的刑事责任。[1]相比较之下,柬埔寨劳动立法比较务实,面对劳动关系的长期性、继续性,以及劳动合同的"(天然)不完全(合约的)性质"[2],柬埔寨劳动立法既允许工人罢工,也允许雇主闭厂、停工,由二者自行博弈。不仅如此,与绝大多数国家相比,柬埔寨在诱发罢工的事由上也宽松许多,除利益争议外,权利争议如"不服仲裁裁决的情形发生或者仲裁委员会在规定的时间期限内没有给予或通知仲裁裁决时""当代表工人的工会认为其不得不行使这项权利以迫使雇主遵守集体协议或法律时",罢工也可进行,只要其遵守最后手段法则、以和平方式进行、维持最基本的工作即可。当然,这是否符合柬埔寨的利益,是否超越柬埔寨的经济发展水平,有待实践检验。

3. 其他方面

其他方面就主要是一些技术性问题了。比如在我国,集体合同基本仅限于基层集体合同,仅对一个用人单位、该单位的所有职工生效,柬埔寨的集体协议不仅可适用于某一雇主和工人之间,其效力还可以扩展到某一企业集团、某一行业、某一经济活动部门。我国集体合同期限一般为1~3年,期满或双方约定的终止条件出现,该集体合同终止。在柬埔寨可以签订有期限的集体协议或无期限的集体协议,有期限的集体协议,该期限虽也不能超过3年,但除非一方提前通知解除协议,否则期限届满后效力自动延续,依然继续有效。

在企业劳动规章方面,作为劳动者劳务给付之具体指南,两国劳动法都要求详细规定有关工作条件、具体行为规则,如工作时间、休息休假、奖惩等,但是我国劳动立法并没有根据用人单位雇佣人数的多寡来确定其是否有义务建立规章制度,而是统一要求所有用人单位都建立劳动规章制

---

[1] 当然也有少数例外,如著名的南海本田事件,广东省政府的态度即为"理性对待、法治解决",事件以第三方斡旋下的和解收场。

[2] [美] O. 哈特著,费方域译:《企业、合同与财务结构》,上海人民出版社,2006,第4页。

度。柬埔寨劳动法则规定雇佣 8 人以上的才应当建立企业内部规章，少于 8 人的企业或单位没有强制要求。很显然，柬埔寨劳动法的规定更为合理。我国很多学者也一直在呼吁用人单位应分类对待，小微企业应享有一定的豁免。

二、劳动合同终止：一刀切与分类对待

劳动合同终止，从劳动者的角度往往意味着失业、被解雇，所以各国劳动立法都非常关注。我国《劳动合同法》第四章专门对劳动合同的解除与终止进行了规范。

按我国现行法，劳动合同解除为劳动合同终止的事由之一，而劳动合同解除有协议解除与单方解除之分。前者很好理解，劳动合同履行期间双方达成协议，提前终止劳动关系，只要该协议是自愿达成的，不存在欺诈、强迫等因素即可。关键是后者——单方解除。我国《劳动合同法》第 37 条规定，劳动者提前 30 日以书面形式、试用期内提前 3 日通知用人单位，即可解除劳动合同，无论合同有期限还是无期限。这就导致一个非常严重的问题：如果有期限劳动合同，劳动者也可以随时走人，则劳动合同签订与否意义何在？考虑到我国劳动立法对"劳动者"并未做任何限定，凡"以工资收入为主要来源"的皆属劳动者之列，类似于研发、高管之类的重要岗位、重要人员也可以随时走人？实践中争议由此频频产生。

更关键的还不在这里，该规定虽不合理，但至少内容清晰。我国《劳动合同法》第 38 条规定："用人单位有下列情形之一的，劳动者可以解除劳动合同：（一）未按照劳动合同约定提供劳动保护或者劳动条件的；（二）未及时足额支付劳动报酬的；（三）未依法为劳动者缴纳社会保险费的；（四）用人单位的规章制度违反法律、法规的规定，损害劳动者权益的；（五）因本法第 26 条第（1）款规定的情形致使劳动合同无效的；（六）法律、行政法规规定劳动者可以解除劳动合同的其他情形。用人单位以暴力、威胁或者非法限制人身自由的手段强迫劳动者劳动的，或者用人单位违章指挥、强令冒险作业危及劳动者人身安全的，劳动者可以立即解除劳动合同，不需事先告知用人单位。"更大争议由此产生：既然劳动者提前 30 日、试用期内提前 3 日通知用人单位即可解除劳动合同，没有任何前提性条件，则本条规定究竟是何含义？用人单位强迫劳动、违章指挥的，劳动者可以立即解除，无须事先通知，反面推知，前六种情形解除

必须事先通知,则30日、3日之规定,到底是条件还是程序？第37条与第38条到底是什么关系？实践中经常是劳动者以第37条之规定解除劳动关系,用人单位以第38条之规定进行反驳,主张解除违法,二者都有其法律依据,所以"同案不同判"现象非常严重。

事实上,我国《劳动合同法》第37、第38条之规定并无不当,关键是各有其适用范围,该法却未能加以合理区分。合同法上本也有有期限合同、无期限合同之分,有期限合同双方必须严格信守,无期限合同任何一方提前通知对方即可解除。作为劳动合同的前身,雇佣合同最开始也遵循这一规则,但随着时间的推移,其弊端日渐凸显,如劳动关系的高度紧张、用人单位对劳动力资源的掠夺性使用、劳动者忠诚度及素质的不断下降,等等,解雇保护由是而生。所谓解雇保护,即严格限制用人单位的解雇事由,除非具备法定解雇条件,否则用人单位不得随意解雇。用人单位的解雇权被严格限制了,但基于劳动自由原则,加之无固定期限劳动合同,合同期限无法预计,所以劳动者的合同解除权并没有受到限制。这就是劳动者提前30日通知即可解除劳动合同的由来。换言之,《劳动合同法》第37条之规定是针对无固定期限的,《劳动合同法》第38条则是针对有固定期限劳动合同的。遗憾的是,我国《劳动合同法》并未做这种区分,这是一个不应有的错误。

相比之下,柬埔寨的劳动法在立法技术上要好很多。按柬埔寨《劳动法》的规定,无固定期限的劳动合同,劳动者可基于自己的意愿,提前通知对方解除劳动合同；有固定期限的劳动合同,则除非双方另行协商达成合意,否则,任何一方都只能在相对方有严重不当行为或不可抗力时终止合同。如此处理,不仅公平合理,而且非常务实。

至于用人单位的单方解除,我国实行严格的解雇法定原则,没有法定理由用人单位不得解雇。尤其是以"严重违反单位规章制度"为由解雇,用人单位首先必须证明规章制度的存在、合法有效,其次是违纪考核,然后再由劳动争议调解仲裁委员会、法院审查解雇的合法性,三步骤缺一不可。相比之下,柬埔寨《劳动法》大体遵循的是解雇自由原则,用人单位一方也可以根据自己的意愿,以书面形式提前通知对方终止合同,唯不得在无正当理由的情况下仅以工人的态度或行为影响其经营要求为由进行解雇。换言之,自由解雇为原则,禁止权利滥用为例外。

其他方面的区别还有：① 提前通知期。我国一般是30天,除非劳动者有严重过错,柬埔寨劳动法则根据合同的期限决定提前通知期,长的可达3个月,通知期内工人每周还可请假两天带薪找工作。② 大规模解雇,类似于我国的经济性裁员。解雇事由比我国宽松,但程序比我国要复杂很多,雇主有义务编制裁员顺序,被解雇的工人2年内有优先竞聘该企业同一岗位的权利。③ 后合同义务。两国都规定终止劳动合同后用人单位应出具离职证明,但不同在于柬埔寨《劳动法》明文规定,离职证明严禁记载任何可能对工人受雇造成负面影响、可能伤害工人的词语,我国则无相似规定。不仅如此,我国还存在档案制度,档案记载劳动者本人看不到,却直接关系劳动者的职业生涯、未来前景,由是引发档案失真的救济问题,且该问题迄今无解。④ 经济补偿金与损害赔偿的事由、发放标准、计算方式等也不同。

三、适用范围与劳动者的权益保护

在我国,劳动关系、雇佣关系、劳务关系的法律后果有严格区分,但区分标准相当混乱。一般认为所谓劳动关系,指纳入《劳动法》调整范围,具有从属性之劳务与报酬的交换关系。雇佣关系法无明文,唯2003年最高人民法院《关于审理人身损害赔偿案件适用法律若干问题的解释》有寥寥几笔,一般指具有劳动关系的实质性要件,但未纳入劳动法调整范围之从属性劳务与报酬的交换关系,如私人保镖、私人司机、离退休人员返聘、具有某种情形之大学生兼职或实习等。至于劳务关系,有广义与狭义之分,《劳动法》一般指其狭义,即平等主体之间的劳务与报酬交换关系,最典型者如承揽。

当然,这是劳动法学界的学理区分,但司法实践大体亦是如此。民商法学界则不然,劳务关系往往被视为具有从属性之劳务与报酬的交换关系,与承揽关系并列。其含义大体包括劳动法语境下的劳动关系与雇佣关系,这在《侵权责任法》上体现尤为明显,所以《侵权责任法》第34、第35条又引入了"用人单位的工作人员""个人之间形成劳务关系"的概念,实践中令人困惑颇多。[1]

具体到劳动关系上,除国际通用的"从属性"标准、"指挥控制+利益归属"标准外,我国还要求主体适格。具体地说,除前述从属性、有偿

---

[1] 全国人大常委会法制工作委员会:《中华人民共和国侵权责任法释义》,法律出版社,2013,第185—197页。

性标准外，用人单位还必须限制在企业（包括公司、合伙、独资）、个体经济组织、民办非企业单位之内，国家机关、社会团体的工勤人员、劳务派遣人员与其单位也算劳动关系，事业单位则进一步区分企业化管理的事业单位与非企业化管理的事业单位、员工有编制还是没有编制、所签合同是聘用合同还是劳动合同及国务院有无特殊规定而有所不同。区分之随意、类型之复杂，令人叹为观止。

更关键的还不在此，由于这种列举式规定，完全缺乏必要的缓冲地带，加上劳动关系又与社会保险完全捆绑，缺乏域外类雇员、准雇员之类的过渡，由是导致我国劳动者的权益保护"要么全有、要么全无"。加之在劳动者的认定上，凡"以工资收入为主要生活来源的"皆被认定为劳动法意义上的"劳动者"，上至总经理、董事长，下至最基层之保安、保洁员都一体享受劳动法上的"倾斜保护"，实践中之混乱不难想象。

相比之下，柬埔寨劳动法要简单、简洁许多，以科学、实用为依归，甚少意识形态的干扰。柬埔寨《劳动法》第1条就规定，凡柬埔寨王国境内因履行劳务合同而产生的雇主与工人之间的关系，均受该法调整；体现在雇主的认定上，凡雇佣一名或一名以上工人的任一企业或公司，均属于劳动法意义上的"雇主"。与此相对应，劳动主体包括家仆或佣人、雇员或帮工、劳工、工匠、学徒工五大类。其中家仆或佣人类似于很多国家的"类雇员"或"准雇员"，虽不属于劳动法意义上的劳动者，但可以适用劳动法有关结社自由的规定。工匠类似于很多国家的"自雇人"，自己雇佣自己，自己经营，自负盈亏，自己把握市场机遇，也独自承担市场风险，为独立的市场主体，该主体一旦长期雇员达8人或8人以上，就拥有"雇主"的身份。雇员或帮工、劳工、学徒工则是劳动法意义上的典型"雇员"，其中学徒工是我国劳动法未规定但实践中普遍存在的。此外，"受特别法调整的从事空中或海上运输的人员"，以及家仆或佣人，虽不受劳动法调整，但也可以适用劳动法有关结社自由的规定，也非常务实，不走极端。当然，可能受经济发展水平的制约，柬埔寨劳动法没有劳务派遣、非全日制用工的法律规定，但无论如何，其将劳动者及劳务关系区别对待、不一刀切的做法，非常值得借鉴。

此外，柬埔寨还就农业劳动者作了专节规定，这个也很符合实际。考虑到我国家庭农场的逐步普及，农业劳动者未来是必然存在的，劳动立法宜未雨绸缪，早做考虑。

四、其他劳工法律方面的差异

1. 劳动合同的形式与期限

我国劳动法规定,建立劳动关系必须以书面形式签订劳动合同;除有固定期限劳动合同、无固定期限劳动合同外,还包括以完成一定工作任务为期限的劳动合同。在柬埔寨,只有有固定期限劳动合同必须采取书面形式,无固定期限劳动合同可以采取口头形式,也不存在以完成一定工作任务为期限的合同形式。在我国,有固定期限劳动合同没有期限长短的限制,可以约定为1年、2年甚至10年,但续签不得超过2次,在柬埔寨,有固定期限劳动合同最长期限不能超过2年[1],但可以一直续签。此外,在柬埔寨,未采取书面形式的有固定期限劳动合同和固定期限届满仍继续工作的,该劳动合同自动转为无固定期限劳动合同,而在我国,自用工之日起满一年仍不与劳动者订立书面劳动合同的,方视为已订立无固定期限劳动合同。

至于试用期,作为当事人为互相了解而约定的一定考察期,我国《劳动法》规定了3种试用期,分别为1个月、2个月和6个月。柬埔寨《劳动法》不以劳动合同期限长短而是以工种来确定试用期,最长不得超过3个月。

2. 劳动合同的中止

我国《劳动法》对劳动合同的中止没有做直接规定,柬埔寨《劳动法》则详细规定了劳动合同中止的情形,如雇主、工人服兵役或接受义务性军事训练等。至于劳动合同中止的法律后果,柬埔寨劳动法规定,劳动合同中止仅影响合同的主要义务,即工人必须为雇主工作、雇主必须支付工人报酬的义务,其他义务如雇主提供住宿、工人对企业的忠实保密义务等,在中止期间继续有效。

3. 工作时间与加班报酬

我国是每日工作时间不超过8小时,每周工作时间不超过40小时;安排劳动者延长工作时间的,工资不得低于正常工资的150%;休息日安排劳动者工作又不能补休的,工资不低于正常工资的200%;法定休假日

---

[1] 目前根据柬埔寨仲裁委员会的裁决结果,实践中为同一雇主工作超过2年的,自动转为无固定期限劳动合同。

安排劳动者工作的，工资不低于正常工资的 300%。这标准比柬埔寨要高很多，后者规定每周工作时间不超过 48 小时，加班工资最多为正常工资的 200%。

4. 女工与童工

在该领域，我国的标准要严格许多。我国法律规定从事有报酬的劳动的最低年龄是 16 周岁，满 16 周岁未满 18 周岁的未成年工人不仅不得从事矿山井下、有毒有害、高温低温等禁忌劳动范围，而且还必须定期进行健康检查。在柬埔寨，允许从事有报酬的劳动的最低年龄为 15 岁，而且年龄在 12～15 周岁的儿童在严格条件下可以被雇佣从事白天工作。这在我国是绝对不允许的。

5. 劳动监察

两国都规定有劳动监察制度，但柬埔寨的劳动监察官、劳动管理员的权限比我国要大许多。在柬埔寨，持有效证件的劳动监察官、劳动管理员无须事先通知，有权在无论白天还是夜间在其监察管辖范围内自由出入任何企业，在白天进入其合理认为应接受监察的工作场所。这对劳动者的权益保护是好事，但一旦权力滥用，对企业正常经营的干扰也会加倍，需要高度重视。此外，其还规定有劳动医疗监察制度，以保护在工作场所的工人健康为目的，在我国，该职责是由卫生部门负责的。

6. 社会保险

作为社会保障的一个重要组成部分，我国的社会保险由养老、医疗、工伤、失业、生育（正与医疗保险合并）五大险种组成，外加住房公积金，并称"五险一金"。其中，基本养老保险、医疗保险、失业保险实行社会统筹与个人账户相结合的原则，工伤保险、生育保险则由用人单位负责全部缴费。此外，我国还在推行职业年金制度、长期护理险制度。应该说，我国已初步构建起广泛覆盖的社会保险体系，下一步的重心将是实现全国统筹，打破社保的地域分割，实现全国社保"一张网"。相比之下，柬埔寨的社保体系明显要简单许多，主要就两个险种：养老保险、职业风险。前者旨在提供老龄津贴、残疾人津贴和遗属津贴，后者旨在提供工伤与职业病津贴，基本上等同于我国的工伤保险。

当然，世间之事，兴一利必存一弊。我国社保体系相对完善，这对劳动者的权益保护，对社会的稳定，对减少居民的"预防性储蓄"，无疑是非常有利的，但也无须讳言，我国用人单位的社保缴费压力已不堪重负。如果加入劳动者的个人缴费，我国的社保缴费已接近企业用工成本的一半,这显然是无法长期维持的。[1]柬埔寨的社保体系虽不完善,但企业缴费任务也轻。所以,何种模式有利于经济社会的可持续发展,还有待时间的检验。

五、赴柬投资企业在劳工领域需特别注意的事项

近年来,伴随着我国企业用工成本的上涨,加之"一带一路"项目的推进,中国很多劳动密集型企业都在往东南亚搬迁。考虑到柬埔寨优越的地理位置、与中国的友好关系等因素,在柬投资设厂的中国企业数量猛增,但法律差异带来的困扰也在日益凸显。体现在劳动用工领域,柬埔寨劳动法是完全参照西方发达国家劳动法制定的,法律规定非常细致、严格,而且很多内容是我国劳动法律体系中所不存在的,虽然是否符合柬埔寨国情有待探讨,但作为用工方,遵守东道国现行法乃最基本的义务,也是企业生存发展的最基本前提。因此,在劳动用工领域,赴柬投资企业需特别注意以下事项。

1. 企业设立与用工招聘

按柬埔寨法律,任何在柬埔寨从事生产经营活动的企业都必须进行申报注册。负责管理"工商登记簿"的为柬埔寨商业部,企业应在设立前向柬埔寨商业部商业注册局或商业部指定的工商登记处进行注册,在柬埔寨设立分支机构或代表处的企业也应到商业部商业注册局注册。如果需要获得投资优惠,还应首先向柬埔寨发展理事会提交投资申请,获得有条件注册证书后再进行注册。

与此同时,企业也应在开业前提前 30 天以书面形式向劳动部报告,并在开业后 3 个月内制定企业规章制度、申请劳动部核准。雇佣员工的,也应该在雇佣之日起 15 日内向劳动部申报。人员流动、企业关闭、解雇亦同。这是我国所不存在的,尤其是人员流动,正常的人员流动在所难

---

[1] 我国目前的社保缴费中,基本养老保险、医疗保险、失业保险实行社会统筹与个人账户相结合的原则,一般而言,单位分别按员工工资总额的20%、6%、1%缴费,劳动者按个人工资的8%、2%、1%缴费;工伤、生育保险则完全由用人单位缴费,前者实行行业差别费率,直辖市、设区市统筹,各地不一,大致在0.5%~2%,后者正与医疗保险合并。至于住房公积金,员工一般按个人工资的8%缴费,单位一般按员工工资的8%~12%缴费。此外,最近我国还在推行职业年金制度,加上按员工工资总额2%缴纳的工会会费、按员工工资总额2%缴纳的残疾人安置金,我国用人单位在社会保险、劳动用工方面的负担是极为沉重的。

免,但在柬埔寨,雇主必须向劳动部门申明,否则会承担不必要的损失,增加用工成本。

所有在柬企业包括外国投资企业,招聘员工应当优先考虑柬埔寨人。只有在特定情形下,主要是企业运作所不可或缺的专业人员,经劳动监察官建议或提议并获得劳动部的批准后,方可雇佣外国人。即使如此,受雇外国人的比例也不得超过劳动部法令规定的限制,且必须持有劳动部签发的合法工作许可证。当地的柬埔寨人,受雇年龄不得低于15岁,因工作性质可能危及安全、健康、道德的,最低雇佣年龄为18岁。当然,在不危及身心健康、不妨碍正常入学的前提下,白班也可以有条件雇佣年满12周岁的儿童。无论如何,不得雇佣年龄小于18岁的儿童、雇员、劳工或学徒从事夜间工作,无论男性或女性儿童,其晚间休息时间必须不得低于不间断的11个小时。此外,也不得收取任何款项,或要求员工以工作抵偿对企业的欠款。

无论是柬埔寨人还是外国就业人员,只要被雇佣,企业都有义务为其建立雇佣卡和工资账簿。雇佣卡上应记载该劳动者的基本信息和合同约定的工作性质、劳动合同期限、劳动报酬、支付方式等,但解除劳动关系时,雇主不得在雇佣卡上记载任何评语,不利评语更是严禁,该卡除本身用途之外,也禁止做其他用途。工资账簿则需记载该劳动者的工资发放情况,并随时接受劳动行政主管部门、劳动监察官的检查。

2. 劳动纪律与企业惩戒

柬埔寨劳动法规定,企业可以惩戒员工,但要符合劳动法、集体协议或企业内部规章制度的规定。惩戒措施要与员工违规程度相适应:工人做出严重不当行为的,企业可以立即开除,但必须在知道严重不当行为之日起7日内做出开除决定;其他过错的惩戒决定,企业必须在知道不当行为之日起15日内做出,否则视为弃权。可见在柬埔寨,惩戒时效是非常严格的,与我国劳动法的规定完全不同。

3. 集体劳动关系、集体劳动争议的处理

已如前述,在柬埔寨,工人和雇主都享有组成他们自行选择的职业组织的权利,该职业组织拥有民事法律地位,有权向法院起诉,拥有财产和签订合同的权利。其中,工人的职业组织被称为工会,奉行的是自由组建、自由加入、自由退出、自建自治的原则,严禁雇主干涉其内部运作,否则构成不当劳动行为。由于工会自由组建,所以同一企业内部可能并存数个工会,集体协商、谈判时就必然要涉及工会代表权的确认问题,即数个工会中谁才有资格代表工人与雇主谈判、签约。更为关键的是,柬埔寨劳动法明确规定了罢工的适用条件和程序,在罢工事由上,不仅利益争议,而且权利争议,亦即如"不服仲裁裁决的情形发生或者仲裁委员会在规定的时间期限内没有给予或通知仲裁裁决时""当代表工人的工会认为其不得不行使这项权利以迫使雇主遵守集体协议或法律时"就可发动罢工。罢工只是中断劳动给付义务的履行,雇主不得以工人参与罢工为由进行解雇或为其他不利待遇。这对我国企业而言,是一个完全陌生的领域,在国内从未、至少是非常少经历相关实践。加之随着权利意识的增强、政府的大力支持、西式的政党体制,柬埔寨工人举行罢工是一个经常的事情,动辄要求雇主增加工资,或改进劳动待遇,这对中国企业是一个极大的挑战。

当然,柬埔寨《劳动法》对企业而言,也非完全负面,其也存在很多我国《劳动法》中不存在、但对企业相当有利的内容。如前述的劳动合同中止,企业在经营面临短期困难时,可先中止劳动合同的履行,暂停工人的工作,也不需要支付工人工资,这可以极大节约用工成本。一旦生产经营活动恢复正常,企业可迅速恢复中止的劳动合同,避免无工可用的空窗期,以及重新招工、裁员补偿等一系列的成本。所以,关键是运营要合法,管理要得当,要趋利避害,避免不必要的违法、违规成本。

第七章

"一带一路"建设中的涉柬法律服务的发展趋向

第一节 "三位一体"的涉"一带一路"的争议解决模式

中国和柬埔寨的正式经贸交往自 2 600 多年前的公元 1 世纪便已经开始,此后一直延绵不绝,并经历从朝贡贸易向民间贸易的转变。长期的经贸往来丰富了两国人民的物质生活,传播了先进的技术,促进了两国文化的沟通。[1]时至今日,中柬两国依然保持着良好的贸易往来,双边贸易额逐年增长,从 2010 年的 14.4 亿美元,到 2011 年为 24.99 亿美元,2012 年为 29.23 亿美元,2013 年为 37.7 亿美元,2014 年达到 37.6 亿美元,2015 年突破 44 亿美元,2016 年为 47.6 亿美元,2017 年前 11 个月中柬双边贸易额达 52.7 亿美元,年均增长率达到了 22%。

根据 2016 年柬埔寨国家银行(National Bank of Cambodia,简称 NBC)和柬埔寨国家统计局(National Institute of Statistics,简称 NIS)联合发布的调查结果显示,中国是柬埔寨最大的投资国,在 1994 年至 2014 年间在柬埔寨王国总计 192 亿美元外国直接投资(FDI)中,占比高达 44%。[2]中国的投资主要集中在四个部门——农业产业、工业产业、基础设施和服务以及旅游业。据柬埔寨官方数据,截至 2017 年 10 月底,中国对该国累

---

[1] 黄灏:《古代中国与柬埔寨经贸交流综述》,载《东南亚纵横》2012 年第 8 期。
[2] Hor Kimsay, "CDC Official Thanks China for Investment," https: // www. phnompenhpost. com/business/cdc-official-thanks-china-investment, 2018 - 10 - 30。

计协议投资达 125.7 亿美元，占该国吸引外资总额逾三分之一。

一、涉"一带一路"的争议类型及解决路径

由此可见，中资和中国企业在柬埔寨外国投资中占据十分重要的地位和较大的比重。与海外投资和贸易同步增长的还有各类投资和贸易争议。涉"一带一路"的争议主要包含四种类型：第一种是民商事争议，即在"一带一路"沿线国家从事投资和贸易活动的自然人、法人或其他组织在各类民商事法律活动中发生的纠纷；第二种是赴"一带一路"沿线国家从事投资和贸易活动的主体的各类行为，面临东道国或相关国家业务合规审查时产生的各类争议；第三种是外国投资者和东道国政府之间的投资争议；第四种是国家与国家之间因贸易和投资条约的适用和执行在国家层面产生的争议。

这四种不同类型的争议分别应配适以不同的争端解决机制。第一种民商事争议应是"一带一路"争议中数量最多的争议类型，因为在现代商业社会，各类主体无论是在"一带一路"沿线国家从事投资活动还是贸易活动，都必须以合同的形式进行和开展。这种类型的法律争议同国内民商事法律纠纷一样，一般通过诉讼、仲裁、调解三种争议解决模式进行。

第二种类型的争议本质上属于东道国国内公法限制引起的争议，一般在东道国国内争议解决机制框架内进行处理。在现代法治国家，东道国政府对政治、社会、经济生活的引导和干预无一不是通过施行法律法令来进行的，这些类型的法律法令体现了东道国政府的管制意图，因此大多属于公法规范。全球化带来国际民商事交往的深入和频繁，使得各国政府干预经济社会政治生活的法律规范不仅作用于国内民商事法律关系，也必然影响到国际民商事法律关系。美国政府屡屡使用的经济制裁手段即是国家凭借政治手段干预私法关系的证明。这类本应在一国领域内有效的管制类法律规范的效力得以在域外实现基于两种情况：一是该外国公法规范影响到私人利益，使私人存在在内国法院提出权利主张的动因；二是外国公法的制定者能够通过行政或司法的手段在域外执行其公法规范。所以这类因东道国管制性公法规范引起的合规争议只能依据管制国法律通过管制国认可的救济方式进行解决。

第三种类型的争议解决主要通过东道国国内当地救济和投资者诉东道国争端机制（ISDS 机制），例如通过投资争端解决国际中心（ICSID）、海

牙常设仲裁法院（PCA）、东盟等常设性仲裁机构解决投资者诉东道国争端。

第四种类型的争议因国家与国家之间的贸易和投资条约引发，属于因条约的解释、适用和执行引起的争议，因此通过条约本身规定的争端解决机制去解决。例如将争端提交给WTO争端解决机制、区域性贸易协定中约定的争端解决机制或其他投资协定中的争端解决机制去解决。

二、"一带一路"倡议下的争议解决机制

"一带一路"倡议的顺利推进离不开法治保障，而系统性争端解决方案的设计和落实是法治保障的关键环节，围绕一带一路倡议提供法律服务也应当围绕争端解决机制展开。从上述四类一带一路倡议下的典型争端解决类型来看，后三种争端从数量上看相对较少，争端解决机制相对成型，因此"一带一路"倡议下的争议解决面临的主要问题是国际民商事争议的解决。

对此我国学者提出了三种争议解决机制构建思路：一是依托"一带一路"的多边公约或联合声明创设附属的争端解决机构；二是在前述公约无法短期内达成的情况下，由我国主导创设面向"一带一路"沿线国家的专门争端解决中心；三是在对设立专门争端解决中心的功效尚不敢太过乐观的情况下，由我国相关部门牵头联合国际上知名或"一带一路"沿线有代表性的争端解决机构成立"一带一路"争端解决联盟。[1]在这三种思路中，第二种思路更为契合争议解决原理和当前实践。

"一带一路"倡议是一种新型的国际合作模式，与传统国家间合作方式最大的差别在于其开放性。传统的国家间合作是一种建立在国际条约基础上的封闭式国家合作，即便是世界上最为普遍的国际经济合作——世界贸易组织也是成员方内部的经贸合作，更勿论像北美自由贸易协定（North American Free Trade Agreement，简称NAFTA）、东南亚国家联盟等区域性贸易协定和区域性国际组织下的成员国经贸合作。"一带一路"倡议与传统国家间合作的最大不同，就在于它的开放性。而"一带一路"倡议作为一个原则性的构想，并非要建立一个"一带一路自贸区"或类似的

---

[1] 初北平：《"一带一路"多元争端解决中心构建的当下与未来》，载《中国法学》2017年第6期。

法律实体，而是一个开放的体系，意在借用古代"丝绸之路"的历史符号，主动地发展与沿线国家的经济合作伙伴关系，共同打造政治互信、经济融合、文化包容的利益共同体、命运共同体和责任共同体。其并非要挑战、取代现有的国际法的多边或者区域体制，而要在现有的国际法律和国际秩序框架中添加中国元素、提供中国智慧。[1]所以"一带一路"倡议本身并没有要建立一个闭合的区域性国际组织，因此也没有多边公约为基础依托。在这种情况下，在多边国际组织和多边国际公约下创设附属争端解决机构的做法便无法实现。

至于第三种思路，因为现有的国际性争议解决机构本身在管辖权、争议解决程序、裁决的执行等方面仍存在诸多问题及不确定因素，所以依托现有争议解决机构的思路尚属可行，但在短期内试图把代表性的争议解决机构聚合在一起的思路较难实现。

因此，由我国主导创设面向"一带一路"沿线国家的专门争端解决中心是现阶段解决一带一路民商事争议的现实可行路线。通过自治性的调解机制、完善灵活的仲裁机制、专业权威的司法机制三者相互配适，共同为一带一路倡议实践中引发的民商事争议提供解决方案。但必须注意到，这种思路提供的争议解决措施，本质上是中国作为"一带一路"倡议的首创国提供的一种争议解决服务。但除了按照我国《民事诉讼法》规定与我国具有管辖联系的纠纷，对其他涉"一带一路"的民商事纠纷解决需建立在当事人选择的前提下，因此可以说这种争端解决思路的实现，需要通过提供高效、专业、便捷的争议解决服务来吸引国内外商事纠纷的当事人。这不是一种被动的救济中心，而是主动的争议解决服务提供者。

这种一站式的争议解决服务在国际上已有成功的案例，英国和新加坡都是其中的代表。新加坡的麦克维议事厅（Maxwell Chambers）是目前全球较为领先的综合性争议替代性解决（ADR）机构集中地。许多著名的国际争议替代性解决机构，包括国际商会仲裁院（ICC）、国际投资争议解决中心、海牙常设仲裁法院、伦敦国际仲裁院（LCIA）、世界知识产权组织（WIPO）仲裁和调解中心、英国皇家特许仲裁员学会（CIArb）都是其合作伙伴。同时，新加坡本土的争议解决机构，如新加坡国际仲裁中心（SIAC）、新加坡国际争议解决中心（ICDR）、新加坡仲裁员协会

---

[1] 漆彤：《"一带一路"国际经贸法律问题研究》，高等教育出版社，2018，第5页。

(SIArb)及新加坡海事仲裁员协会(SMAC)也都进驻该平台。[1]与此同时,随着 2014 年 11 月新加坡国际调解中心(Singapore International Mediation Centre,SIMC)和 2015 年 1 月新加坡国际商事法庭(Singapore International Commercial Court,SICC)正式运行,新加坡通过仲裁、调解、司法三管齐下建设国际争议解决目的地的宏图已构筑完成。

其效法的对象英国也是如此,设在罗尔斯大厦(Rolls Building)内的英格兰及威尔士商事与财产法院,与英国伦敦国际仲裁院、英国有效争议解决中心(Centre for Effective Dispute Resolution,简称 CEDR)一起共同助推伦敦成为世界级的争议解决中心。2015 年度,有超过 22 000 件民商事案件在英国通过仲裁、调解以及审判得以解决;法律职业对英国的贡献不仅是一种生产力——在同一年度创造了 257 亿英镑的国内生产总值,还是一种竞争力——世界上 320 个司法管辖权中有 27% 的国家或地区选择适用英国普通法。[2]

这种调解、仲裁、诉讼相结合的商事纠纷解决模式不仅使伦敦成为世界上最重要的法律服务聚集地,而且使之成为商事纠纷当事人首选的纠纷解决目的地。因此,这种"三位一体"纠纷解决服务模式逐渐成为各国建设争端解决机制的参照。例如卡塔尔国际法院和争议解决中心(Qatar International Court and Dispute Resolution Centre)包含了一个初审法庭和上诉法庭在内的国际法庭、一个仲裁机构和一个监管法庭,前两者处理民商事争议,后者是一个根据卡塔尔金融中心法律设立的专业上诉机构,旨在听取个人和公司机构对卡塔尔金融中心(简称 QFC)、监管机构和其他 QFC 机构所做决定的申诉。阿布扎比全球市场法院(Abu Dhabi Global Market Courts)有着类似的争端解决机制设计。

三、"一带一路"倡议下我国的民商事争议解决机制

共建"丝绸之路经济带"和"21 世纪海上丝绸之路"的倡议是中国融入全球化,参与世界经济的重大、长远举措。这一倡议的实践离不开法

---

〔1〕 初北平:《"一带一路"多元争端解决中心构建的当下与未来》,载《中国法学》2017 年第 6 期。

〔2〕 赵蕾:《百年匠心 厚载未来——英格兰及威尔士商事与财产法院宣布成立》,载《人民法院报》,2017-05-12。

治保障，构建诉讼、调解、仲裁三位一体的争端解决机制是为"一带一路"倡议提供司法保障的重要举措，这已经在中央全面深化改革领导小组审议通过的《关于建立"一带一路"国际商事争端解决机制和机构的意见》中得到明确。会议强调，建立"一带一路"争端解决机制和机构，要坚持共商共建共享原则，依托我国现有司法、仲裁和调解机构，吸收、整合国内外法律服务资源，建立诉讼、调解、仲裁有效衔接的多元化纠纷解决机制，依法妥善化解"一带一路"商贸和投资争端，平等保护中外当事人合法权益，营造稳定、公平、透明的法治化营商环境。

从中央全面深化改革领导小组对"一带一路"争端解决机制和机构建设的指导性意见中可以看出：第一，"一带一路"争端解决机制不是一个单一的争端解决方式，而是诉讼、调解、仲裁三者有机结合的多元化纠纷解决机制。不能片面地倚重一种争端解决方式，而应该根据争议事实和争端解决的需要进行选择。第二，"一带一路"争端解决机制不是要在国内建立另设专门的一套纠纷解决机构，而是要整合国内外法律服务资源，依托国内现有的仲裁机构、调解机构和司法机关，为"一带一路"实践中产生的各类纠纷供应法律服务。第三，投资和贸易纠纷解决机制一体化。当今许多服务贸易和投资有相当大的重叠性。如争端解决机构仅负责贸易争议而不管投资争议，当事人便需在不同机制下启动争端解决程序。这不仅会导致重复诉讼，而且还会使贸易和投资裁决无法相互衔接、协调。有了一个统一的机构，贸易和投资争议均可在一套规则下解决。

四、我国"一带一路"民商事争议解决机制的完善

我国现有争议解决机制中并不缺乏仲裁、调解和诉讼这三类民商事争议解决方式，但面对"一带一路"倡议下国际民商事争议在数量上和难度上的增加，现有的争议解决机制和机构也面临着完善和调整，如此方能适应一带一路争议解决的需求。

对于商事仲裁而言，我国自1995年《仲裁法》颁行以来，商事仲裁事业在短短的二十几年间有了长足的发展。仲裁机构由最初的两家，发展到目前的250多家，仲裁员5万余名。[1] 2014年全国共受理商事仲裁案

---

[1] 毛晓飞：《"一带一路"倡议背景下我国商事仲裁制度的革新》，载《人民法治》2018年第3期。

件逾10万件[1]，2015年全国仲裁受案量更是突破了13万件[2]，2016年仲裁案件的数量突破了20万件[3]。逐年增长的商事仲裁案件量虽然反映了我国商事仲裁的高速发展，但我国目前的商事仲裁机制和机构在应对一带一路民商事争议解决时，仍存在如下问题。

第一，涉外案件占比较低，与国际知名仲裁机构相比仍有较大差距，显示出对国际民商事争议的吸引力不足。我国涉外仲裁案件数量的比例并不高，每年平均保持在2 000件左右，不超过总受案量的2%。这其中大部分案件还是涉及港澳台的仲裁，而非纯粹的国际性仲裁案件。从我国涉外仲裁的"领头羊"——中国贸易经济仲裁委员会的情况来看，其涉外仲裁案件比例大约在20%，与国际知名的仲裁机构相比较仍有较大差距。比如，香港国际仲裁中心和新加坡国际仲裁中心平均涉外案件的数量都要超过80%，瑞典斯德哥尔摩商会仲裁院大约为50%。我国一些重大的涉外商事案件都在国外仲裁，参与其中的律师和仲裁员也大多是外籍。当前"一带一路"沿线国家大多倾向于选择传统的国际知名仲裁机构来解决纠纷。[4] 就涉柬埔寨民商事案件而言，因为地域上的临近和法律服务业的发达，其当事人在仲裁地的选择上倾向于新加坡。美国中国法研究泰斗孔杰荣（Jerome A. Cohen）认为大多数的一带一路合同，至少在初期，可能会选择新加坡国际仲裁中心、香港国际仲裁中心或其他一些中立的、有声望的机构，这些机构所在的国家和地区具有执行裁决或解释相关法律所需要的有高度公信力的司法体系。当事人也可以授权国际商会（ICC）或其他知名组织在双方都能接受的地点、根据约定的规则进行仲裁，以满足符合其在程序、语言和实体法方面的需要。这说明，中国国际商事仲裁在国际上的认知度与中国在一带一路倡议中的经济地位不匹配。

第二，仲裁市场尚未完全开放，对境外优质仲裁服务资源的对接不

---

[1] 林一飞：《业内：仲裁已悄然成资本市场解决争议主要方式》，http://www.ceweekly.cn/2015/0126/102558.shtml，2018-05-15。

[2] 石家庄仲裁委员会：《2015年全国受理仲裁案件136 924件增20%》，http://www.legaldaily.com.cn/Arbitration/content/2016-03/29/content_6545612.htm?node=79488，2018-04-12。

[3] 毛晓飞：《"一带一路"倡议背景下我国商事仲裁制度的革新》，载《人民法治》2018年第3期。

[4] 毛晓飞：《"一带一路"倡议背景下我国商事仲裁制度的革新》，载《人民法治》2018年第3期。

足。鉴于国际商事仲裁兼具契约性、服务性、法律性和专业性的特点，理论上它属于法律服务业的一种。国际商事仲裁机构在我国开展有关仲裁业务，依国际服务贸易之视角，它实际上涉及市场准入问题。[1]但我国目前签订的国际条约和国内立法对外国仲裁服务的准入并无明确规定。2015年国务院批准《进一步深化中国（上海）自由贸易试验区改革开放方案》，其中虽然指出："进一步对接国际商事争议解决规则，优化自贸试验区仲裁规则，支持国际知名商事争议解决机构入驻，提高商事纠纷仲裁国际化程度。探索建立全国性的自贸试验区仲裁法律服务联盟和亚太仲裁机构交流合作机制，加快打造面向全球的亚太仲裁中心。"但境外仲裁机构入驻后是否享有和国内仲裁机构同等待遇，是否可以受理国内案件，选择此类机构的仲裁协议效力认定、仲裁裁决的司法监督及仲裁裁决的承认与执行方式等问题仍未在立法和实践层面得到明确。相对封闭的仲裁市场与我国加强国际法治合作，打造公正的民商事争议解决目的地的初衷不相适应。

第三，我国商事仲裁法律机制有待进一步完善。我国商事仲裁制度虽然历经了20多年的发展，《仲裁法》历经2009年[2]、2017年[3]两次修正，但仍不能说成熟完善的现代商事仲裁制度在我国已经建立。临时仲裁、友好仲裁的缺失，紧急仲裁员制度和仲裁庭临时措施发布权的缺乏，仲裁庭自裁管辖权和仲裁司法审查双轨制的局限，这些制度层面存在的问题亦可借一带一路争议解决机制的建设得以进一步修正和完善。

就国际商事诉讼而言，我国涉外民商事审判从20世纪80年代开始起步，至今发展仍不充分。2010年《涉外民事关系法律适用法》的颁布虽然以单行立法的方式解决了法律适用规范不成体系的问题，但实践中冲突规范的运用、外国法的查明和解释、外国判决的承认和执行等方面仍存在诸多困扰，降低了我国司法程序在解决涉外商事争议中的作用。以中国海事审判的发展为参照，我国涉外商事案件的数量尚不足海事海商案件的一半，每年的案件增长率也远不能与前述仲裁案件增长率相提并论（见表7-1-1）。这样的涉外商事案件总量与我国全球第一大货物贸易大国、全球第二大外资

---

[1] 李健：《外国仲裁机构在中国内地仲裁不可行》，载《法学》2008年第12期。

[2] 2009年8月27日第十一届全国人民代表大会常务委员会第十次会议《关于修改部分法律的决定》第一次修正。

[3] 2017年9月1日第十二届全国人民代表大会常务委员会第二十九次会议《关于修改〈中华人民共和国法官法〉等八部法律的决定》第二次修正。

流入国和第三大对外投资国的经济地位显然不对称。

表 7-1-1 2013—2016 年各级法院审结的一审涉外商事、海事海商案件情况[1]

年份	第一审涉外商事案件（件）	海事海商案件（件）
2013 年	5 364	1.1 万
2014 年	5 804	1.2 万
2015 年	6 079	1.6 万
2016 年	6 899	1.6 万

就国际商事调解而言，虽然我国调解的理念自古有之，在我国封建王朝历史中占据主流的儒家思想推崇"以和为贵"，因此"息讼"成为中国古代诉讼制度的核心思想，但现代意义上的国际商事调解在我国的起步却比商事仲裁还要晚，并且发展极不充分。在立法层面，中国商事调解立法较为零散，尚无专门法律进行规定；在机构层面，目前国内的商事调解组织"多而不强"，难以与国外同行在国际商事纠纷解决中形成有效竞争，其公信力也有待提升；在人才层面，目前从事商事调解的大部分为兼职调解员，难以充分有效地发挥商事调解的优势功能；在机制层面，如何实现国际商事调解与仲裁程序、诉讼程序的无缝对接仍需探索。[2]近些年，我国商事调解的发展着力于机构建设，中国国际贸易促进委员会/中国国际商会调解中心、上海经贸商事调解中心（SCMC）、北京仲裁委员会调解中心等专门调解机构陆续设立，但是与欧盟 AIA 调解机构、英国有效争议解决中心（CEDR）、新加坡调解中心（SMC）、美国司法仲裁与调解中心（JAMS）等国际知名商事调解机构相比仍存在一定差距，所以我国商事调解机构在市场化、专业化的道路上仍有进步空间。

由上可见，我国虽已建成了调解、仲裁、诉讼三种商事争议解决机制和机构，但各类机制本身在解决国际商事争议上仍存在诸多不足，且三类机制的协调和衔接仍不顺畅。因此，涉"一带一路"争议解决对我国争议解决机制和机构建设而言是一个契机，借这一契机我国应建成与国际经贸和投资体量相匹配的争端解决机制和机构，并伴随"一带一路"的发展形成为其提供争议解决服务的法律服务市场。这也是 2018 年 1 月 23 日中央

---

[1] 何其生课题组：《论中国国际商事法庭的构建》，载《武大国际法评论》2018 年第 3 期。
[2] 廖永安、段明：《"一带一路"商事调解的"中国方案"》，载《中国社会科学报》，2016－08－09。

全面深化改革领导小组会议通过的《关于建立"一带一路"国际商事争端解决机制和机构的意见》所明确要求的:"充分考虑'一带一路'建设参与主体的多样性、纠纷类型的复杂性以及各国立法、司法、法治文化的差异性,积极培育并完善诉讼、仲裁、调解有机衔接的争端解决服务保障机制,切实满足中外当事人多元化纠纷解决需求。"

第二节　国际商事法院体系下法律服务的供应

共建"丝绸之路经济带"和"21世纪海上丝绸之路"的倡议提出以来,我国落实和推进此项倡议的行动已经逐渐从经贸投资领域向外拓展,法治保障是为一带一路建设提供良好营商环境的必需环节。在此背景下中央全面深化改革领导小组审议通过的《关于建立"一带一路"国际商事争端解决机制和机构的意见》提出了构建诉讼、仲裁、调解三位一体争端解决机构的重大举措。但相对于国际商事仲裁机构和调解机构的常设化,我国国际商事争议解决的司法机构的专门化刚刚起步,世界范围内业已出现了国际商事法庭设立的浪潮,激发了我国加速国际商事法庭的布局。2018年7月1日,随着《最高人民法院关于设立国际商事法庭若干问题的规定》(简称《规定》)生效实施,分别设在深圳和西安的最高人民法院第一国际商事法庭、第二国际商事法庭正式启幕。

一、我国国际商事法庭的定位和特色

从顶层设计看,我国国际商事法庭的设立在现有制度框架内充分借鉴了域外商事法庭的做法,并结合"一带一路"争端解决机构建设的需要,有着本土化的定位和特色。

首先,我国国际商事法庭与我国国际商事仲裁机构形成良性互补。虽然国际商事仲裁发展至今已毫无疑问地成为跨国商业交易中当事人解决争议的主要方式,但仲裁制度固有的自治性无法满足部分当事人的需求,主要表现在以下五个方面:一是临时组成的仲裁庭使得仲裁裁决缺乏延续性,进而很难在裁决中推动法律制度的进展或法学理论的发展;二是缺乏上诉程序的救济;三是无法强制仲裁协议以外的利益相关方加入仲裁程序;四是为了规避仲裁裁决被撤销或不予执行的风险,过度关注仲裁中的

合法性和道德问题；五是过分的形式化导致仲裁程序的迟延和仲裁费用的攀升。这里无意辩驳仲裁程序与诉讼程序孰优孰劣，而是关注到国际商事交易的当事人对争端解决机制有着不同需求和偏好，我国国际商事法庭和仲裁机构可以提供差异化的争议解决方式，因此这两者之间不是竞争和此消彼长的关系，而是互补和错位发展的关系。

其次，我国国际商事法庭是多元国际商事纠纷解决机制的整合者。《规定》第11～15条规范了诉讼、仲裁和调解的衔接机制，以及法庭对国际商事调解和仲裁的支撑。从新加坡国际商事法庭的运行效果来看，其并没有挤占新加坡国际仲裁中心在争议解决领域的市场，根据伦敦玛丽皇后大学发布的《2018国际仲裁调查》显示，选择新加坡国际仲裁中心的意向相较此前有显著增长，使其取代香港国际仲裁中心，成为位列世界第三位的当事人首选仲裁机构，同时助推新加坡在当事人最喜爱的仲裁地中排名第三。我国国际商事法庭从设立之初就定位于构建诉讼、仲裁和调解协同发展的多元生态。

最后，我国国际商事法庭程序是诉讼和仲裁两种争议解决程序的融合。国际商事法庭程序的本质是一种"仲裁化"的诉讼程序，我国国际商事法庭在专家委员会的组成、法律的适用上充分借鉴国际商事仲裁"去国家化"的特征，在诉讼程序的启动和进行上吸纳仲裁程序尊重当事人意思自治、一裁终局的优势，在判决的承认执行上意图借助被誉为《纽约公约》司法版本的2005年海牙《选择法院协议公约》[1]来增强判决结果的可执行性。同时，国际民事诉讼可采用的强制措施、第三人制度等得以继续发挥作用，体现了司法程序和司法外程序的有机融合。

二、我国国际商事法庭的组织架构

《规定》作为我国国际商事法庭设立和运行的基础，用19个条文完成了我国国际商事法庭组织架构、受案范围、程序事项、调仲衔接、判决执行等核心问题的设计。

（一）国际商事法庭的审级设置

审级设置是设立国际商事法庭需要考虑的首要问题。《规定》第一条便明确："国际商事法庭是最高人民法院的常设审判机构。"这说明我国国

---

[1] 陈隆修：《2005年海牙法院选择公约评析》，台北：五南图书出版公司，2009，第3页。

际商事法庭是最高人民法院的内设机构,其做出的判决和裁定即为最高人民法院的判决和裁定,当事人不服依法不能提起上诉,只能向最高人民法院本部申请再审。一审终审的审级设置在世界范围内国际商事法庭建制中尚属首例。根据国际商事法庭的设置体系不同,可将国际上现有的国际商事法庭设置模式概括为两种:嵌入式和独立式。

嵌入式的设置是将国际商事法庭嵌入现有的普通法院系统中,作为普通法院的特别法庭。大多数国家在设立国际商事法庭时采用这种设置模式,例如荷兰将商事法庭和商事上诉法庭分别设在阿姆斯特丹地区法院和阿姆斯特丹上诉法院中。新加坡国际商事法庭采取的也是嵌入式模式,但是嵌入的审级与荷兰不同,因为考虑到英国《1920年司法行政令》的规定,新加坡设立国际商事法庭时,为了尽可能扩大其判决在现有机制下的境外执行,将法庭设置在新加坡最高法院系统中,作为其高等法院的一个分庭,国际商事法庭的判决等同于高等法院的判决,且在符合条件的情况下可向最高法院的上诉法庭提出上诉。英国商事法院则隶属于英格兰和威尔士高等法院王座法庭。在采取嵌入模式的情况下,国际商事法庭的审级是由其嵌入的法院层级决定的。

独立设置模式,指在原有的普通法院体系外建立专门的国际商事法庭系统,初审、上诉审和终审都在系统内部完成,商事法庭的审级不与普通法院系统的审级挂钩。卡塔尔国际法院、迪拜国际金融中心法院、阿布扎比全球市场法院皆属此例。卡塔尔金融中心民商事法院被设在卡塔尔国际法院及争议解决中心之下,是一个由初审法庭和上诉法庭组成的独立法院系统。《卡塔尔金融中心法》对民商事法院的组织和设置进行了专门规定,其"上诉法庭的判决是终局的,在任何情况下都不能再提起上诉"。

无论采取上述哪种模式,关注的核心问题都是国际商事法庭对应的审级,这关系三个方面:一是上诉审的管辖法院;二是高级别的法院通常被认为具有更高的司法权威性;三是一些国家不会承认和执行外国下级法院做出的判决,典型的例子是适用于英联邦国家、英属殖民地间判决承认执行的英国《1920年司法行政令》第9条规定可以向英格兰或北爱尔兰高等法院及苏格兰最高民事法院申请登记的外国判决必须是英国女王在大不列颠王国以外的领地上的高级法院(superior court)做出的判决。

《规定》将我国国际商事法庭定性为最高人民法院的常设审判机构说明:第一,我国国际商事法庭采取嵌入式的设置模式。与迪拜、阿布扎比和卡塔尔不同,这三国都是将国际商事法庭设置于在其国内享有特殊法律地位的国际金融中心之下,结合仲裁等其他争议解决方式使之成为主要为国际金融中心运行提供争议解决服务的机构。而我国倡议的一带一路建设不同于上述在特定地域内设立特殊金融经济监管区的做法,所以采取嵌入式的组织架构更为合理。第二,我国国际商事法庭不是专门法院,而是最高人民法院的内设机构。根据我国《人民法院组织法》第 2 条的规定,我国将人民法院分为最高人民法院、地方各级人民法院和专门人民法院,该条第一款第二项采用"军事法院等专门人民法院"的表述对在我国行使审判权的专门人民法院类型做了一个可扩展性规定,并在第 28 条明确由全国人民代表大会常务委员会另行规定专门人民法院的组织和职权。所以在设立国际商事法庭时,最高院并没有采取专门法院的组织方式。第三,我国国际商事法庭顺应了审判专门化的发展趋势。这一趋势从我国专门人民法院的变革中可见一斑,同期我国专门法院也正经历着从部门化向专业化发展的道路,铁路运输法院、森林法院、农垦法院、石油法院等陆续从原属部门剥离进入地方法院系统,海事法院、知识产权法院、金融法院等专业领域的专门法院渐次设立。

(二) 国际商事法庭的法官组成

专业化、国际化的法官队伍是国际商事法庭成功运行的保障。英国皇家律师理查德·索斯韦尔受邀在新加坡法学会发表演讲时向新加坡法律圈建议仿效英国商事法院建立新加坡商事法庭时,总结了英国商事法院取得成功的三个要素:法官的能力和经验、灵活的程序机制、专业的律师队伍。法官的能力和经验在这三个要素中占据首位。

"法律的生命不在于逻辑,而在于经验。"所以任命有经验的、代表多法域背景的、专事国际商事诉讼的法官就成为所有国际商事法庭保障法官能力和经验的手段。新加坡国际商事法庭现任法官共 36 名,他们由 5 名新加坡最高法院上诉法庭法官、16 名新加坡最高法院高等法院法官、15 名国际法官组成。15 名国际法官由来自美国、澳大利亚、英国、加拿大等国家和香港等地区的退休法官出任。[1] 更有甚者,因为在区域内部脱离本国既有法律制度,完全采用英国普通法和衡平法,阿布扎比全球市场法院的全部 8 名法官都是外籍法官。

法官行使的司法权是国家主权的重要组成部分,所以各国对于法官的任免和资格都在法律中予以明确规定,有时对高级别法院法官的任免和资

---

〔1〕 参见新加坡国际商事法庭官网,https://www.sicc.gov.sg/,2018-05-10。

格还在宪法层面进行规定。为了建设优质化的法官队伍，国际商事法庭的法官任命往往需要突破现行法官制度在国籍、职业资格、年龄、任免程序上的限制。以 SICC 为例，新加坡 2014 年专门修改了《宪法》第八部分"司法机构"中第 94、95、97、98、99 条涉及最高法院法官的规定，对国际法官的任免、资格、任期、薪酬、审理案件的类别进行专门立法，国际法庭的法官在权利义务上基本等同于高等法院的退休返聘法官（senior judge），在其任职期间享有和高等法院法官同样的权力和豁免。特殊之处在于：（1）议会可以依法限制最高法院国际法官审理和判决案件的类型；（2）没有固定的聘期，可以被任命只审理一个案件或者一段时期。

我国国际商事法庭在法官任命上并未采取前述"国际法官"的通常做法，现任 8 名法官全部为最高人民法院的在任法官，其中 7 人拥有法学博士学位、7 人拥有海外学习背景，平均在最高人民法院审判员岗位上工作 7.75 年，大多数法官在最高院两个以上的法庭有过从业经历，法官配备兼具专业性、国际性和多元性。之所以没有采用域外国际商事法庭任命国际法官的通行做法，概因《规定》作为司法解释的效力层级无法突破我国现行法官制度在以下三方面的限制：（1）国籍要求：《法官法》第 9 条第一项和第 13 条第一项要求任职法官必须具有中华人民共和国国籍；（2）专业资格：《法官法》第 12 条和第 51 条要求"对初任法官实行统一法律职业资格考试制度"；（3）任免程序：根据《宪法》第 67 条第十二项和《法官法》第 11 条的规定，一般来说各级人民法院的审判员由本院院长提请本级人民代表大会常务委员会任免。

显然是为了弥补国际法官制度缺失的不足，我国国际商事法庭创造性地建立了国际商事专家委员会制度，专家委员来自不同的国家和地区，并不局限于"一带一路"沿线国家，主要作用在于主持商事调解和提供域外法律。这一制度增加了域外法专家在国际商事纠纷解决中的参与度。在商事调解这种自治性机制中，专家委员得以取代法官全面主持调解程序。但在国际商事诉讼中，专家委员的角色定位会与法官产生一定的重叠，所以从长远看，在我国单独建立类似于 SICC 国际法官及香港终审法院非常任法官的国际法官序列，能够在现行法官制度之外，考虑到国际商事争议的复杂性、专业性、国际性的特征，更好地吸纳具有丰富域外法律实践经验的国际法官参与到我国国际商事审判中。

三、我国国际商事法庭的运行机制

（一）国际商事法庭的管辖权

合理的管辖权规则是国际商事法庭受理案件的依据，也是国际商事法庭判决能够在其他国家得到承认执行的前提。在管辖权规则上，卡塔尔国际法庭、迪拜国际金融中心法院、阿布扎比全球市场法院因为设置在其国内享有特殊法律地位的金融自由区内，所以设立目的是处理涉金融自由区的争议，因此管辖基础仍建立在地域管辖之上。例如迪拜国际金融中心法院虽不妨碍中心内的机构选择任何其他的管辖法院，但在当事人未做选择时，金融中心法院排他性地管辖所有其区域内或其运行产生的案件和诉讼，以及其他当事人选择国际金融中心法院的案件。

而新加坡国际商事法庭除了涉及自身的藐视法庭程序外，并没有受理争议的固有管辖权，其管辖的诉讼来源于两类：一是当事人通过管辖协议约定SICC管辖；二是高等法院将自己管辖的国际商事诉讼移送给SICC。新加坡国际商事法庭的管辖权规定在《最高法院司法制度法》第18D条和《法庭规则》第110号令第7条中。前者规定，新加坡国际商事法庭对满足下列条件的诉讼具有管辖权：（a）诉讼在性质上是国际商事诉讼；（b）高等法院对此诉讼有初审民事管辖权；（c）诉讼满足《法庭规则》规定的其他条件。后者据此规定了三种SICC行使管辖权的情况：一是协议管辖，当事人之间有提交SICC管辖的书面管辖协议，且诉讼当事方未寻求特权令或与之有关的救济方式（包括强制令、禁止令、撤销令或拘留审查的命令）；二是移送管辖，高等法院根据《法庭规则》第110号令第12条将案件移送给SICC管辖；三是对涉及自身事项的管辖权，为了判处某人藐视SICC的判决和命令，对依据第110号令第52条发出原诉传票的聆讯有管辖权。

我国国际商事法庭没有单独的管辖区域，因此在管辖权制度上只能采取新加坡的做法：一方面通过国际商事争议的当事人书面选择我国国际商事法庭的管辖协议建立管辖权，《规定》第二条第一项规定符合民事诉讼法第34条且标的额3亿元以上的案件当事人可以协议选择最高人民法院管辖；另一方面在国内民事诉讼管辖权上进行再分配，将原属其他人民法院管辖的国际商事案件移送给国际商事法庭管辖，以保障法庭成立初期的案源和充分发挥法庭的专业化优势，《规定》第二条第二项规定高级人民法院经最高院准许可以将其管辖的第一审国际商事案件移送给最高院审理。可见，在管辖权问题上，我国国际商事法庭和域外其他国际商事法庭一样，以当事人协议选择法院作为确立管辖的首要基础，但在国际性、商事性和实际联系三个核心问题上，《规定》均没有突破我国现行法的规定。

1. 关于"国际"的含义

"国际商事"的含义是所有关于国际商事争议解决的程序机制和实体协议面临着的前提性问题。对争议"国际性（internationality）"的界定从逻辑上说包含两种方法：正向逻辑进阶和反向逻辑倒置，这两种方法在国际国内立法中都有所体现。正向逻辑进阶是定义"国际"的常见方法，是通过对国际情形的概括来给出定义，例如新加坡《法庭规则》第 110 号令第 1（2）（a）条对"国际"的定义是：（ⅰ）当事方在订立提交 SICC 管辖的书面管辖协议时，营业地位于不同的国家；（ⅱ）当事方在新加坡均无营业地；（ⅲ）下列地点位于任何一方当事人营业地国以外的国家：当事人之间商事关系中实质义务的履行地，与争议标的物有着最密切联系的地点；（ⅳ）诉讼当事方明确同意争议的标的涉及两个以上的国家。反向逻辑倒置的方法通过把不属于国际的情形排除在外来定义"国际"，实际上是通过定义"国内"来反向推导"国际"的含义，例如，2015 年海牙《国际商事合同法律选择原则》第 1 条第 2 款就该原则的适用对象表述为"就本原则而言，合同系国际合同，除非各方当事人的营业所位于同一国家，并且除了所选择的法律之外，当事人法律关系及其他所有相关要素均只与该国有关"。

"国际性"问题是长期困扰我国涉外民商事立法和实践的核心问题之一，《规则》第 3 条在界定"国际"时直接移植了《最高人民法院关于适用〈中华人民共和国涉外民事关系法律适用法〉若干问题的解释（一）》第 1 条和《最高人民法院关于适用〈中华人民共和国民事诉讼法〉的解释》第 522 条对"涉外"的界定。这种界定会产生如下问题：一是国籍和经常居所地都是自然人常用的连结点，而国际商事争议的主体基本都是法人，对法人而言使用营业地或注册登记地作为国际因素的连结点更为直接；二是涉外仍是定位于境内寻找境外因素，并非从中立主义的立场去定义"国际"，导致法律关系的所有构成要素都位于某一外国境内的国内案件也符合涉外的要求。如果从普遍主义的立场出发，立足于争议主体的营业地而非法院地去寻找对争议实质方面产生影响的境外因素，与国际商事交易实践更加吻合，也更符合 1980 年《联合国国际货物销售公约》第 1 条、1986 年海牙《国际货物买卖合同法律适用公约》第 1 条等国际商事实体法的定义。

2. 关于"商事"的含义

我国民事诉讼法和仲裁法中都没有纳入"商事"这一术语，取而代之使用的是"合同或者其他财产权益纠纷"[1]。实践中"合同或者其他财产权益纠纷"主要是指合同之债和非合同之债引起的纠纷，但从概念上看财产权益纠纷的范畴要广于商事纠纷，甚至与消费者财产权益有关的纠纷也可包含其中，这显然不符合国际商事法庭专门化的发展趋向，但《规则》第3条在界定"国际商事案件"时回避了对商事纠纷进行类型概括。

比较法上对"商事"纠纷进行界定时最常用的方法就是不完全列举，例如新加坡《法庭规则》第110号令第1（2）（b）条的规定。其实我国最高人民法院也曾对商事法律关系的概念做出专门定义。因《纽约公约》第1条第3款允许缔约国加入公约时出商事保留，所以最高人民法院在《关于执行我国加入〈承认及执行外国仲裁裁决公约〉的通知》中根据我国加入该公约时所做的商事保留声明，规定"所谓'契约性和非契约性商事法律关系'，具体的是指由于合同、侵权或者根据有关法律规定而产生的经济上的权利义务关系，例如货物买卖、财产租赁、工程承包、加工承揽、技术转让、合资经营、合作经营、勘探开发自然资源、保险、信贷、劳务、代理、咨询服务和海上、民用航空、铁路、公路的客货运输以及产品责任、环境污染、海上事故和所有权争议等，但不包括外国投资者与东道国政府之间的争端"。

如果把上述定义套用在我国国际商事法庭管辖的案件类型中，会产生三个问题：一是将劳务、产品责任、环境污染争议纳入商事纠纷，无法凸显商事法庭在解决商事主体之间纠纷上的针对性和优势，因为前述争议类型很多情况下发生在商事主体和自然人之间。二是"一带一路"沿线65个国家中，尚有9个国家与我国没有签订双边投资协定。在已有协定的56个国家中，我国在与17个国家的双边投资协定中没有接受ICSID仲裁。[2]虽然东道国国内救济在国际投资争端解决中的作用有限，但如果把东道国政府与外国投资争端排除在我国国际商事法庭的管辖范围之外，

---

[1] 例如，《民事诉讼法》第34条、第265条，《仲裁法》第2条。

[2] 这17个国家指塔吉克斯坦、乌兹别克斯坦、土库曼斯坦、哈萨克斯坦、吉尔吉斯共和国、乌克兰、斯洛伐克共和国、菲律宾、泰国、摩尔多瓦、波兰、拉脱维亚、黎巴嫩、捷克共和国、亚美尼亚、白俄罗斯、保加利亚。数据来源于 https://icsid.worldbank.org/en/Pages/resources/Bilateral-Investment-Treaties-Database.aspx#a33，2018-05-15。

反而使外国投资者轻易得出"用尽当地救济"的结论,那么前述与我国之间没有援引 ICSID 仲裁解决投资争议的国家将出现争议解决的真空地带。三是与我国现有专门法院的管辖范围存在交叉,国际海上客货运输、海上事故争议根据《海事诉讼特别程序法》属于海事法院的受理范围,部分区域知识产权民事争议属于知识产权法院或知识产权法庭管辖。因此,宜对我国国际商事法庭管辖的商事案件类型予以明确,使之专注于商事主体之间的契约性和非契约性争议。

3. 对离岸诉讼的管辖

协议管辖是国际商事法庭管辖权确立的主要根据,我国国际商事法庭管辖权确立也将主要依赖当事人选择的法院协议。所选法院必须受《民事诉讼法》第 34 条"实际联系"要求的制约。"实际联系"要求的积极意义是有利于证据收集、证人出庭,平衡合同弱势方当事人在法院选择上的被动,避免所选法院以不方便法院为由拒绝行使管辖权,节约本国有限的司法资源;消极影响是阻止了当事人对中立第三地法院的选择。我国学界对此要求早有废弃之声[1],但也有学者主张予以保留[2]。

从国际商事法庭设立的角度看,无疑应该取消"实际联系"的限制。首先,受理和法院地不存在实际联系的离岸诉讼是国际商事法庭的主要特点。各国国际商事法庭的设立都意图去吸引和法院地无实际联系的案件,这正是国际商事法院作为中立第三国去审理跨国争议的意义所在。所以荷兰商事法庭、迪拜国际金融中心法院、新加坡国际商事法庭在依据选择法院协议行使管辖权时都不要求争议案件与法院地存在实际联系。其次,"实际联系"表述的模糊化使得在操作层面很难判断何种程度的联系构成"实际联系"。以被新加坡国际商事法庭认定为"离岸诉讼"的 Teras Offshore Pte Ltd v Teras Cargo Transport (America) LLC 案[3]为例,该案中

---

[1] 参见李浩培:《国际民事程序法概论》,法律出版社,1996,第 64 页。叶斌:《比较法视角下的 2005 年海牙选择法院协议公约研究》,中国社会科学出版社,2013,第 135—137 页。

[2] 参见肖永平、朱磊:《批准〈选择法院协议公约〉之考量》,法律出版社,2017,第 211 页。

[3] 该案诉讼产生于澳大利亚昆士兰附近的三个液化天然气项目,被告 Teras Cargo Transport (America) LLC 是一家在美国设立的公司,其和另两家美国公司签订了合同,在上述三个液化天然气项目的海上运输作业中,提供拖船和驳船、行政、技术和专业服务,后被告把此工程分包给原告,原被告因分包合同的履行产生纠纷,案件被提交至新加坡国际商事法庭。根据《SICC 诉讼指引》的规定,离岸案件允许外国律师作为诉讼代理人,因此在初审中,SICC 首先回答了案件与新加坡之间是否存在实际联系。

原告是新加坡公司，与争议有关的部分款项在新加坡转账，原告的部分证人和证据在新加坡，但法院仍旧认为上述事实都不足以构成"实际联系"。最后，从国际民事诉讼的格局来看，我国并非国际商事纠纷当事人倾向的审判地。英美普通法国家的诉讼模式、法律服务、法律制度、宽泛管辖权基础和判决承认执行上的便利才使之逐步发展成国际民事诉讼原告优选的审判地，因此即使我国取消实际联系的限制，也不会出现离岸诉讼大量涌入的局面。

国际商事法庭主要以协议管辖作为管辖权确立的基础，表达当事人意图的选择法院协议像仲裁协议一样成为国际商事法庭取得管辖权的核心，所以国际商事法庭仿效仲裁机构给出选择法院协议的推荐文本，是避免管辖权争议最有效的方案。《阿姆斯特丹地区法院和阿姆斯特丹上诉法院国际商事法庭（荷兰商事法庭和荷兰商事上诉法庭）程序规则》中就推荐了英语和荷兰语的选择法院协议文本："本合同产生或与本合同有关的所有争议，将由阿姆斯特丹地区法院根据《国际商事法庭（荷兰商事法庭）程序规则》解决，诉讼语言为英语。根据《国际商事法庭（荷兰商事法庭）程序规则》，可以用英语向荷兰商事法庭的初步救济法官申请荷兰法提供的包括保全措施在内的临时措施。"由此可见，一项完整的商事法庭选择条款至少包含三方面内容：待决的争议事项，选择的商事法庭和适用的程序规则。其中，待决的争议事项在"国际性""商事性"和"实际联系"要求上要服从商事法庭对自身管辖范围的限制。而对程序规则的约定则是考虑到商事法庭通常存在有别于一般民事诉讼的程序设计。

（二）国际商事法庭的诉讼程序

国际商事法庭诉讼程序的设计需依次考虑两个问题：一是是否为国际商事法庭制定专门的程序规范，二是国际商事法庭需要什么样的诉讼程序。

对于第一个问题，除了英国商事法庭以外[1]，荷兰、新加坡、卡塔尔、迪拜和阿布扎比的国际商事法庭全部给出了肯定的答案。因为这些国家实际上是在对标英国商事法庭的运作来建设本国的国际商事法庭，所以

---

[1] 英国商事法庭是英格兰和威尔士高等法院王座法庭的一个部分，商事法庭的法官包括银行、金融、航运、航空、保险、贸易、商业和能源等领域的专业法官，其在诉讼语言、法官任命、律师代理、普通法适用上并不存在障碍，因此英国商事法庭的诉讼程序依然适用《民事诉讼规则》和《诉讼指引》（Civil Procedure Rules and Practice Directions）的规定。

必然要触动国内原有的诉讼程序规范，因此只能通过特别立法的方式对国际商事法庭的诉讼程序做出专门规定，区别只在于对国内已有诉讼程序的依托程度。一种做法是完全建立一整套国际商事法庭程序规范，在此规范未有规定时才适用一般民事诉讼规则。例如，卡塔尔国际法院适用自己制定的、经内阁批准的规则和程序机制，即《卡塔尔金融中心民商事法院条例和程序规范》，只有在前者未作规定时，才适用1990年《卡塔尔民商事程序法》的规定。另一种做法适用已有的民事诉讼规则，对商事法庭需要突破的地方做出调整性规定。例如，《荷兰商事法庭程序规则》第1.3.2条规定："法庭适用包括《荷兰民事程序法》在内的荷兰程序法和由荷兰国际私法规范指引的实体法。为了援引方便，本规则反映了荷兰民事诉讼程序的某些相关规定，但是并不影响该法的意义和效力。"

不管采取上述哪种做法，乃至包括英国商事法庭在内，国际商事法庭的诉讼程序都呈现出一些共性特点：第一，诉讼程序仲裁化。当事人自治产生的灵活性仲裁程序是当事人选择仲裁机制的主要原因之一。国际商事法庭也试图通过当事人自治来实现诉讼程序的灵活化。新加坡国际商事法庭程序规则允许当事人协议不适用新加坡法律中的证据规则或适用外国法中的证据规则，允许根据律师意见去决定外国法问题而无须通过证据去证明外国法，可以根据一方当事人申请或双方当事人同意免除律师的出庭和口头辩论，允许当事人书面放弃、限制或变更对SICC判决或命令提起上诉的权利等。因此与国内法院的程序相比，当事人意思自治在国际商事法庭程序中应发挥更大的作用。第二，诉讼文书电子化。国际商事法庭为了追求争议解决效率，鼓励当事人在诉讼中使用电子文书。迪拜国际金融中心法院为此制定了专门的《DIFC法院中电子文件一般准则》；英国商事法庭属于《诉讼指引》电子化工作试点机制下的法院，因此许多诉讼文书都被要求以电子方式提供。诉讼文书的电子化实际上是为了追求商事活动的便捷、高效。

迄今，我国国际商事法庭并没有出台专用的程序规则，在程序问题上与其他人民法院并无二致，但《规定》第8、第9、第10条在外国法查明、境外证据材料的形式、取证和质证方式上采用了更为灵活的做法，第18条对电子诉讼服务平台等信息手段的吸纳也体现出了该法庭在诉讼程序上灵活化和信息化的导向。

（三）国际商事法庭的法律适用

国际商业交易以合同为基础，所以商事纠纷很大一部分属于合同纠纷，纠纷当事人意思自治选法是国际商事法庭确定准据法最常见的方式，关于此种方式的立法和实践在我国运用得已非常成熟。但当事人可以自由选择纠纷适用的法律并不意味着法院地实体法规范作用的降低。相反，当事人对法院的选择和对法律的选择呈现正相关性，因此法院地法律制度是吸引当事人选择法院的重要因素。

新加坡国际商事法庭在构建阶段就认为其成立的首要优势是"建立在普通法基础之上的高度发达、亲商的法律制度"。阿布扎比全球市场法院依托阿布扎比全球市场，后者通过2015年《英国法适用条例》规定阿布扎比全球市场内部适用英国普通法和衡平法，也即把阿布扎比全球市场作为阿布扎比酋长国内一个施行英国法的特殊区域，在此区域内所有的法庭和仲裁庭都适用英国普通法和衡平法，并且该法第3条第1款进一步规定：如果普通法规则和衡平法规则在同一事项上存在冲突或不一致，阿布扎比全球市场内的所有法院和仲裁庭应以衡平法规则优先。

我国国际商事法庭在法律适用问题上的做法与其他人民法院并无二致，同样遵循《涉外民事关系法律适用法》的指引，亦尊重当事人在我国法律框架内选择法律的自由。[1]同时《规定》拓宽了我国外国法查明的途径，增加了由法律查明服务机构提供和由国际商事专家委员会提供这两种查明途径，增强了域外法律在我国适用的可能性和准确性。但除此之外，也应重视我国民商事法律关系实体规范和司法实践的完善，从而增加吸引国际商事纠纷当事人的筹码。

四、我国国际商事法庭判决的承认和执行

凡设立国际商事法庭国家，在国际民商事判决的域外承认执行方面都有着良好的基础。以荷兰商事法庭为例，其判决根据《布鲁塞尔条例》《洛迦诺公约》、海牙《承认和执行外国民商事判决公约》等可以在所有的欧盟成员国以及5个非欧盟成员国得到承认执行。此外，美国大部分州、加拿大、新加坡、澳大利亚、新西兰等国家和香港等地区通常也会承认执行荷兰法院的判决。同时作为英联邦成员国和欧盟成员国的英国，其商事法庭的判决在域外执行力上表现得更加优异，这也是其成功的重要原因之一。而荷兰国际商事法庭的设立正是在英国脱欧背景下提出的，英国

---

[1]《最高人民法院关于设立国际商事法庭若干问题的规定》第7条。

脱欧直接影响到英国法院判决域外执行的广度，意味着英国法院判决不能再进入欧盟内部《布鲁塞尔条例》建立起来的相互承认执行机制。虽然这一问题最终可能通过英国和欧盟之间的脱欧谈判得以解决，但现阶段英国商事法庭判决在欧盟执行的不确定性使得其他欧盟成员国纷纷开始觊觎英国巨大的法律服务市场，除阿姆斯特丹以外，巴黎、布鲁塞尔、法兰克福、都柏林也开始考虑设立国际商事法庭，以承接英国国际商事诉讼的外溢。

我国国际商事法庭在判决的承认执行上并不占优势。一方面，在国内，我国法院判决面临执行难和实际执结率低的现状；另一方面，在域外，我国暂未加入关于相互承认执行民商事判决的国际公约，对外已签订的民商事司法协助条约（含民刑事司法协助条约在内）截至2018年2月合计仅39项。因此为了建立与国际商事法庭相匹配的判决承认执行机制，我国正通过各种举措促进我国法院判决的域外执行。在国内法层面，最高人民法院正在制定《关于承认和执行外国法院民商事判决若干问题的规定》，以期通过互惠的方式扩大我国法院判决在无条约关系国的承认和执行；在国际法层面，我国已于2017年9月12日签署了2005年《选择法院协议公约》，公约经过国内批准程序后即可在我国生效，公约生效后我国法院基于排他性选择法院协议做出的国际民商事判决可以在新加坡、墨西哥和除丹麦以外的所有欧盟成员国得到承认执行。从长远看，正在谈判中的海牙《承认和执行外国判决公约》可能给未来我国国际商事法庭判决的域外承认执行带来更广阔的前景。

五、国际商事法庭在涉柬纠纷解决中的作用

我国国际商事法庭面临着来自国内外的双重挑战。在国际视野下，英国商事法庭、新加坡国际商事法庭、卡塔尔国际法庭、迪拜国际金融中心法院、阿布扎比全球市场法院已成熟运作，荷兰、法国、比利时等国也正在筹建其国际商事法庭，我国国际商事法庭面临着巨大的外部竞争。在国内视野下，国际商事法庭的设立和运行暂时未能突破现行法对法院组织和诉讼程序的制度安排，国内已有的解决国际商事争议的司法机制在程序和实体上的革新相对有限。

所以从短期看，我国国际商事法庭仍以中资企业纠纷回流为主要案件来源，但其在涉柬商事纠纷解决中的作用相对有限。原因在于：第一，我

国国际商事法庭对协议选择最高人民法院管辖的案件设定了"标的额为人民币3亿元以上"的要求。而柬埔寨从2016年7月1日起，才正式脱离最不发达国家（LDC）的身份，成为中等偏下收入国家（人均国民总收入从1 026美元至4 035美元），相对落后的经济使得涉柬投资和贸易合同标的额较难达到3亿人民币的下限要求。且《规定》第2条第1项对其所规定的"标的额为人民币3亿元以上"究竟是指合同标的额还是诉讼标的额语焉不详。实践中可能存在合同标的额达到3亿元，但诉讼标的额未达3亿的情况；以及合同标的额未达3亿元，但诉讼标的额超过3亿元的情况。第二，相对于境外其他国际商事法庭而言，我国国际商事法庭在法院组织、诉讼程序、法律适用上皆与普通人民法院无异，对柬埔寨等国的境外当事人而言相对缺乏吸引力。第三，从地缘优势和文化认同上看，和柬埔寨同处东南亚的新加坡对柬埔寨当事人而言更具有吸引力。加之新加坡自2015年设立国际商事法庭以来，其和新加坡国际仲裁中心、新加坡国际调解中心一起构成了新加坡国际争议解决机制的三驾马车，共同推动新加坡成为具有世界影响的国际商事争议解决中心。从运行效果来看，新加坡国际商事法庭并没有挤占新加坡国际仲裁中心在争议解决领域的市场，根据伦敦玛丽皇后大学发布的《2018国际仲裁调查》显示，选择新加坡国际仲裁中心的意愿相较此前有显著增长，使其取代香港国际仲裁中心，成为位列世界第三位的当事人首选仲裁地，同时助推新加坡在当事人最喜爱的仲裁地中排名第三。

  从长远来看，随着我国国际商事法庭的设立，以及诉讼、仲裁、调解三位一体的争端解决机制的建立和完善，这一争议解决机构将在涉柬纠纷解决市场中占有愈发重要的作用。因为我国国际商事法庭在运作中立足于"一带一路"商事纠纷解决中心的整体定位。世界范围内的国际商事法庭都无一例外地在因循英国商事法庭的发展模式，而我国从法律传统和司法制度上看较缺乏国际商事法庭发展的适宜土壤，因此一个差异化、特色化的国际商事法庭恰恰是我国吸引地理上邻近国家发生的国际商事争议的优势所在。在国际法庭运行的程序机制和法律适用机制上，我国国际商事法庭虽未像部分国家那样进行较大的革新，但也有自身的制度特色。首先，我国国际商事法庭创新性地建立了专家委员会制度。专家委员皆是来自境外的法律专家，覆盖面广且专业水平高，利用好这一机构在争议解决程序中的作用将极大地提升我国国际商事法庭的专业水准和国际影响。其次，相对于境外国际商事仲裁机构和国际商事法庭而言，我国国际商事法庭的收费标准相对较低,使之提供的争议解决服务对当事人而言具有性价比上的吸引力(见表7-2-1)。最后,我国国际商事法庭依托我国在互联网技术和服务上的优势,正在发展电子文书、电子送达、远程诉讼等新型诉讼管理手段,使国际商事诉讼在便利化上充分吸引境外当事人。

表7-2-1　争议标的额3亿元人民币的
财产案件收费比较(未标注时货币为人民币,单位:元)

中国国际商事法庭(CICC)	北京仲裁委员会(BAC/BIAC)		中国国际经济贸易仲裁委员会(CIETAC)	SIAC
争议标的额3亿元人民币	受理费	1 541 800　915 550	1 513 550	中位数 $ 734 999.31(SGD)
	处理费	0　　　　372 000	478 000	最大数 $ 979 999.08(SGD)
	合计	1 541 800　1 287 550	1 991 550	中位数 3 611 345

我国国际商事法庭的设立是我国在一带一路背景下构建诉讼、仲裁、调解三位一体争议解决机制的起点,由此看出我国构建国际商事争端解决机制和机构的决心。这对于从事国际贸易和投资的中资企业而言无疑是一个振奋人心的消息。对于提供涉外法律服务的从业者而言,也应当以此为契机,利用好我国的国际商事争议解决机构,进一步提升自己的服务质量和水平,为越来越多的"走出去"企业提供优良的争议解决服务。

第三节　国际商事仲裁体系下法律服务的供应

商事仲裁在柬埔寨起步得相当晚,因为连绵不断的战争和动荡不安的政局,柬埔寨国内贸易和投资的发展是近20年间的事。因此,柬埔寨直到2006年才颁布了《柬埔寨王国商事仲裁法》,直到2010年才成立了柬埔寨第一家商事仲裁机构——柬埔寨国家商事仲裁中心。

一、2006年《柬埔寨王国商事仲裁法》

《柬埔寨王国商事仲裁法》于2006年5月5日通过,其绝大部分内容来源于联合国国际贸易法委员会制定的1985年《国际商事仲裁示范法》（简称《示范法》），但并没有包括联合国贸法会2006年第三十九届会议通过的修正案内容。《国际商事仲裁示范法》本着建议所有国家鉴于统一仲裁程序法的需要和国际商业仲裁实际执行的具体需要，对国际商业仲裁示范法给予适当的考虑，因此该法关于仲裁程序的组织和进行的规定代表着国际范围内商事仲裁的共同趋向。正因为此，柬埔寨仲裁法本身是脱胎于国际商事仲裁的土壤，并没有立足于规范国内仲裁程序的立场。按照其设立时给国外投资者提供一个司法体制外的争议解决路径的初衷，这样的立法方式有助于在仲裁立法和实践处于空白状态的柬埔寨王国迅速建立起国际商事仲裁体系。

2006年《柬埔寨王国商事仲裁法》包含9章470个条文，分别规定了总则、仲裁协议、国家商事仲裁中心、仲裁庭的组成、仲裁庭的管辖权、仲裁程序的进行、做出仲裁裁决和终止仲裁程序、仲裁裁决的撤销及承认执行、最后条款等内容，涵盖了仲裁程序的启动条件、进行规则、裁决做出等仲裁机制的全部流程。该仲裁法虽然是以《国际商事仲裁示范法》为蓝本制定的，但其同时适用于柬埔寨国内仲裁和国际仲裁。其制度架构和内容设计符合国际上商事仲裁的一般程序规则，但也结合柬埔寨王国自身的经济发展水平和政治国情融入了部分内容，主要包括以下三方面。

（一）设立国家级的仲裁机构

《国际商事仲裁示范法》调整的是国际商事仲裁，国际仲裁市场是一个开放的市场，各国仲裁机构及临时仲裁都可以进入这一国际争议解决市场，因此《示范法》并无对仲裁机构设立的规定。但柬埔寨在进行仲裁法立法时，国内并无仲裁机构，所以在引入仲裁这一新的纠纷解决方式时，考虑到为其配置管理机构，在仲裁法中专门规定了国家级仲裁中心的设立和组织，要求建立一个"国家仲裁中心"，作为柬埔寨境内发生的仲裁案件的管理机关。国家级仲裁中心的设立目的包含三个方面：一是在柬埔寨促进商事纠纷通过仲裁的方式解决；二是为柬埔寨王国内纠纷当事人通过明示协议诉诸国家仲裁中心的仲裁案件的管理创设必要的基础和规则；三是确保在柬埔寨王国内提供高质量的仲裁。

（二）仲裁前的和解程序

《柬埔寨王国商事仲裁法》第38条相比于《示范法》第30条，增加了仲裁程序开始前的和解方式。这一规定赋予了当事人请求仲裁庭展开庭前协商的权利，并为仲裁庭促成庭前和解提供了法律依据。其也在第40条"程序的终止"中强调了达成和解的情形。而《示范法》仅规定了仲裁程序中的和解，并无关于仲裁程序前和解程序的规定。

在立法中对程序外的和解加以规定，有扩张争议解决机构职能的实效；再加上对于法律实施者和适用者而言，柬埔寨仲裁法到目前仍是比较新兴的事物，因而允许当事人请求仲裁庭展开庭前协商和和解，既有利于满足当事人对争议解决简易高效化的期待，使争议解决更加灵活，又可以进一步减少程序事项，降低争议解决成本。但与此同时，赋予仲裁庭引导庭前和解的权利，也是课以仲裁庭协助当事人和解的义务，其权利义务本身就具有模糊性，仲裁庭很可能出现滥用庭前和解程序或者不作为的情形，也需要当事人加以警觉。此外程序开始前的和解仍可以仲裁裁决的形式记录并导致程序终止，立法逻辑上虽有混乱，但有保障争议和解有效性的功能，当事人应当加以留意并利用。

（三）仲裁费用和律师费用

《柬埔寨王国商事仲裁法》第39条赋予了仲裁员在缺乏当事人协议的情形下决定仲裁费用分配的权力，也允许裁决在当事人未达成相关协议的情况下载明给付律师费用的内容；而《示范法》中无此规定。

在仲裁裁决中分配仲裁费用可谓通例（比如《中华人民共和国仲裁法》第54条），但各国对律师费用的分配态度则各异，所以《示范法》刻意未对费用问题进行规定，认为这不需要由示范法加以规范。《柬埔寨王国商事仲裁法》对仲裁费用和律师费用的分担方式规定了两个层次：首先是允许当事人约定仲裁费用和律师费用的分配，其次明确了缺乏此类协议时的分配方法。当事人在订立仲裁协议和在柬埔寨仲裁的过程中可以加以注意和利用。

二、柬埔寨的仲裁机构

目前柬埔寨王国内设有两个仲裁机构：仲裁委员会（The Arbitration Council）和柬埔寨国家商事仲裁中心（National Commercial Arbitration Center，NCAC）。仲裁委员会是专门解决劳动争议的仲裁机构，因此真正意义上的商事仲裁机构只有国家仲裁中心。但由于《柬埔寨王国商事仲裁法》第2条在定义"仲裁"这一术语时规定，"仲裁是指无论是否由常设仲裁机构进行的任何仲裁"，意味着在临时仲裁上柬埔寨采取了与《示范法》一致的立场，允许当事人把争议提交给仲裁机构以外的临时组成的仲裁庭。如果当事人把争议提交给 NCAC，则需要服从 NCAC 规则对仲裁程序的指引，如果当事人把争议提交给临时组成的仲裁庭，则需要自己设计并管理仲裁程序的进行。

而柬埔寨仲裁委员会是依照柬埔寨劳工法设立的、专门从事集体劳动争议解决的机构，是一个独立的、具有准司法权的国家机构，不能作为商事争议的纠纷解决机构。仲裁委员会成立于 2003 年，得到了劳工、雇主和工会的支持，并被授权协助各方解决柬埔寨的集体劳资纠纷。该仲裁委员会设置了一个兼顾三方利益的架构，其共计 30 名仲裁员名义上由来自工会、资方和负责劳工的政府部门三方组成。每一个提交仲裁委员会的案件都由三名仲裁员组成的仲裁庭审理，其中两名仲裁员是由当事人自己各自选定的，第三名仲裁员由双方当事人选定的仲裁员来共同选择，并作为仲裁庭主席。仲裁委员会下依法设立秘书处，以管理仲裁委员会的劳动争议解决服务，秘书处是劳工部外派的独立单位。秘书处可以就仲裁程序提供协助，但不能提供法律咨询，地位中立。由于劳动争议各方除在审理过程中，不得接触仲裁庭，所以所有关于劳动争议案件的沟通和询问都应提交给秘书处。秘书处的主要功能是接收和处理劳动争议案件，督促当事人选择仲裁员，对当事人和仲裁庭之间的沟通起中介作用，收集和分发文件及沟通其他有关仲裁程序和仲裁裁决的问题。

（一）柬埔寨国家商事仲裁中心

2006 年《柬埔寨王国商事仲裁法》中就有成立仲裁机构的规定，但该法颁布后的数年间仲裁机构并未建立起来。2009 年 8 月 12 日，柬埔寨王国通过了《关于国家商事仲裁中心组织和运行的第 124 号法令》，该二级法令不仅要求建立国家商事仲裁中心，而且规定了该仲裁中心的运行机制及仲裁员的招募程序，成为柬埔寨仲裁机构成立的直接法律依据。实际上直到 2013 年 3 月 4 日，柬埔寨专门的商事仲裁机构——国家商事仲裁中心才正式成立，该机构既可以受理柬埔寨当事人之间的商事纠纷，也可以受理柬埔寨当事人和外国当事人之间的国际商事纠纷。2014 年 6 月，《柬埔寨王国国家商事仲裁中心仲裁规则》（简称《NCAC 仲裁规则》）正式发布，仲裁规则的发布标志着 NCAC 迈向实际运作的第一步。

所以直到 2014 年，NCAC 才全面投入运营。但由于缺乏充足的资料和对其独立性和机制的怀疑，直到 2015 年 5 月 NCAC 才受理第一起案件。该起案件就是一起涉外案件，是因在金边租用工厂大楼而在外国公民和柬埔寨不动产所有权人之间发生的纠纷，属于外国投资者在柬埔寨最常遭遇的纠纷类型——不动产纠纷。该案最终因为不符合该机构的受理标准而被当事人撤回。NCAC 分别于 2016 年 6 月和 12 月接受了第二起和第三起案件，并且这两起案件都已经得到解决。其中一项纠纷涉及柬埔寨公司与外国实体之间的建筑合同，也属于涉外纠纷；另一项涉及私人公司与政府机构之间的供应商合同。2017 年 1 月，NCAC 收到了它的第四起案件。

总的来说，NCAC 作为替代性纠纷解决机制，是对柬埔寨诉讼解决机制的有效补充，相对于柬埔寨程序冗长、透明度不高的法院程序，NCAC 提供的独立、专业、灵活的仲裁程序给商事合同的当事人，特别是忌惮于柬埔寨民事诉讼程序的国际商事纠纷的当事人提供了更为便捷的选择。但商事仲裁这一在世界范围内已经运作成熟的纠纷解决机制，以及 NCAC 这一在制度架构上已经达到普遍标准的仲裁机构在柬埔寨发展依旧面临诸多不确定因素。其中最大的不确定因素仍旧来源于司法对仲裁程序的干预：一方面，仲裁程序以比法院程序高昂的收费成功吸引纠纷当事人的优势在于时间成本的节省，但这不意味着仲裁程序可以完全脱离法院程序。从《柬埔寨王国商事仲裁法》来看，法院仍可在仲裁庭管辖权争议阶段及仲裁裁决的撤销和承认执行阶段对仲裁协议、仲裁事项、仲裁程序进行司法审查，这等于是在仲裁程序之上叠加了司法程序，使得仲裁在时间成本上的优势大打折扣。另一方面，法院对仲裁的接纳和支持也是一个逐步发展的过程，仲裁机制进入中国纠纷解决市场时也经历过同样的过程，所以对于商事仲裁事业仍处于起步阶段的柬埔寨来说，NCAC 作出的仲裁裁决能在多大程度上得到柬埔寨法院的支持和执行尚属未知数，这也是当事人谨慎选择在柬埔寨仲裁的主要原因。

（二）柬埔寨国家商事仲裁中心规则

NCAC 仲裁规则的制定参考了国际知名商事仲裁机构的规则，因此从制度设计上看较为完备。和其他仲裁机构的仲裁规则类似，《NCAC 仲裁规则》包含了仲裁程序的开始、仲裁庭的组成、预审听证程序、临时措施、庭审程序终结和裁决的审查、发出裁决、仲裁费用等内容。

仲裁程序的开始。根据《NCAC 仲裁规则》第 7 条，仲裁申请人要想开始仲裁程序，必须先向 NCAC 提交仲裁申请，NCAC 秘书处将仲裁申请送达给被申请人，仲裁程序自被申请人从秘书处收到仲裁申请之日起正式开始。

仲裁庭的组成。仲裁程序开始后的下一个程序就是组成仲裁庭。仲裁庭必须由奇数仲裁员组成，通常是一名或三名仲裁员。根据《NCAC 仲裁规则》第 10 条的规定，如果当事人未就任命仲裁员的人数达成一致，则任命 3 名仲裁员。

预审听证程序。《NCAC 仲裁规则》第 20.2 条规定，仲裁庭组成之后召开预审听证，在预审听证中给仲裁程序的进行设置时间表。第 24.1 条还规定了仲裁庭可以决定仲裁程序只通过书面审理的方式进行还是应该举行口头庭审。

临时措施。在仲裁程序进行的任何阶段，一方当事人都可以向仲裁庭申请采取临时措施的保护。临时措施是指为了使商事仲裁能够顺利进行，一国法院或仲裁庭根据一方当事人的申请，为保护该当事人的财产、证据或行为而于仲裁裁决做出之前所采取的应急性强制措施。临时措施的采取并不影响案件实体争议的裁决。根据《NCAC 仲裁规则》第 28.2 条规定，临时措施包括但不限于下列四种形式：一是在争议待决期间，维持或恢复现状；二是采取行动以防止或避免某些行为可能导致现时或即刻的伤害或对仲裁程序本身的损害；三是对财产采取保全措施用以满足后续仲裁裁决的执行；四是对与争议解决有关的重要证据采取保全措施。

庭审程序终结和裁决的审查。一旦当事人提交完所有的证据，仲裁庭即宣布庭审程序终结。从庭审程序终结之日起，仲裁庭可在 45 日内向 NCAC 秘书处提交裁决草案（《NCAC 仲裁规则》第 35.1 条）。NCAC 将会审查裁决草案并从裁决形式角度提出修改建议，但不能对案件的实体争议或裁决的理据进行审查。将裁决书草案提交给 NCAC 审查的目的是确保裁决书的形式满足该裁决得到法院执行的最低要求，以防止法院撤销或不予执行仲裁裁决。最终还是由仲裁庭决定是否执行 NCAC 提出的修改建议。

发出裁决。在 NCAC 对裁决进行审查之后，仲裁庭将把裁决送达给当事人，当事人可以在 30 日内请求对裁决做出修改、纠正、详述和解释（《NCAC 仲裁规则》第 38 条）。如果仲裁庭认为请求理由正当，可以执行该请求。此后，仲裁裁决成为终局，且对当事人具有约束力（《NCAC 仲裁规则》第 18.3 条）。

仲裁费用。如果当事人选择将他们的争议提交给 NCAC 仲裁，总的来说，收费项目和其他仲裁机构无异。根据 2014 年 7 月 11 日 NCAC 采用的收费表，收费项目包括：① 受理费。每项仲裁请求和反请求收取 250 美元的受理费。② 仲裁员聘请费。每聘请一名仲裁员，固定费用在 300 美元。根据《NCAC 仲裁规则》的要求，应由败诉方当事人承担任命委员会要求聘请的仲裁员的费用。③ 管理费。NCAC 按照仲裁案件的争议总数收取案件管理费。④ 仲裁庭费用。根据仲裁案件标的额和仲裁员数量收取的费用。

三、《纽约公约》在柬埔寨的实施现状

在柬埔寨，仲裁裁决承认执行的法律依据除了《柬埔寨王国商事仲裁法》以外，还有 1958 年《承认及执行外国仲裁裁决公约》（《纽约公约》），前者用于柬埔寨国内仲裁裁决的承认执行，后者用于外国仲裁裁决的承认执行。虽然柬埔寨国内商事仲裁起步晚、发展慢，但其却很早就加入了 1958 年《承认及执行外国仲裁裁决公约》，是公约到目前为止的 159 个缔约方[1]之一。根据联合国国际贸易法委员会的官方记录显示，柬埔寨是较早加入《纽约公约》的国家之一，1960 年 1 月 5 日加入公约，同年 4 月 4 日公约对柬埔寨生效。但由于常年战争和政局不稳，《纽约公约》并未在柬埔寨得到实际上的执行。直到 2001 年 7 月，柬埔寨通过了《关于批准和执行联合国承认及执行外国仲裁裁决公约的法律》，并且在 2006 年《柬埔寨王国商事仲裁法》中吸纳了《纽约公约》中关于不予执行仲裁裁决理由的规定。

因此，凡属于《纽约公约》项下的仲裁裁决对柬埔寨法院均具有约束力。根据《柬埔寨王国商事仲裁法》的规定，仲裁裁决执行的管辖法院是上诉法院。申请执行仲裁裁决时必须提交仲裁协议的正本和仲裁裁决的正本（或者经认证的复印件）。如果仲裁协议或仲裁裁决是以高棉语以外的语言制作的，申请人必须提交经认证的翻译件。

除非存在仲裁法规定的拒绝承认执行仲裁裁决的理由，否则仲裁裁决应得到法院的执行。《柬埔寨王国商事仲裁法》第 46 条规定了拒绝承认执行仲裁裁决的理由。包括两种情况，第一种情况是由主张不予承认执行仲裁裁决的当事人证明有下列五种情形之一：① 仲裁协议的当事人存在无行为能力的情形；或者根据各方当事人所同意遵守的法律或在未指明何种法律的情况下根据柬埔寨王国的法律，该协议是无效的。② 提出请求的当事人未收到指定仲裁员的适当通知或参加仲裁程序的适当通知，或因他故致使其不能陈述案情。③ 裁决处理的争议不是提交仲裁意图裁定的事

---

[1] 数据截至 2018 年 5 月 31 日。

项或不在仲裁协议的范围之列，或者裁决书中内含对仲裁协议的范围以外事项的决定。如果对提交仲裁的事项所做的决定可以与对未提交仲裁的事项所做的决定互为划分，内含对未提交仲裁的事项所做的决定的那部分裁决得予撤销。④ 仲裁庭的组成或仲裁程序与当事人的约定不一致；无此种约定时，与仲裁地所在国法律不符。⑤ 裁决对当事人尚无约束力，或者已经由裁决地所在国或裁决依据的法律的所属国的法院所撤销或中止执行。第二种情况是由上诉法院主动认定有下列两种情形之一：① 根据柬埔寨王国的法律，争议事项不能通过仲裁解决；② 承认或执行该裁决与柬埔寨王国的公共政策相抵触。柬埔寨仲裁法中拒绝承认执行仲裁裁决的这7项理由和《纽约公约》第5条规定的7项理由是一致的。这7项理由的适用并不区分国内仲裁和国际仲裁。

四、在柬埔寨仲裁的注意事项

在柬埔寨这一商事仲裁新兴国家，商事仲裁在涉外争议解决中将起到越来越重要的作用。对我国赴柬从事经贸和投资活动的当事人而言，如果意欲通过在柬埔寨仲裁解决商事纠纷，应遵循以下做法。

（一）订立有效的仲裁协议

有效的仲裁协议是仲裁程序得以进行的基础，是仲裁庭取得管辖权的法律依据，也是日后仲裁裁决得以承认执行的根据。根据2006年《柬埔寨王国商事仲裁法》，争议双方若想将争议提交给仲裁解决，必须订有书面仲裁协议，仲裁协议可以采取合同中的仲裁条款或独立的仲裁协议书两种形式。当仲裁协议以合同条款的形式出现时，该条款具有独立性，其效力独立于合同（《柬埔寨王国商事仲裁法》第24.1条）。这意味着即使引起纠纷的基础合同是无效的，也不必然导致仲裁条款在法律上无效。

1. 仲裁协议的书面形式

为了使仲裁意愿、仲裁事项有据可循，以书面形式订立仲裁协议是很多国家仲裁法的共同要求，柬埔寨也不例外。《柬埔寨王国商事仲裁法》第7条规定："仲裁协议应为书面形式。当事人签署的文件、或往来信函、或其他记录协议的电子通信方式中包含仲裁协议，或者在相互往来的索赔声明和抗辩声明中且一方当事人声称有仲裁协议而另一方当事人不与否认，即认为协议是书面形式。"又规定："在合同中提及载有仲裁条款的任何文件的，只要此种提及可使该仲裁条款成为该合同一部分，即构成（书面）仲裁协议。"

柬埔寨对仲裁协议的书面要求有两点值得注意：第一，书面的形式不仅包括合同，而且包括往来信函或其他电子通信方式。这比《纽约公约》对仲裁协议的书面形式要求更为宽泛，后者第2条第2款规定"'书面协定'者，谓当事人所签订或在互换函电中所载明之契约仲裁条款或仲裁协定"。一般认为此条文中所称的"函电"仅仅包括了信件、电报和电传。第二，《柬埔寨王国商事仲裁法》规定的仲裁协议书面形式要求，包括一方声称存在仲裁协议且另一方不与否认的情形；而我国仲裁立法和实践则要求仲裁协议通过较为严格的书面形式订立。在我国书面形式除包括《仲裁法》第16条规定的仲裁条款，还包括《最高人民法院关于适用〈中华人民共和国仲裁法〉若干问题的解释》第1条规定"其他书面形式"，指"以合同书、信件和数据电文（包括电报、电传、传真、电子数据交换和电子邮件）等形式达成的请求仲裁的协议"。

2. 仲裁事项的范围要求

仲裁事项规定了哪些类型的纠纷可以提交仲裁解决。柬埔寨仲裁法在这一问题上采取了概括式的规定，使得平等主体之间的商事纠纷基本都可以落入仲裁事项的范畴。《柬埔寨王国商事仲裁法》第2条（d）项则采用了"契约性与非契约性争议"的提法。而我国《仲裁法》则采取排除式的规定，其第2条、第3条规定平等主体的公民、法人和其他组织之间发生的合同纠纷和其他财产权益纠纷，可以申请仲裁，但下列纠纷不能仲裁：① 婚姻、收养、监护、扶养、继承纠纷。② 依法应当由行政机关处理的行政争议。另外，第77条还规定了劳动争议和农业集体经济组织内部的农业承包合同纠纷的仲裁不属于仲裁法所规定的范围。两相比较，我国仲裁法所调整的范围显然狭窄，"其他财产权益纠纷"具体所指为何并无定论。而《柬埔寨王国商事仲裁法》中的"非契约性争议"一词所指代的范围中，侵权纠纷是最为常见的类型。此外，"非契约性争议"亦包括非契约、非财产性纠纷，亦即将大多数纠纷都纳入了仲裁事项范围。

3. 接受临时仲裁协议

与中国的仲裁委员会相类似，柬埔寨亦有国家仲裁中心来管理仲裁员和仲裁机构（以登记的方式），并承担为柬埔寨境内的仲裁创设基础设施和规则的职能（《柬埔寨王国商事仲裁法》第10条）。与中国不同的是：其提供的仲裁员名单不具有绝对性（第11条）；作为其会员的、可进行仲裁裁决的实体不限于机构，还包括作为仲裁员的自然人、律师等（第12

条);该法第13条更是规定了商会和各类协会亦可建立自己的仲裁机构,与中国由政府设立仲裁机构的方式大相径庭。这些规则的差异,均是《柬埔寨王国商事仲裁法》承认临时仲裁的结果。当事人在该国申请仲裁及其承认与执行,或在域外的涉柬仲裁中应当加以了解。

所谓临时仲裁是指不由任何已设立的商事仲裁机构进行程序管理,而是由当事人双方将他们之间的争议提交给他们选定的商事仲裁员,根据他们自己设计或选定仲裁规则进行审理并做出裁决的商事仲裁。这种仲裁完全由仲裁员和当事人"管理",可以选用现成的仲裁规则,如《联合国国际贸易法委员会仲裁规则》,或由当事人自己设计规则,但后者不常见。因为不需要向仲裁机构支付费用,可在一定条件下提高工作效率和减少仲裁费用的开支,在程序上比较灵活,争议双方可就与仲裁有关的任何事项,包括仲裁费用等做出约定。在1963年《仲裁条例》颁布前,香港施行的仲裁制度实质是一种临时仲裁。1985年HKIAC成立后,临时仲裁也占有相当的比重,许多海事案件都是通过临时仲裁庭仲裁的。

但在我国,由于《仲裁法》第16条规定仲裁协议有效的必备要件之一是约定明确的"仲裁委员会",所以,中国仲裁法不认可进行临时仲裁的仲裁协议的效力。《柬埔寨王国商事仲裁法》明确规定允许临时仲裁,该法第2条规定:"仲裁是指无论是否由常设仲裁机构进行的任何仲裁。"机构仲裁的优点在于仲裁程序的有序、规范管理,仲裁机构也能在一定程度上控制仲裁员及其仲裁的质量,但不如临时仲裁灵活性大的缺陷也是其固有的。由于《柬埔寨王国商事仲裁法》既允许机构仲裁,也同时认可临时仲裁,所以当事人既可以选择将争议提交给NCAC,也可以选择将争议提交给临时仲裁,选择临时仲裁意味着当事人需要自己负责仲裁程序的组织。

4. 国内争议可选择境外仲裁

《柬埔寨王国商事仲裁法》允许当事人将无涉外因素的争议提交境外仲裁,该法第2(8)条规定:"(ii)下列地点之一位于各方当事人营业地点所在国以外:仲裁协议中确定的或根据仲裁协议而确定的仲裁地点。"意即各方约定将争议提交仲裁的仲裁地位于境外的,即使各方当事人营业地点均为同一国家,也认定为国际仲裁,并由《柬埔寨王国商事仲裁法》加以规范。

但在我国,仲裁立法只片面规定了涉外纠纷的当事人可以选择去国外仲裁,而对国内纠纷当事人能否选择国外仲裁未作规定。我国《民事诉讼法》第271条规定："涉外经济贸易、运输和海事中发生的纠纷，当事人在合同中订有仲裁条款或者事后达成书面仲裁协议，提交中华人民共和国涉外仲裁机构或者其他仲裁机构仲裁的，当事人不得向人民法院起诉。"我国《合同法》第128条中也有"涉外合同的当事人可以根据仲裁协议向中国仲裁机构或者其他仲裁机构申请仲裁"的规定。允许国内纠纷的当事人申请境外仲裁的国家并非只有中国，印度1996年《仲裁与调解法》中第2（6）条在定义国际商事仲裁时要求仲裁的一方当事人是外国人或在外国有惯常居所，或是在外国设立的公司，或是主要管理中心在国外的公司、协会或者合伙或是外国国家，并规定国际商事仲裁可以适用外国法，且可以在印度以外的国家设立仲裁地。对此类法条存在两种解读：一种观点认为，立法只规定了国际纠纷的当事人可以提交国外仲裁，并未授予国内纠纷当事人同等权利，如果国内纠纷、国际纠纷当事人在提交的仲裁机构上没有任何差别，那么法条没有必要另作规定。另一种观点认为此类法条属于授权性规范，授予了涉外纠纷当事人提交国外仲裁的权利，但并没有禁止国内纠纷当事人提交外国仲裁，根据法无明文禁止即可为原则，因此国内纠纷当事人可以提交外国仲裁。加之我国《仲裁法》第17条明确规定了仲裁协议无效的三种情况，并未包含欠缺涉外因素。虽然仲裁界大多支持第二种观点，但第一种观点在我国司法实践中占据上风。

因此，我国司法实践中形成的做法是：如果不含有涉外因素的纠纷当事人约定提交国外仲裁机构仲裁，则仲裁协议无效。正如最高人民法院在《关于江苏航天万源风电设备制造有限公司与艾尔姆风能叶片制品（天津）有限公司申请确认仲裁协议效力纠纷一案的请示的复函》中指出的："由于仲裁管辖权系法律授予的权力，而我国法律没有规定当事人可以将不具有涉外因素的争议交由境外仲裁机构或者在我国境外临时仲裁，故本案当事人约定将有关争议提交国际商会仲裁没有法律依据。同意你院认定仲裁协议无效的审查意见。"[1]复函中的做法在下级法院的后案中得到了沿用，北京市第二中级人民法院在北京朝来新生体育休闲有限公司申请承认和执行外国仲裁裁决案[2]中就秉持了相同观点。这种做法认识上的根源还在于将仲裁和司法主权挂钩，认为国外仲裁机构在我国法律明确授权可以进行的涉外仲裁以外开展的仲裁是对我国法院司法主权的侵犯。正如

---

[1] 最高人民法院〔2012〕民四他字第2号。
[2] 北京市第二中级人民法院（2013）二中民特字第10670号民事裁定书。

最高人民法院在塞尔维亚共和国 Hemofarm DD、MAG 国际贸易公司及列支敦士登苏拉么媒体有限公司申请承认及执行国际商会仲裁院仲裁裁决案的批复[1]中认定的那样，仲裁庭的审理与裁决超出仲裁协议范围，侵犯了中国司法主权和中国法院司法管辖权，同意不予承认及执行。[2]

但在柬埔寨王国，对于国内纠纷提交境外仲裁没有此类限制。这对我国在柬从事经贸和投资活动的当事人而言，意味着可以将纠纷提交给国内仲裁机构解决而不用顾忌争议本身的涉外性。实际上，从柬埔寨商事仲裁法的规定来看，相较于我国，柬埔寨商事仲裁的开展环境更加宽松，对仲裁协议的书面形式要求更加宽泛，对仲裁事项的限制更少，并且承认临时仲裁和国内争议提交国际仲裁。因此，对于涉柬纠纷而言，通过合适的途径进行仲裁未尝不是一项便捷的纠纷解决路径。

（二）仲裁庭自裁管辖权

《柬埔寨王国商事仲裁法》赋予仲裁庭处理管辖权异议等问题的权力。该法在第五章中规定仲裁庭有权就提起仲裁的争议之管辖权异议做出裁定，包括仲裁协议的存在与效力问题的异议（第24条第1款）。有关仲裁庭无权管辖的抗辩不得在提出答辩书之后提出。当事一方已委任或参与委任仲裁员的事实，不妨碍其提出此种抗辩。有关仲裁庭超越其权力范围的抗辩，应在仲裁程序中被指越权之情事出现后立即提出。在这两种情况下，仲裁庭如认为有正当理由，均可准许推迟提出抗辩。另外，仲裁庭可以根据案情将当事人对于仲裁庭管辖权的抗辩或者有关仲裁庭超越其权力范围的抗辩作为一个初步问题裁定或在实体裁决中裁定。如果仲裁庭作为一个初步问题裁定它有管辖权，当事任何一方均可在收到裁定通知后三十天内要求第六条规定的法院对这一问题做出决定，该决定不容上诉。在等待对这种要求做出决定的同时，仲裁庭可以继续进行仲裁程序和做出裁决（第24条第2、第3款）。

在我国，有权判定仲裁协议效力的机构，不仅包括提起仲裁的仲裁委员会，还包括相应的人民法院，而且当双方分别同时向两个机构提出仲裁协议效力异议时，法院优先于仲裁委员会行使判定的权力（我国《仲裁法》第20条第2款）。比较两者，相似之处在于都认可仲裁协议的独立性

---

[1] 最高人民法院〔2008〕民四他字第11号。
[2] 于喜富：《违反中国公共政策 ICC仲裁裁决被拒绝承认及执行》，载《人民法院报》，2008-07-16。

与可分性，即合同的无效并不会直接导致仲裁协议的无效。同时，两者都规定了仲裁庭有权对合同的效力做出判定。区别在于，《柬埔寨王国商事仲裁法》在仲裁管辖权异议方面赋予了仲裁庭更多的权力。应当说，中国《仲裁法》的规定有利于法院作为第三人合法监督仲裁机构行使权力，保护被申请人合法权益；而《柬埔寨王国商事仲裁法》强调仲裁解决争端的高效性。当事人在柬埔寨提出仲裁管辖权异议时，应当注意法院的无涉性。

（三）仲裁临时措施

《柬埔寨王国商事仲裁法》采用"并行模式"，即仲裁庭与法院均有权发布临时措施。该法第25条规定，除非当事人另有约定，仲裁庭经一方当事人请求，可以责令任一当事人采取仲裁庭认为的对系争标的有必要的临时保全措施。其第9条规定，在仲裁程序开始前或进行期间，一方当事人请求法院采取临时保全措施和法院准予采取这种措施，并不与仲裁协议相抵触。从中可以看出仲裁庭及法院都有权做出临时措施。在这种"并存权力"模式之下保证了仲裁庭在整个仲裁程序中的主导性。同时，当事人向法院申请临时措施的救济也不被认为违反仲裁协议，只是这种权利的行使必须以仲裁庭尚未有机会对此事项做出处理为前提。

而在我国，《仲裁法》规定财产与证据保全必须向法院申请，其他临时措施可由仲裁庭做出。中国《仲裁法》第28条第2款规定："当事人申请财产保全的，仲裁委员会应当将当事人的申请依照民事诉讼法的有关规定提交人民法院。"当事人申请证据保全的，在国内仲裁中，仲裁委员会应当将当事人的申请提交证据所在地的基层人民法院（《仲裁法》第46条）。在涉外仲裁中，涉外仲裁委员会应当将当事人的申请提交证据所在地的中级人民法院（《仲裁法》第68条）。可见，中国法下当事人申请财产或证据保全的，仲裁委员会应当依法将当事人的保全申请转交法律指明的有管辖权的法院（仲裁庭无权自行决定）。而对于其他没有规定的临时措施，一般遵照仲裁机构的具体规则，可以由仲裁庭做出决定。但财产保全和证据保全却是临时措施中最常采用的两类，所以在我国仲裁庭在仲裁程序中采取的临时措施实际上多要通过法院才能进行。而当事人在柬埔寨申请有权机关做出临时措施时，大多数情况下均可在仲裁庭内解决，实则相较国内更加便捷。

（四）争议实体适用法

《柬埔寨王国商事仲裁法》第36条规定了适用于争议实体的规则；而

中国《仲裁法》中未见相关规定。应当注意的是,中国法下不允许纯国内争议约定适用外国法。二者的相同点在于均认可当事人对于涉外争议选择实体法的意思自治,以当事各方合同条款的约定为适用原则,均一定程度上认可交易习惯(《柬埔寨王国商事仲裁法》第36条;中国《涉外民事关系法律适用法》第3条、第41条,中国《合同法》第61条、第125条)。

不同之处在于,《柬埔寨王国商事仲裁法》将当事各方无约定时法律冲突规范选择的自由裁量权交给仲裁庭,而中国法律则规定了特定争议类型确定适用实体法的规则以及在无规则时的"最密切联系地原则"的法定判断原则(《涉外民事关系法律适用法》第2条第2款、第6条、第2~7章)。

综上所述,柬埔寨王国现代商事仲裁机制和机构已经建立,《纽约公约》成员国的身份也为仲裁这种争议解决方式在柬埔寨的运用进行了背书,对临时仲裁和友好仲裁的采纳使得柬埔寨的仲裁机制更加富有灵活性。因此,对"一带一路"倡议下的涉柬纠纷解决而言,应当探索仲裁这种诉讼外的争议解决方式的运用,以期能借助这一灵活便捷的争议解决方式尽速实现商事纠纷的化解。

第八章

在柬法律纠纷的类型及解决机制

第一节 中企在柬法律纠纷的类型化分析

一、中企在柬贸易和投资现状

在国际经贸领域，中国和柬埔寨王国之间有着密切且良好的合作，这种经济上的合作离不开政治上的互信。应该说，两国之间自古以来，政治上的往来和互信一直在推动双边经贸领域的发展。从史实上看，柬埔寨一直是中国最古老和最亲密的政治盟友之一。中柬两国的文化和商业关系有着悠久的历史，可以追溯到8个世纪前。元成宗在元贞元年（1295年），派遣周达观出使真腊，回国后周达观写成关于真腊风土民情的报告《真腊风土记》，文中记录了当时吴哥的城池及生活，如城郭、宗教、司法、商业、贸易等，成为现存的柬埔寨研究吴哥王朝的重要参考资料。[1]在这一千年的友谊中，中国对柬埔寨的外交政策不时地改变。20世纪60年代，中国在政治上和经济上帮助西哈努克国王，后者也在其一生中对中国及中国几任领导人怀有深厚的感情。这种友好关系虽然其间因柬埔寨国内的战争和政局变更而有所波动，但在洪森首相领导的人民党在大选中获胜后，两国之间的双边关系逐渐升温。

近年来，中柬关系急剧升温，密切和强化程度更甚从前。中国是柬埔寨最大外国投资方，最主要的援助者和重要性日益增长的贸易伙伴。两国政党、议会、军事、文化、教育等交往与合作密切。双方迄今已签

---

[1] 参见［元］周达观著，夏鼐校注：《真腊风土记校注》，中华书局，1981。

署《中柬引渡条约》《中柬文化合作协定》《中柬互免持外交、公务护照人员签证协定》，以及文物保护、旅游、警务、体育、农业、水利、建设、国土资源管理等领域的合作谅解备忘录。柬已在广州、上海、香港、昆明、重庆、南宁和西安设立总领馆。以下两个侧面可以反映中柬交往的热度。

一是中柬两国间旅游业飞速发展，反映了两国人民交往的热情和高频。根据柬埔寨旅游部的官方统计数据显示，长期以来中国游客人数在到访柬埔寨的外国游客中仅次于越南，占据第二位（见图8-1-1，表8-1-1）。而且这一数据有逐年增长趋势。中柬两国设定了2020年中国游客达200万人次的目标[1]，这个目标是2016年中国入境柬埔寨游客总人数的2倍多，足见两国对双边旅游业发展的信心。

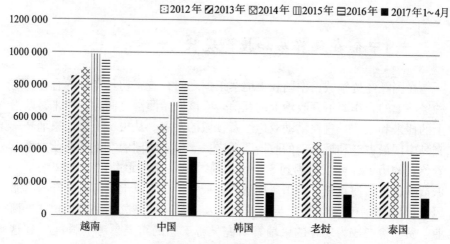

图8-1-1 柬埔寨外国旅客来源国前五位人数变化

表8-1-1 柬埔寨近五年入境游客人数前五大来源国

年份	越南	中国	韩国	老挝	泰国
2012年	763 136	333 894	411 491	254 022	201 422
2013年	854 104	463 123	435 009	414 531	221 259
2014年	905 081	560 335	424 424	460 191	279 457

---

[1]《中华人民共和国政府和柬埔寨王国政府联合公报》（2018年1月11日）。

续表

年份	越南	中国	韩国	老挝	泰国
2015 年	987 792	694 712	395 259	405 359	349 908
2016 年	959 663	830 003	357 194	369 335	398 081
2017 年 1~4 月	272 410	360 783	149 618	141 689	122 319

二是在柬埔寨学习中文的热情空前高涨。越来越多的中国企业到柬埔寨投资兴业和越来越多的中国旅行者前往柬埔寨，直接带火了当地中文人才市场。目前柬埔寨的法定最低工资标准是每月175美元（2019年调整为182美元），能够使用英文的一般求职者月薪约为260美元，而会讲中文的职场新人月工资则在300美元以上。2009年柬埔寨第一家、也是目前为止唯一的一家孔子学院成立以来，截至2017年先后在柬埔寨暹粒、西哈努克、实居、干拉、卜迭棉芷和茶胶等12个省市开设了3个孔子课堂、2个中文系等30多个教学点，广泛涵盖政府机构、参议院、军队、高校、中小学及基层社区，涵括成人、大学、中学、小学各个阶段，全面开展汉语教学。其中亚欧大学中文系、棉芷大学中文系、陆军学院汉语中心已将汉语纳入课程学分，作为必修课程。[1]

（一）中柬双边贸易关系

在贸易方面，中国是柬埔寨最大贸易伙伴、最大进口来源地，也是柬埔寨大米的最大买家。据官方数据，2017年前11个月中柬双边贸易额达52.7亿美元，同比增速达23.3%，提前超额完成了两国领导人确定的2017年双边贸易额50亿美元的目标。[2]2017年柬埔寨首相洪森访华期间，两国领导人又设定了到2020年中柬双边贸易额达到60亿美元的目标。[3]下表可见中柬之间的双边贸易额在过去10年间均飞速增长，双边贸易额从2007年的9.34亿元扩大到2016年的47.6亿元，增长了4倍多。从产品结构来看，中国自柬埔寨进口商品主要包括木制品、针织服装、非针织服装、电子和谷物等，中国向柬埔寨出口商品主要包括针织物、棉

---

[1] 余启华、陈晶雯：《柬埔寨中文教育现状及其趋势研究》，载《九江学院学报（社会科学版）》2017年第4期。

[2] 李晓喻：《迎建交60周年 中柬经贸合作再铺新路》，http://www.gov.cn/xinwen/2018-01/10/content_ 5255750.htm，2018-10-30。

[3] 《中华人民共和国和柬埔寨王国联合新闻公报》（2017年）。

花、机械、电子和化学纤维等。虽然中国对柬埔寨一直保持巨大的贸易顺差，但从表8-1-2清晰可见柬埔寨对华出口在2007—2016年的增速远大于中国对柬埔寨出口的增速，这得益于中柬双边及中国—东盟自由贸易区的多边机制。

表8-1-2 2007—2016年柬中双边贸易情况（单位：百万美元）[1]

年份	2007年	2008年	2009年	2010年	2011年	2012年	2013年	2014年	2015年	2016年
出口	51	38	37	94	184	215	364	483	667	830
进口	883	1 096	907	1 348	2 314	2 708	3 410	3 275	3 763	3 930
贸易平衡	832	1 058	870	1 254	2 130	2 493	3 046	2 792	3 096	3 100

从双边贸易机制来看，中国与柬埔寨正式建交于1958年7月1日，属于全面战略合作伙伴关系，今年（2018年）恰逢中柬建交60周年。目前中柬经济互补性强，两国在自然资源、产业结构上的差异是双方各具比较优势，在产业内和产业间都形成了很强的互补特征。目前，中国已对柬埔寨绝大部分产品实现零关税，并已与柬埔寨签订大米、木薯两类产品关于检验检疫的出口议定书，这两类农产品可以直接对华出口；柬埔寨也对中国绝大都分产品实现零关税。[2]2016年，中国对柬埔寨出口总额为3 930百万美元，同比增长4.4%，出口主要产品为针织品、棉花，中国自柬埔寨进口总额为830百万美元，同比增长24.44%，进口主要产品为针织服装及配饰、毛皮以及机电设备。2013年，以中国出口计算和以菲律宾柬埔寨出口计算的贸易互补指数分别为0.139 6、0.035 9。从中国与柬埔寨之间的贸易竞争关系来看，两国之间的贸易竞争关系不强，但有增强的趋势。[3]

从多边贸易机制来看，柬埔寨自1999年加入东南亚国家联盟、2004年加入世界贸易组织后，在这两个多边贸易机制下，国际贸易得到了迅速发展。中国和东盟对话始于1991年，中国1996年成为东盟的全面对话伙

---

[1] 数据来源：中华人民共和国国家统计局编：《中国统计年鉴》，中国统计出版社，2008—2017年。

[2] 李敬、陈容：《"一带一路"相关国家贸易投资关系研究·东南亚十一国》，经济日报出版社，2017，第317—318页。

[3] 李敬、陈容：《"一带一路"相关国家贸易投资关系研究·东南亚十一国》，经济日报出版社，2017，第317—318页。

伴国，2002年，中国与东盟签署《中国—东盟全面经济合作框架协议》，中国—东盟自由贸易区战略由此展开，双方经贸合作关系日益密切。2010年正式启动中国—东盟自由贸易区。中国—东盟自由贸易区是我国同其他国家商谈的第一个自贸区，也是我国目前建成的最大自贸区，与欧盟、北美自由贸易区并列为世界上三大区域经济合作区。中国—东盟自由贸易区成员包括中国、文莱、印度尼西亚、马来西亚、菲律宾、新加坡、泰国、柬埔寨、老挝、缅甸和越南，涵盖18.5亿人口和1400万平方公里土地。据联合国商品贸易数据库统计，2002—2014年，中国—东盟贸易由约500亿美元增长至约4800亿美元，年均增长超过20%。同期双边投资累计已超过1000亿美元，且双边投资和经济技术合作保持快速发展趋势。2014年，中国与东盟贸易额占我国对外贸易总额比重增长至11.16%。中国在与东盟贸易中，持续处于逆差，成为我国对外贸易平衡的重要贸易伙伴。但自2012年起，我国对东盟贸易由逆差转为顺差。中柬经贸关系是中国—东盟自由贸易区的组成部分，双边经贸关系正是在多边经贸体制的诸多优惠和政策下才得以发展的。

（二）中柬双边投资关系

联合国贸易和发展会议与国际商会联合发布的《柬埔寨投资指南》中将柬埔寨吸引外国投资的优势归纳为三个：一是地理区位。柬埔寨作为一个人口仅1300万的小国，位于东南亚这一近几十年世界经济最活跃的地带。作为东盟自由贸易区的成员，柬埔寨对其邻国的出口关税在0到5%之间，到2018年完全废除关税。随着2010年中国—东盟自由贸易区、印度—东盟自由贸易区的启动，意味着柬埔寨和占世界一半左右人口之间形成了自由贸易。此外，作为一个不发达国家，柬埔寨许多产品有优先准入权，即能优先进入一些发达国家的市场。二是相对开放的经济自由度。柬埔寨是一个自由开放的经济体，美国传统基金会每年编制经济自由指数排名，2003年柬埔寨在170个国家中排名第35位，但近年由于洪森首相领导的柬埔寨政府并未迎合美国所倡导的意识形态，所以在榜单排名中的位置急剧下降，导致2018年在186个国家中被排在了第101位。即便如此，在法律规范、政府规模、管理效率和市场开放四项指标中，柬埔寨在政府规模和市场开放上均赢得了不错的得分，政府对外资的开放度高于平均水平。三是特殊的资源。旅游业是柬埔寨最希望吸引外国投资的领域。世界文化遗产吴哥窟及天然的海岸环境为柬埔寨提供了丰富的旅游资源。

根据Mundi指数，柬埔寨的外国直接投资净流入增加显著。在1993

年，这一数字为 0.541 2 亿美元，2015 年为 19 亿美元。主要项目集中在特别经济区内的纺织品生产、建筑业、采矿业、制造业的纺织生产，主要集中在零部件、食品以及旅游业。外国直接投资流入作为国内生产总值的百分比逐年变化。柬埔寨外国直接投资在国民生产总值中的占比一直较高，2014 年最高峰时达到 10.31%，2006 年到 2015 年之间的平均数是 8.1%，这一数值在东南亚区域，乃至全世界都是相对较高的，表明外资对柬埔寨国民经济发展的重要性和柬埔寨对外资的利用度较高。

根据柬埔寨发展理事会的官方统计数据显示，柬埔寨承诺投资总量从 2012 年的 29 亿美元增长到 2016 年的 36 亿美元，年增长率 24% 左右，在柬投资总额增长显著。在这五年的时间内，柬埔寨当地投资者投资的资本约占总投资的 54%。在外国投资者中，中国投资者是数额最多的，也是最为活跃的。从表 8-1-3 来看，这五年来柬埔寨几乎 90% 的外国投资来自亚洲地区国家。

表 8-1-3　柬埔寨王国 2012—2016 年投资数额前十位的国家[1]

年度	2012 年		2013 年		2014 年		2015 年		2016 年	
总额	29 亿美元		49 亿美元		39 亿美元		46 亿美元		36 亿美元	
排名	国别	%	国别	%	国别	%	国别	%	国别	%
1	柬埔寨	42.08	柬埔寨	66.80	柬埔寨	64.00	柬埔寨	69.28	中国	29.92
2	中国	20.69	中国	15.68	中国	24.44	中国	18.62	柬埔寨	27.55
3	韩国	9.89	越南	6.10	马来西亚	2.18	英国	3.0	日本	22.78
4	日本	9.15	泰国	4.37	日本	1.72	新加坡	2.18	泰国	4.61
5	马来西亚	6.04	韩国	1.76	韩国	1.66	越南	1.92	韩国	4.59
6	泰国	4.53	日本	1.59	越南	1.26	马来西亚	1.61	美国	3.38
7	越南	2.89	马来西亚	1.04	英国	1.13	日本	1.28	新加坡	3.03
8	新加坡	2.59	新加坡	1.03	新加坡	0.89	泰国	1.18	越南	2.45
9	英国	0.51	英国	0.43	泰国	0.88	韩国	0.21	韩国	0.21
10	美国	0.42	法国	0.27	澳大利亚	0.51	加拿大	0.19	印度	0.55
11	其他	1.21	其他	0.93	其他	1.33	其他	0.53	其他	0.54

1995 年，柬埔寨王国《投资法》颁布一年后，由柬埔寨发展委员会批准的投资额总计约为 23 亿美元，投资审批已达到 257.5 亿美元。到 2008 年，批准的投资额剧增至 108.9 亿美元，其中农业部门吸引投资达

---

[1] 数据来源于柬埔寨发展理事会的官方统计。

10 673 万美元，而旅游和服务业分别达到 87.7 亿美元和 12.9 亿美元。在此期间批准的累计外国直接投资（外国直接投资）中，最大份额来自中国，占 23.97%，其中早期是资源开发领域的投资，包括橡胶和旅游业。紧随中国之后的是韩国，占 10.68%。其他主要来源是马来西亚、中国台湾、中国香港和泰国，其投资主要来自服装业公司。

近年来，中国在柬埔寨基础设施领域的投资不断增加。在这一领域，中国的投资和柬埔寨王国的产业需求具有高度契合性。例如，柬埔寨作为最不发达国家之一，面临着严重的电力短缺，需要从周边的老挝、泰国、越南等邻国进口电力以满足日常需求。中国在基础设施建设上的技术优势和中国进出口银行与中国国家开发银行的融资实力，使得近年来中国在柬埔寨能源能基础设施领域有引人瞩目的投资。中国电力企业陆续在柬埔寨国公省、西哈努克省等地修建火电和水电站，铺设电网，目前已有七座水电站开始投产发电，其中就包括了有亚洲第一长坝之称的桑河二级水电站。中国企业建设的电站所生产的电力，不断被输送到柬埔寨全国 25 个省市。

随着中国—东盟自贸区升级版谈判和"一带一路"建设深入推进，中国和柬埔寨经贸投资合作前景广阔。电力、道路等基础设施，农业特别是农产品种植加工、轻工、旅游等都将成为中国和柬埔寨经贸合作的重点领域，将为两国经贸发展注入新活力。

二、中企在柬法律纠纷重点领域

从上分析可见，中柬双边贸易投资关系呈现单向流动，因此中柬贸易投资纠纷绝大多数为在柬发生的纠纷，这从根本上决定了境内法律服务必须跟随中国商品和资本的流向"走出去"，以达到在柬提供法律服务的目的。因此，中国机构赴柬提供法律服务有三方面的成因：一是中国商品和资本的单向流向柬埔寨，导致涉柬商事纠纷绝大多数发生在柬埔寨境内。二是柬埔寨境内法律服务资源相对匮乏且分布不平衡。柬埔寨历史上经历过长期的内战和动荡，所以整体上看法官、检察官、律师等法律从业人员的数量明显不足。三是柬埔寨经济类法律规范有待进一步完善，所以在柬投资可能面临一些纠纷。

（一）合同纠纷

合同是商事关系的基础，因此合同纠纷是商事活动中最常见的纠纷类型。由商事合同引发的纠纷，根据合同类型可分为普通商事合同纠纷和特种合同纠纷。后者是指通过2007年《柬埔寨特许经营法》规范的政府和社会资本合作项目合同，受《柬埔寨王国关于BOT合同的法规》规范的BOT合同等。特种合同的法律关系和纠纷解决受特别法调整，一般民商事合同的法律关系和纠纷解决由《关于合同和其他责任的第38号法令》（简称《合同法》）调整。根据《合同法》，凡涉及金钱或者任何超过5 000瑞尔的项目都必须采取书面形式，所以在柬贸易投资纠纷几乎都属于合同纠纷。此类合同纠纷在处理上面临两方面问题：一是柬埔寨现行合同法制定于1988年金边政权时期，仅有138个条文，只规定了买卖合同、有息借款合同、个人财产担保合同、承揽合同、运输合同、寄托合同、借用合同、租赁合同8种类型的有名合同，其相关规定显然已不能完全适应现代商业合作发展需要。合同法律条文的粗糙与柬埔寨人解决合同争议的理念密切相关。与现代商业社会倾向于根据合同条款严格划分争议双方权利义务和确定责任的做法不同，柬埔寨商人更倾向于通过公正和公平的观念引导，这就导致了纠纷当事人在争议发生后并不对根据合同法严格解释和执行合同条款抱有期待，而希望根据情况变化重新谈判合同或协商解决。二是合同强制执行效率极低，根据2015年世界银行营商环境数据显示，柬埔寨的合同强制执行效率在世界189个国家中排名第178位，处于世界较低水平。合同强制执行成本占标的额的百分比为103.4%，对比东亚及太平洋地区的平均水平为48.6%，而经合组织的平均水平为21.4%；合同强制执行程序为44个，对比东亚及太平洋地区的平均水平为37.2个，而经合组织的平均水平为31.5个。[1]

（二）劳工问题

以中国红豆集团主导投资的西哈努克港经济特区为例，由于西港特区内企业多从事劳动密集型产业，雇佣员工逾2万人，合法用工问题是所有企业都亟须培训和解决的专题。然而，由于企业设立之初缺乏对柬埔寨当地劳动制度的了解，出现了一些的纠纷。举例来说，针对员工年休假的问题，根据柬埔寨《劳动法》规定，雇主不得准许员工每年使用少于12天年假，且不能放弃、不能以工资方式折算。由于一方面企业经常满负荷生产，另一方面很多员工也不愿意休假而希望多挣钱，所以不少企业都采用

---

[1] 国家开发银行：《"一带一路"国家法律风险报告（上）》，法律出版社，2016，第190页。

以工资折抵年休假的方式，由此造成违法风险。

另外一个劳资双方面临的突出问题是罢工问题，在这个问题上柬埔寨工会的作用不容小觑。中国的工会主要起到连接劳资双方的目的，在维护劳动者权益的同时也在维护和平的劳资关系方面发挥了重大的作用。而在柬埔寨，工会则更多出现在劳资对立的场合。截至2017年5月，柬埔寨劳工部注册的合法工会已将近3 500个。[1]工会以集体劳动合同谈判、要求加薪、提高最低工资标准为主要的奋斗方向，主要采用合法或者非法罢工的方式进行斗争。

根据柬埔寨法律，合法罢工需要经过一系列严格的程序，如果是劳动报酬、劳动争议引起的罢工，必须先经过谈判、调解、仲裁，员工及工会只有在穷尽一切方法后才能采用罢工的手段。而在谈判、调解、仲裁期间的罢工是非法罢工，没有经过工会无记名投票程序的罢工是非法罢工，没有提前7天通知企业及劳工部的罢工是非法罢工。柬埔寨劳工仲裁委员会副主席棉尼明曾表示，非法罢工事件导致柬埔寨一年内蒙受了9 000万~1.2亿美元的经济损失。[2]因此非法罢工不仅损害外国投资者利益，同时也给柬埔寨的产业形象和经济利益造成损失，是我国投资者在柬投资中必须防范和应对的问题。

由于特区内企业对于相关法律不了解，再加上罢工往往选择企业生产繁忙或者出货紧急的时候，企业主不得不息事宁人，造成用工成本的大幅度攀升。但如前所述，柬埔寨《劳动法》内容非常先进，同时在争议解决层面，柬埔寨在20世纪90年代初为换取欧美纺织品出口份额和关税待遇，依据劳工法建立了一个准司法机构——仲裁委员会，专门从事集体劳动争议的解决，以确保国际劳工标准的实施。该争议解决机构在国际资金的支持下于2003年成立，经过十几年的成功运作，解决了1 000多起劳资纠纷，主要集中在快速发展的服装和鞋类行业。仲裁委员会通过接受国际捐助以保持其独立性，所有裁决均以高棉语和英语发表，并通过其官网站（www.arbitrationcouncil.org）公布。该机构在柬埔寨国内工商界和工会双方都享有很高的声誉，时间上柬埔寨国内法庭基本不会改变对集体劳资仲

---

[1] 陈本宗：《在柬埔寨劳工部注册的合法工会近3 500个》，载《柬埔寨星洲日报》，2017-05-08。

[2] 中国纺织品进出口商会：《柬埔寨成衣厂因劳资矛盾蒙受损失》，http://www.ccpittex.com/fzzx/gjzx/62379.html，2018-10-30。

裁做出的裁决。

（三）税务问题

税务是一个困扰在柬中资企业的问题。以西港特区为例，柬埔寨经济特区给予企业6～9年的盈利税减免优惠，具体如何争取优惠，均与税法息息相关。根据柬埔寨税法，每个月报税需要具有报税资格的税务师或者律师进行，所以特区企业都聘请了第三方机构进行报税工作，但在和第三方机构合作的过程中出现了许多问题。例如，第三方机构只管报税做账不管税务筹划。特区的免税期的第一阶段最长为3年，但是企业一旦盈利，第一阶段就宣告结束。很多报税机构未提醒告知企业相关政策，未帮助企业进行合理的税务筹划，导致企业未能合法控制盈利和成本，白白浪费税收优惠期。再例如，柬埔寨乱收费情况较为严重，税务机关对于稽查非常热衷并且严格，对于报税过程中的瑕疵失误都非常计较，正是由于许多第三方机构未能尽职提醒企业注意报税的及时性和完备性，造成企业在税务稽查中出现诸多问题，结果面临巨额罚款。而这个貌似非法律的问题，最终以法律风险的形式爆发出来，因此需要律师配合企业一起去面对税务官员，由律师协助解决税务问题。

（四）工程纠纷

全球经济论坛发布的《2017—2018年全球竞争力报告》显示，柬埔寨基础设施总体状况堪忧，在报告所述137个国家中仅排第106位。柬埔寨落后的基础设施水平严重制约了其工业和农业的发展。就柬埔寨农业而言，目前只有48%的农田能够得到有效的灌溉，落后的机械化水平、农业技术以及基础设施严重制约着柬埔寨农业的发展。社会基础设施如通信、交通等的不发达同样制约着柬埔寨工业的发展。而滞后的航运、铁路、公路设施及能力制约了柬埔寨各方面的经济发展。因此基础设施建设成为柬埔寨吸引国内外投资的重点领域。而在中国海外投资活动中，工程承包建设一直占据重要地位。在美国《工程新闻记录》评选的2014年度全球最大250家国际承包商名录中，中国内地企业上榜65家，占企业总数的26%。截至2016年6月底，我国在柬累计签订承包工程合同额128.2亿美元，完成营业额83.5亿美元。2015年，我国在柬新签承包工程合同额约14.2亿美元，增长0.5%；完成营业额约12.1亿美元，增长25.8%（见表8-1-4）。2016年1～6月，我国在柬新签承包工程合同额7.1亿美元,增长221%;完成营业额6.9亿美元,增长30.1%。[1]

表8-1-4 2013—2017年度中资企业在柬工程承包新签及完成合同数额统计[2]

年份	2013年	2014年	2015年	2016年	2017年
新签合同额(亿美元)	11.09	14.11	14.18	21.33	33.01
完成合同额(亿美元)	14.31	9.65	12.14	16.56	17.64
新签合同额增长率(%)	-62.5%	27.2%	0.5%	50.4%	54.7%
完成合同额增长率(%)	22.1%	-32.5%	25.8%	36.4%	6.5%

工程建设是一项涉及诸多法律关系的系统过程,这一领域的法律纠纷表现为多种纠纷类型的集合,主要呈现出以下几种类型:一是合同纠纷。工程项目引起的合同纠纷主要是指合同条款不完善以及合同履行不到位等在工程施工过程中或工程建设完工后产生的纠纷。工程承包合同内容较多,条款设计详细,直接关系业主、承包商、分包商之间的利益分配和风险划分。业主对柬埔寨政治、经济、社会、自然等条件相对熟悉,在合同条款设计和履行过程中中方承包商需要格外审慎。二是付款纠纷。工程承包项目施工周期长,项目结款日期和方式一般事前约定,且在项目运行过程中承包商的人工、原材料也以美元结付,这中间不仅存在汇率波动的风险,而且中国承包商的垫资和和施工现场的固定投入,使得资金风险成为工程建设项目的主要风险,因东道国业主付款引起的纠纷较为常见。三是土地纠纷。中国在柬埔寨的工程建设项目集中在水力发电项目、河流港口建设、灌溉系统和输电系统等方面,近年来商业开发项目逐渐增多,这些项目都绕开不土地征收或租赁问题。但如前所述,柬埔寨历史上经历的内战和动乱导致了土地产权不明晰,现行土地法律制度及实施存在一定问题,加之其国内政治利益角逐及诸多NGO(非政府组织)的参与,使土地问题成为在柬从事工程建设面临的首要问题,这一问题处理不善将严重拖延工程及项目进度。中资企业鄂尔多斯鸿骏东南亚公司在金边投资的万谷湖项目便是土地产权纠纷被媒体和NGO组织炒作后拖延数年的典型。四是外劳纠纷。柬埔寨的劳动力素质、工作习惯和工作效率往往不能满足

---

[1] 商务部亚洲司:《中国—柬埔寨双边经贸合作简况》,http://yzs.mofcom.gov.cn/article/t/201609/20160901384775.shtml,2018-01-05。

[2] 蒲晓飞:《2017年度柬埔寨承包工程市场回顾》,载《国际工程与劳务杂志》2018年第7期。

追求高效的中资承包商的要求,所以雇佣中国籍劳工从事工程建设项目是我国承包商的常见做法。但由法国人起草的柬埔寨劳工法却在外国劳工制度上采取了发达国家的做法,非常严格地限制外来劳工来本土就业。2002年《关于外国人在柬埔寨王国就业的规定》,由劳动和职业培训部负责执行和实施。按照柬埔寨《劳动法》第369条和第372条的规定,非法聘用外国劳工的工厂、企业,没有劳工证和外国劳工手册的外国人,将被罚款48.8万瑞尔至72万瑞尔,并将根据柬埔寨现行法律被追究责任。

三、中企在柬遭遇法律纠纷的特点

结合柬埔寨人文地理、政治经济和社会环境,笔者发现中资企业在柬埔寨投资贸易所遭遇的法律纠纷呈现如下特点。

第一,很大一部分法律问题是属于企业合规方面的法律问题。税务问题、劳工问题、消防问题、治安问题的产生都是政府行使行政管理权的后果,这类问题并非平等主体之间的民商事法律纠纷,因此不能依靠民商事纠纷解决程序来解决此类纠纷。对于这类纠纷,中国投资者必须充分尊重柬埔寨的法律法规和政府行政部门的管理,以守法者的定位在政策允许范围内通过温和的途径化解矛盾。

第二,法律纠纷的产生和解决往往受到多种因素的影响。这不仅体现于上述本身即由政府行政管理职能引起的问题,而且体现在其他商业行为引发的纠纷中,如基础设施投资领域的纠纷。基础设施投资项目是我国海外工程建设的主体,此类项目受东道国多种因素影响,政府换届、国内选举、政党竞争等事件都可能影响到此类项目。因此中资企业在柬投资和从事经贸活动必须考虑东道国的风土人文,尊重民族习惯和传统,通过NGO组织的项目尽量融入当地,以促进与东道国民间关系的融洽和发展,从而为海外投资保驾护航。

第三,纠纷产生的重要原因之一是缺乏对柬埔寨法律的了解。中资企业在柬遭遇的很多法律纠纷皆因对柬埔寨法律的内容、适用的方式、执法的尺度缺乏了解。这种缺乏一方面是语言上的隔阂导致中资企业无法获知以高棉语为官方语言的柬埔寨法律规范的详细内容,另一方面也是因为柬埔寨自身法律体系的不完备。由于历史上的战乱,柬埔寨现代法律体系1993年才开始起步,并且法律制定工作大多在国外专家的帮助下进行,导致立法内容和柬埔寨社会实践及执法水平脱节的问题,可以说柬埔寨的现代化法治体系尚不完善。在 2004 年加入 WTO 之后，现行的商业、贸易、投资、土地、金融、运输、劳动等方面的法律才开始被密集制定和颁布，司法和行政工作的不透明导致了很难对法律实施的实践进行总结。

第二节 在柬纠纷法律服务模式的成型

1993 年内乱结束以后，柬埔寨一直被认为是最具吸引力的外国投资目的地，柬埔寨王国吸引外国投资的主要优势包括政府提供的免税期、对合格投资项目（Qualifed Investment Projects，QIP）提供进出口税收优惠、在亲商法律制定上的后发优势、低廉的劳动力成本、基础设施的显著改善等。从 1993 年到 2003 年，柬埔寨经济平均每年增长 7.6%，并且在 2004 年至 2007 年期间继续保持每年 10% 以上的高增长率。由于 2008 年的全球金融危机，趋势发生了变化。从 2008 年的 6.7% 下降到 2009 年的 0.1%。然而，这一趋势已经在 2010 年恢复到了 5.9%，直到 2014 年再次强劲增长为 7.1%。2014 年 10 月，世界银行指出"柬埔寨在过去 20 年 GDP 年平均增长率达到 7.7%，在同期世界范围内 GDP 增速中排名第六"。[1] 经济总量的增长意味着商业交易量的增长。与商业交易量增长同步的是商业纠纷数量的急剧增长，因此在柬投资的中资企业有着巨大的法律服务需求。

一、在柬中资企业对法律服务的需求

我国企业在柬从事商务活动的法律需求同柬埔寨相对匮乏的法律服务资源形成鲜明的对照。全球经济论坛发布的《2017—2018 年全球竞争力报告》显示，柬埔寨在制度建设上并不占优势，在报告所述 137 个国家中仅排第 106 位，其中财产权制度排第 102 位，知识产权保护排第 130 位，司法独立排第 122 位，政府官员做出决定时的偏袒心态排第 84 位，小股东利益保护制度位列第 71 位，投资者保护力度位列第 87 位。柬埔寨产权保护制度的相对落后必然导致中资企业在投资经营过程中产生大量的纠纷，但柬埔寨国内能够提供的法律服务资源却相对有限。

柬埔寨王国律师协会统计了截至 2010 年，柬埔寨全国共有律师 1 609

---

〔1〕 数据来源于柬埔寨发展理事会的官方统计。

人，男性1 281人，女性328人，其中执业律师只有1 175人，另外还包括了实习律师、被暂停执业的律师、被禁止执业的律师等。[1]全国共有律师事务所485家，其中382家位于首都金边，马德望省有16家，暹粒省有17家，其余19省律师事务所皆为个位数，而且多为律师事务所设立的分所。[2]

  柬埔寨国内法律服务资源匮乏主要有两方面的原因。第一，从整体上看，柬埔寨教育水平有待进一步发展。其国民教育水平在世界范围内处于落后水平，按照《世界各国纪实年鉴》的统计，柬埔寨15岁以上人群识字率仅为73.9%，离世界平均水平84.1%尚有较大差距。高等教育起步晚，虽20世纪90年代以来，在联合国、亚洲发展银行和世界银行等的外界援助下，柬埔寨高等教育得到改善和发展，然而高校及学生人数的快速增长导致了教学质量的下降。庞大的毕业生队伍造成就业的压力，同时学生所学知识和专业与劳动力市场需求脱节。由于参与高等教育管理和提供高等教育的机构繁多庞大，各部门之间疏于协作和沟通，在执行国家政策上存在偏差。[3]因此，柬埔寨国内法律人才培养规模和质量有待改进。法律属于带有强烈民族国家属性的社会科学，法律人才培养很难借助于大规模的人才引入途径，所以短期内柬埔寨自有法律人才仍是短缺的。第二，柬埔寨地区发展不平衡导致法律服务人才地域性短缺问题严重。法律服务上的供需紧张关系在远离柬埔寨首都金边的西哈努克省尤为突出。设立在西哈努克省的西哈努克港经济特区是柬埔寨国内中资聚集的一个区域，区内企业在劳工、税收、海关等方面的法律纠纷繁多，但整个西哈努克省律师资源匮乏，数量有限，即使聘请到当地律师后，还会遇到律师维护当事人权益不尽力、甚至出现收了律师费后不提供服务的情形。为解决此类问题，特区也曾尝试邀请金边的律师来特区提供服务，但苦于交通不便（西哈努克港离柬埔寨首都金边单程需要4个多小时车程），特区内的法律服务需求难以得到满足。

---

[1] 数据来源于柬埔寨王国律师协会的官方统计，https://www.bakc.org.kh/index.php/2017-07-24-08-31-04，2018-10-30。

[2] 数据来源于柬埔寨王国律师协会的官方统计，https://www.bakc.org.kh/index.php/2017-07-24-08-31-33，2018-10-30。

[3] 王喜娟、王瑜等：《柬埔寨高等教育政策法规》，广西师范大学出版社，2014，第27页。

二、对在柬法律纠纷解决机制的考量

在柬从事投资和各类经贸活动,前端法律咨询服务的重要性要远大于后端的纠纷解决法律服务。但纠纷解决服务是法律服务中必不可少的重要内容,因此重视前端咨询服务并不意味着后端纠纷解决服务可以欠缺。在这种情况下,如何选择合适的纠纷解决机制是法律服务供应者面临的核心问题。在柬埔寨,主要的争议解决方式有和解(包括第三方调解、调停)、仲裁和诉讼。和解是最主要、最普遍的争议解决方式,诉讼次之,仲裁起步最晚,几乎为零。抛开调解程序机制的不确定和结果执行前景的不明确,可供纠纷当事人选择的纠纷解决机制只剩下诉讼和仲裁,那么在"一带一路"倡议引领下,中资企业该如何选择在柬商事纠纷解决机制呢?

(一)从程序便捷性角度考量

民事诉讼实施三审终审制,即民事诉讼案件最多可经过三级法院的审理。柬埔寨法院系统包括最高法院、上诉法院和初级法院三级,最高法院与上诉法院位于金边,分别受理来自上诉法院与初级法院的上诉案件,初级法院分布在部分省市地区,并对相应地域拥有管辖权。如果一方对于初审法院的判决不满意,必须向位于金边的上诉法院提起上诉;上诉法院对案件进行事实审查和法律审查,如果一方对于上述法院判决不满,可以向最高法院提起上诉;最高法院是柬埔寨最高等级的法庭,最高法院接受各方对案件事实的陈述并对于法律适用进行判断,最终决定可以推翻上诉法院的判决,发回重新审理;如果上诉法院不接受最高法院的指导并且坚持自己的判决,双方都可以再次将案件上诉到最高法院,最高法院必须对案件的事实和法律进行审查并形成终审判决。同时,柬埔寨司法效率一般,一审法院解决一项商事纠纷平均需要 483 天,破产程序平均耗时为 6 年,远低于世界平均水平。[1] 柬埔寨各级法院处理案件的周期较长,三审终审制的存在延长了案件的最终处理时间。

另外,中资企业在柬投资的典型纠纷类型中的税收问题、海关问题、劳工问题、环保问题都属于合规方面的法律问题,须服从柬埔寨王国政府主管部门的监管和处置。但柬埔寨行政法规和行政程序法尚不健全,起诉

---

[1] 国家开发银行:《"一带一路"国家法律风险报告(上)》,法律出版社,2016,第177页。

政府部门的不当行为或就某一决策或政府机关不作为启动司法审查仍十分困难。民商事纠纷处理周期过长和行政纠纷处理程序不完善导致了对在柬中资企业而言,争议发生后的司法机制并非解决纠纷的最佳选择。

(二)从程序公正性角度考量

从纠纷解决程序的公正性角度考虑,可以得出同样的结论。根据世界正义项目(World Justice Project,简称WJP)对政府权力的限制、没有腐败、开放的政府、基本权利、秩序和安全、监管执法、民事司法和刑事司法8个指标进行评估计算出的世界113个国家和地区法治指数,柬埔寨王国在其中只排第112位。民事司法的评估结果更是在113个国家和地区中垫底,在民事司法评估中主要考察民事司法程序的可利用性、没有歧视、没有腐败、没有不适当的政府干预、没有不合理的迟延、有效的执行、中立且有效率的ADR程序。[1]非政府间国际组织"透明国际"(Transparency International)公布的"2017年清廉指数"(2017 Corruption Perceptions Index)显示,柬埔寨王国在180个国家中排第161位。从上述国际组织的评估数据可见,在柬埔寨通过国内诉讼程序解决纠纷不仅面临着诉讼程序拖沓的常规问题,还可能遭遇司法腐败的非常规风险,导致纠纷解决结果存在较大的不确定性和不可预见性。

(三)从法律选择的角度考量

柬埔寨用以争端解决的法院系统和其他国家相比并无太大差异。然而,柬埔寨的法律体系正在发展中,这使得商事纠纷的当事人在柬埔寨法院实现其权利通常较为困难。虽然根据柬埔寨法律,合同可以适用外国法律。在《柬埔寨民法典》中,关于在一项合同中选择管辖法律是没有任何限制的。但是,柬埔寨法院在实践中通常不会适用外国法律审理案件,因此,如果当事人决定选择外国法律作为合同的准据法,就有必要选择外国法院或外国仲裁作为纠纷解决的路径。但这种情况下,外国法院判决和外国法院仲裁裁决得到柬埔寨法院承认执行又会遭遇困难。然而,只有满足特定条件的情况下,外国法院的判决才能在柬埔寨得到执行,条件之一就是要求外国法院也承认柬埔寨法院的判决。目前,在柬埔寨尚没有这种明

---

[1] 世界正义项目是一个独立的、多学科的国际组织,该组织通过对政府权力的限制、没有腐败、开放的政府、基本权利、秩序和安全、监管执法、民事司法和刑事司法8个主要法治因素进行评估,得出各国的法治指数。2017—2018年的法治指数涵盖113个国家和地区,依靠超过11万个家庭调查和3 000个专家调查,以衡量在日常生活中,世界各地的公众如何体验法治。

确的互惠安排。因此，如果选择外国法律，唯一可用的争端解决机制就是外国商事仲裁。由于柬埔寨是《纽约公约》的缔约国，外国仲裁裁决要想能够在柬埔寨得到承认执行，只要仲裁裁决得到柬埔寨商务法院的支持即可。鉴于柬埔寨法院判决在时效性和确定性上的欠缺，司法部门相对而言缺乏独立性及在柬埔寨外国判决几乎无法得到执行，所以许多外国投资者选择在柬埔寨境外进行仲裁，作为在柬埔寨签订的合同纠纷解决的首选方法。目前大多数投资者选择新加坡国际仲裁中心、香港国际仲裁中心或巴黎国际商会仲裁院。

（四）从当事人意思自治角度考量

仲裁是法院外替代性争议解决（Alternative Dispute Resolution，ADR）程序的一种，当事人在仲裁程序中享有广泛的意思自治，当事人意思自治可以避免或改变法院程序中为商业纠纷当事人厌弃的环节，使纠纷解决程序机制更符合商业纠纷当事人的期待，更利于纠纷的解决。当事人的意思自治主要体现在如下事项上。

第一，当事人可以选择仲裁程序的语言。高棉语是柬埔寨的官方语言，也是在柬埔寨进行民事诉讼的官方语言，包括当事人提交给法庭的证据材料和外国法资料也必须是高棉语，这对很多外国投资者而言都是不小障碍。但在仲裁程序中可以使用国际贸易和投资通行的语言文字——英语，相关合同和证据材料也无须翻译成高棉语，有利于纠纷当事人参与纠纷解决进程。

第二，当事人可以选择纠纷解决所适用的法律。柬埔寨的民事法律体系相对完善，但商事立法由于起步晚、实务经验不足，相对来说不如民事立法全面系统。总的来说，柬埔寨的法律体系缺乏系统性，没有具体的法律分工，缺乏必要的部门法，关于经济、商业、贸易等方面的法律法规尤其欠缺。例如，柬埔寨至今尚无《公司法》；而商业活动中常适用的《合同法》是1988年金边政权时期制定的，其相关规定已不能完全适应现代商业合作发展需要。虽然柬埔寨民法允许合同当事人协议选择法律，但在司法实务中当事人的法律选择很少得到法院的尊重和考虑，而在仲裁程序中当事人合意选择纠纷解决的准据法是常规做法。

第三，当事人可以自由决定仲裁庭的组成。当事人可以决定仲裁员的数量，只要是奇数即可。如果当事人在仲裁协议中没有明确仲裁员的数量，仲裁员的数量则根据仲裁地法律和仲裁规则确定。而在诉讼程序中，当事人无法实现对裁判者的选择，从而影响到争议解决机制的公信力。

三、在柬法律纠纷解决机制的选择

调解、诉讼、仲裁这三种主要的商事争议解决机制在柬埔寨国内悉数存在。其中，调解是最主要、最普遍的争议解决方式，诉讼次之，仲裁起步最晚。从历史上看，仲裁和诉讼这类程式化的程序在柬埔寨国内争议解决机制的发展中一直发挥着次要的作用，柬埔寨人更为熟悉运用协商和调解这类非正式的纠纷解决方式，以尽量避免友好关系被破坏。一旦启动仲裁或诉讼程序，不可避免地会影响到当事人之间的合作关系。谈判和妥协的精神贯穿着柬埔寨人争议解决机制的选择过程。但这种争议解决方式缺乏明确的程序机制和对争议解决结果的预见性，所以并不能成为成熟营商环境中的主导争议解决方式。

从柬埔寨国内纠纷解决机制的程序便捷性、程序公正性、法律的适用和当事人自治四个方面考量，在柬埔寨通过国内法院的诉讼程序解决争议面临着较大的时间成本和诉讼风险，而商事仲裁作为一种准司法程序已成为很多当事人解决纠纷，特别是国际商事纠纷的首选方式。商事仲裁机制一方面有仲裁法或仲裁规则作为运行保障，可以避免调解机制的不确定性；另一方面仲裁员的选任制度是仲裁机制独立性、专业性和公正性的保障。特别是劳动争议仲裁在柬埔寨的成功，验证了在这样一个清廉指数较低、腐败程度较高的国家，仲裁制度同样可以取得成功。事实上，公共机构公信力的缺乏正是在柬埔寨运行商事仲裁制度的关键动力，因为自治性和透明度恰恰是仲裁程序机制的核心。

四、在柬提供法律服务模式的塑造

仲裁制度在柬埔寨起步晚，面临着仲裁机构少、仲裁专业人员不足、仲裁案件量小、司法支持力度不明等现实状况，制约了这一商事纠纷解决机制的使用频率和效用发挥。因此，在实施"一带一路"倡议、中资企业在柬投资规模逐年扩大的背景下，我国的法律服务也需要跟随"一带一路"建设的步伐走出去，在柬埔寨法律框架内和现实国情制约下，探索利用好仲裁机制在柬提供法律服务和争议解决路径的新机制。结合在柬法律争议解决的理论和实践，可从以下四方面入手为一带一路下的柬埔寨投资和贸易提供全方位的法律争议解决服务。

(一) 重视前端咨询服务

柬埔寨商事法律制度的不完备、纠纷解决机制运行中的缺陷及化解纠纷的思维和理念，导致在其国内纠纷解决的时间和金钱成本异常高昂，因此前端预防的作用重于后端解决。但囿于语言文字障碍、国情民风的差异、本土法律人才的匮乏，"一带一路"建设中我国企业赴柬投资不仅面临较高的经济风险和政治风险，而且因法律服务的缺位面临着巨大的法律风险。柬埔寨经济体量在全世界经济总量中只占到0.05%的份额，经济总量的规模决定了柬埔寨国内法律服务市场的规模，这使得柬埔寨法律服务市场对主流从事跨国法律服务的欧美机构而言缺乏吸引力。国内、国际两个层面的法律服务资源都无法适应柬埔寨作为"一带一路"交汇支点的飞速发展，此时，熟悉中柬两国法律和社会、具有充分当地纠纷解决实践经验、能够整合两国法律服务资源的驻外法律服务机构的设立至关重要。

此类驻外法律机构的建设需要具备以下三方面素质：第一，有丰富的当地法律实务经验。纠纷的产生和解决永远都是实践的产物，特别是对于柬埔寨这样一个直到1993年才结束内战、开始现代法治化进程的国家，很多法律文本在国外专家的主导下制定，法律规范和法律实践存在一定的脱节现象，缺乏长期的当地法律实践经验，无法提供充分的法律咨询和争议解决服务。第二，能聚合中方在柬的投资项目和资源。外资企业在柬埔寨投资的单个项目规模相对有限。以2017年的数据为例，据柬埔寨发展理事会2017年正式年度报告，2017年该理事会共批准183个项目，投资额多达63亿美元，平均单个项目约0.34亿美元，项目规模有限导致单一企业寻求法律服务资源的成本大大增加。而且大多数在柬投资项目属于开设工厂的制造业项目，据柬埔寨内政部2018年3月21日公布的年度报告显示，目前在柬埔寨共有2152家外国投资公司，涵盖了柬埔寨四大经济支柱领域，旅游业158家、农业193家、基础设施131家，而工厂和企业多达1670家。这类项目很多集中在产品附加值低、企业利润率有限的纺织业等劳动密集型产业，这类企业投入法律服务的成本和资金相对有限。第三，能利用国内的法律服务机构和资源。中国已连续多年成为柬埔寨外国投资的最大来源国，这决定了柬埔寨涉外法律纠纷大多数为涉中法律纠纷，中国的国内法律和国际商事争议解决机制也可以被用来解决此类纠纷，所以利用我国现有法律服务机构和资源也是为涉柬纠纷提供争议解决服务的合理思路。

另外，关于此类法律服务机构的性质，根据2016年1月8日柬埔寨律协发布的《柬埔寨王国律师协会关于外国律师从事法律事务的决定》，排除了外国律师在柬埔寨开办律师事务所的可能性，外国人亦无法在柬埔寨以律师身份进行工作，这决定了此类法律服务机构必须采取有别于律师事务所的性质。

（二）适度采用调解机制

随着近年调解机构逐步沿着仲裁机构的发展模式，往机构化、常设化和专业化方向发展，调解在国际争端解决市场中的份额越来越大。《新加坡调解公约》草案的签署和后续《联合国贸易法委员会国际商事调解示范法》的修订对国际商事调解将来的发展更加起到推动作用。2018年6月26日，联合国85个成员国与35个国际组织经过三年多的讨论，在联合国贸易法委员会第五十一届大会上通过了关于执行调解所产生的和解协议的公约草案——《新加坡调解公约》。《新加坡调解公约》的目的在于推动国际商事调解协议的跨国执行。按照公约草案，公约适用于当事人为解决国际商事争议、经过调解而达成的书面协议，此类协议将和《纽约公约》项下的仲裁裁决一样，得到缔约国法院的强制执行。在此背景下，结合柬埔寨社会长期存在的通过和解和协商解决纠纷的理念，借助商事调解机制解决涉柬商事纠纷也不失为一种易于为柬方当事人接受的争议解决方式。

（三）创新仲裁服务机制

采用兼具准司法性与自治性的仲裁机制解决涉柬商事纠纷是一条可行路径。但柬埔寨关于商事仲裁的立法和实践显示，在柬开展仲裁程序面临着仲裁法律规范缺乏实践引导、只有一家仲裁机构、仲裁经验不足、司法支持仲裁的态度不明等现实困难。所以，短期内在柬商事仲裁机制的运行可以参考劳动争议仲裁成功的经验，借鉴外部力量推动柬埔寨商事仲裁事业的发展。具体来说有以下三个路径。

第一，选择其他具有良好声誉的国际商事仲裁机构。柬埔寨作为《纽约公约》的缔约国，有承认执行外国国际商事仲裁裁决的义务，所以涉柬商事纠纷即使选在柬埔寨境外进行仲裁，也不妨碍裁决在柬埔寨法院的承认执行。与柬埔寨地缘临近且具有优异国际声誉的仲裁机构有新加坡国际仲裁中心和香港国际仲裁中心。特别是新加坡国际仲裁中心，根据2018年英国伦敦玛丽女王大学（Queen Mary University of London）和美国威凯律师事务所（White & Case）共同发布了《2018国际仲裁调查》显示，新加坡已经成为仅次于伦敦和巴黎的世界第三大受当事人喜爱的仲裁地，而新加坡国际仲裁中心也成为仅次于国际商会仲裁院和伦敦国际仲裁院、排名第三的最受当事人喜爱的仲裁机构。特别是近年来，新加坡致力于仿效伦敦打造集新加坡国际商事法庭、新加坡国际仲裁中心、新加坡国际调解中心为一体的国际商事争议解决服务机构，这势必会进一步巩固新加坡在亚洲商事争议解决市场的首席地位，并助推新加坡在世界争议解决和法律服务市场中占据更加重要的份额。新加坡对于柬埔寨而言不仅地理临近，而且同为东盟成员国，两国之间具有更为密切的政治经济联系，对柬方当事人而言比选择香港或者中国内地的仲裁机构更具心理认同感。尽管存在地缘优势和良好声誉，选择新加坡国际仲裁中心仲裁也会有收费昂贵和法律服务成本高的不足。

第二，选择柬埔寨国家商事仲裁中心仲裁。柬埔寨国家商事仲裁中心根据2006年《柬埔寨王国商事仲裁法》和2009年《关于国家商事仲裁中心组织和运行的第124号法令》于2013年成立，2014年6月发布了其仲裁规则。可见，柬埔寨国家商事仲裁中心是一家非常年轻的仲裁机构，既受理国内商事纠纷，也受理国际商事纠纷。其优势在于该机构的存在、运作及裁决的承认执行在柬埔寨明确受到法律保障，该机构的裁决能在柬埔寨上诉法院得到更便利的承认执行。不足之处在于，作为一家新生仲裁机构，其独立性、专业性和运行机制未经充分的实践证明，对纠纷当事人和其他国家法院而言，柬埔寨国家商事仲裁中心尚未建立起良好的声誉，这影响了当事人选择该机构解决纠纷的倾向性。

第三，变相引入我国国内仲裁机构提供仲裁服务。由于《柬埔寨王国商事仲裁法》一方面在第2（a）条中承认临时仲裁，另一方面在第13条中允许商会可以在金边设立仲裁中心，这意味着由商人、企业家、批发商和服务提供商组成的协会可以建立自己的仲裁机构，解决成员之间、成员与第三方之间发生的商事纠纷。由此可见，虽然柬埔寨目前国内仅有国家商事仲裁中心这一唯一的仲裁机构，但柬埔寨仲裁市场仍对临时仲裁和商会自行组建的仲裁机构开放，他们做出的仲裁裁决也属于受仲裁法保护的仲裁裁决，同样能够得到法院的认可和执行。即便如此，新建仲裁机构的经济、时间和社会成本都较高昂，建成之后的运行成本和市场认可度也有待考验，所以更为现实合理的途径是与国内成熟仲裁机构合作，通过在柬埔寨的行业协会或商会在柬设立仲裁分支机构，既能降低机构的运行和机会成本，同时也符合柬埔寨法律的规定。中国东盟法律合作柬埔寨中心是在柬埔寨引入我国国内仲裁服务的先行者。该中心依托海南仲裁委员会在柬埔寨开展仲裁服务，主要服务对象以中资建筑类和房地产类企业为主。

对于双方都是中资企业的在柬商事纠纷,可以通过国内仲裁机构受理、选择境外仲裁地的方式进行争议解决程序;对于涉及柬方等外方当事人的商事纠纷,可以通过该机构与柬埔寨国家商事仲裁中心合作的方式,以柬埔寨国家商事仲裁中心的名义受理和解决。

(四)回归国内纠纷解决机制

"一带一路"倡议实践过程中必然产生各类纠纷,但倡议本身并非一个闭合的国际条约,因此很难通过设立专门的国际争端解决机制和机构来解决"一带一路"建设过程中的纠纷,因为后者必须以条约为基础,在不存在合作的基础多边条约前提下,很难就争端解决形成多边机制。所以目前"一带一路"建设中的争议还是通过传统的争议解决方式得到处理,主要是各国的国内争议解决系统。我国作为"一带一路"的倡议国,显然也认识到建立一个集中争议解决平台的重要意义。在2018年1月23日,中共中央总书记、国家主席、中央军委主席习近平主持召开中央全面深化改革领导小组会议上,审议通过了《关于建立"一带一路"国际商事争端解决机制和机构的意见》(以下简称《意见》)。根据意见精神,最高人民法院设立国际商事法庭,牵头组建国际商事专家委员会,支持"一带一路"国际商事纠纷通过调解、仲裁等方式解决,推动建立诉讼与调解、仲裁有效衔接的多元化纠纷解决机制,形成便利、快捷、低成本的"一站式"争端解决中心,为"一带一路"建设参与国当事人提供优质高效的法律服务。《意见》同时指出,支持相关单位联合"一带一路"参与国商协会、法律服务机构等共同建立非政府组织性质的国际商事争端预防与解决机制。

从《意见》内容看,我国建设的国际商事争端解决机构具有三方面特色:一是融合了诉讼、调解与仲裁三种最主要的争议解决方式;二是国际商事专家委员会的设立保障了该机构的专业性和国际性;三是通过建立"一带一路"建设参与国法律数据库及外国法查明中心,对涉"一带一路"建设案件进行信息化管理和大数据分析,为法官提供智能服务等技术手段,为涉"一带一路"的案件提供便利化的争议解决服务。对于在柬埔寨投资贸易过程中遇到的案值较大的商事案件,选择该机构诉讼、仲裁或者调解不失为一种专业、便利、快捷、低成本的纠纷解决渠道。

第三节 在柬法律服务模式的总结和推广

一、柬埔寨在"一带一路"建设中的典型意义

柬埔寨是中国推动"一带一路"建设中的重要国家。虽然近年来柬埔寨经济发展速度引人瞩目,但仍然面临着国家和人民贫困、基础设施建设不足、产业发展不均衡、对美元依赖性高、政治风险仍然存在等现实困境。由中国首倡的"一带一路"建设为柬埔寨带来的旅游人数剧增、基础设施升级、产能合作发展、人民币国际化、政治互信正好可以纾解柬埔寨的发展困境。随着近年来柬埔寨经济的快速发展和中柬合作的稳步推进,"一带一路"为柬埔寨发展转型升级注入了巨大动力,中柬两国各领域的合作也取得了丰硕成果。未来,在"一带一路"框架下,中国和柬埔寨之间的合作发展有望成为"一带一路"国际合作的新样板。[1]柬埔寨首相洪森高度赞赏该项倡议:"对柬埔寨而言,'一带一路'倡议很好地契合了柬国家发展规划,特别是与柬政府目前致力推进的'四角战略'第三阶段及工业发展政策相对接。"

从另外一个角度看,柬埔寨对中国"一带一路"建设而言也具有典型意义。"一带一路"沿线国家大多属于发展中国家和转型经济体,与柬埔寨一样经济发展后发优势强劲,与中国经济具有良好的互补性。特别是在东南亚十一国[2]中,除了新加坡和文莱以外,很多与柬埔寨王国在经济发展和法律体制上面临着共性特征,因此在柬埔寨提供法律服务的方式和寻求争议解决的模式可以在具有同类问题的国家中推广。

对我国投资者而言,东南亚国家有着很多共性特征,既包括语言文字上的隔阂、政治局面的变数等,也包括在投资环境和法律环境上的共性特征。后者主要包括:第一,经济发展水平不高。根据世界银行的统计口

---

[1] 王文、刘典:《柬埔寨:"一带一路"国际合作的新样板——关于柬埔寨经济与未来发展的实地调研报告》,载《当代世界》2018年第1期。

[2] 分别是缅甸、泰国、老挝、越南、柬埔寨、菲律宾、马来西亚、文莱、新加坡、印度尼西亚、东帝汶。

径，在东南亚十一国中，缅甸、老挝和东帝汶为低收入国家，越南、柬埔寨、菲律宾、印度尼西亚为中等偏下收入国家，马来西亚和泰国为中等偏上收入国家。大多东南亚国家和柬埔寨一样虽然经济步入了高速发展的轨道，但整体上经济基础仍然比较薄弱、贫困人口占比较高、基础设施建设不足。第二，营商环境有改善的空间。根据2015年世界银行对营商环境的评估，在世界189个国家和地区中，越南排第78位，印尼排第114位。第三，司法效率影响争议解决。东南亚国家虽经济发展水平不高，但因殖民原因或法律移植原因，法律制度相对比较健全，但司法效率通常不高，如在印尼通过司法程序强制执行一项合同需要570天，在马来西亚由于没有审限的限制，有些案件的审理时间长达5年。第四，东南亚十一国中除了东帝汶之外都是《纽约公约》的缔约国，通过国际商事仲裁机制解决纠纷能够保障纠纷解决结果在这些国家的承认执行。越南、老挝、泰国、新加坡和中国之间在民商事领域还订有双边司法协助协定。经济社会发展水平、司法仲裁环境上的接近，使在柬埔寨提供法律服务的模式可以推广至其他东南亚国家。

二、创新在柬埔寨提供法律服务的模式

受制于各种因素，为"一带一路"倡议下的赴柬投资中资企业提供法律服务，不能依赖于采取在当地设立律师事务所分所或办公室的传统法律服务模式，而应探索出一套紧跟政府引导、密切联系商会、集聚同类企业、发挥律所专长的新模式。

（一）紧跟政府引导

在"一带一路"倡议的背景下，随着中国和柬埔寨两国之间政治互信的强化、民间交往的频繁、经济联系的密切，中国企业掀起了一波赴柬投资的热潮。这股热潮在当前中美贸易战前景不明、中国产品出口受阻的前提下只会演绎得愈发热烈。所以，赴柬从事各类经济活动必须紧跟国家层面的战略导向。但与发达资本主义国家历经数百年的海外殖民及投资经验比，我国企业尤其是广大民营企业仍属于经济实力相对薄弱、海外投资经验相对缺乏的投资主体。这些企业在柬埔寨从事各类经济活动的过程中势必遇到各类法律问题，对法律服务求之若渴，但较为落后的营商环境和较不发达的经济水平，使当地很难提供满足投资者需求的各类法律服务。中央全面深化改革领导小组会议上审议通过的《关于建立"一带一路"国

际商事争端解决机制和机构的意见》也意在通过政府引导，为企业于"一带一路"建设中遭遇的商事纠纷提供解决平台。

政府对法律服务的引导并不是要政府提供法律服务，而是说政府通过平台搭建，为法律服务从业机构和需求企业之间建立起联系。在这一方面江苏省司法厅是先行先试者。2017年，江苏省司法厅、无锡市人民政府、红豆集团就签订共建江苏驻柬埔寨"一带一路"法律服务中心框架协议。协议明确：省司法厅利用其各类资源，为西港特区建设完善的法律服务平台提供支持。无锡市人民政府帮助法律服务中心顺利设立及有效运转，并协调省司法厅、红豆集团和法律服务中心之间的工作联系。红豆集团利用其西港特区项目平台，为法律服务中心提供办公场所及必要保障；在与省司法厅、无锡市人民政府协商一致前提下，由红豆集团与江苏漫修律师事务所共同设立的投资咨询公司选派政治素质好、业务能力强的负责人担任法律服务中心执行主任，有效开展法律服务中心各项工作。法律服务中心的工作职责为：以组织提供法律服务、保障江苏及中资企业合法权益、防控投资运营中的法律风险为中心任务；与柬埔寨当地政府、律师协会、企业商会建立良好关系，并形成有效的工作联系网络；完成省司法厅和无锡市人民政府交办的各项工作。

（二）密切联系商会

商会在柬埔寨经济发展中发挥着重要的作用。1995年5月16日，柬埔寨还专门通过了《商会法》，规范柬埔寨商会的设立、运行、功能和资金。根据《商会法》的规定，柬埔寨商会承担的职能包括：① 和国内外经济资源建立关系以获得关于国内企业发展的信息。② 推动商业、工业、农业、工艺业、服务业企业效率的提高，例如整理和传播商业和经济数据，开展经济和商业问题的研究，推动旅游业发展。③ 给各级政府提供商业、工业、农业、工艺业和服务业发展的意见和信息。④ 作为商业、工业、农业、工艺业和服务业的代表，和政府部门进行合作。⑤ 协调解决商事纠纷等。为了鼓励柬埔寨在国外设立商会组织和拓展海外投资者来柬埔寨的活动方式，柬埔寨正在制定新的商会法，有望在近期获得通过。虽然商会法主要规范经商务部批准设立的、作为国家和省级层面的公共机构，但柬埔寨其他种类商会的作用和功能也大体如此。以柬埔寨服装制造商协会为例，其拥有549家以服装出口为主的工厂和57家鞋厂作为注册会员，在产业政策制定、产业发展、劳资关系、纠纷解决上发挥了重要作用。

中国在柬投资企业也陆续成立了诸多商会组织，主要有柬埔寨中国商会、柬埔寨港澳侨商总会、柬埔寨中国商会纺织企业协会、柬埔寨川渝商会、柬埔寨江苏商会等。这些商会组织的工作主要包括：① 与政府机构的对接。商会可以与柬埔寨当地商会组织、中国驻柬埔寨使领馆、中介组织、知名企业建立有效的沟通协调机制，为中国企业在"走出去"的过程中有效提供准确的投资政策、市场准入信息、风险防范信息，为企业"走出去"牵线搭桥，解决信息不对称等问题。② 贸易便利上的对接。商会组织可以积极推进与柬埔寨政府商谈并签订双边投资保护协定，在进出口关税、贸易条款、标准制定等方面为企业争取更多有利条件。③ 商务联系上的对接。商会可参与柬埔寨企业经贸和投资活动，支持、鼓励中国企业参加柬埔寨举办的交易会、展销会和洽谈会等。积极筹建商会的网络平台建设，有效提供各类商务活动和投资机会，有效利用互联网平台，为中国企业商务会展、投资项目、商业洽谈等提供便利。④ 法律风控机制上的对接。企业因缺乏对柬埔寨投资环境、投资项目的有效风险评估，致使在"走出去"过程中，可能面临各类风险。同时企业也因为缺乏专门的投资风险评估机构的分析报告，面临融资、投资决策、外汇政策、政府监管等一系列风险。商会与外事、商务、我国驻外使领馆密切合作，比较了解柬埔寨的投资环境，为"走出去"企业提供准确的信息，建立"走出去"风险评估预警机制。同时根据柬埔寨仲裁法的规定，商会可以在金边设立仲裁中心，这意味着由商人、企业家、批发商和服务提供商组成的协会可以建立自己的仲裁机构，解决成员之间、成员与第三方之间发生的商事纠纷。所以商会组织可以通过仲裁机制为会员单位提供更加专业的纠纷解决服务。

（三）集聚同类企业

由于柬埔寨地区发展不平衡，所以我国在柬埔寨投资的企业相对比较集中，从产业来说集中于基础设施建设、房地产开发、纺织品制造业、旅游业等，从地区来说相对聚集在首都金边和西哈努克经济特区。企业的聚集使之常常遭遇类似的法律问题，如土地产权、劳工纠纷、税务问题及合同履行等。聚集企业通过联合购买法律服务、共同解决法律纠纷，不仅降低了纠纷解决的成本、累积了纠纷解决的经验，而且增强了解决纠纷时的议价能力。

集聚同类企业解决法律纠纷还有助于创新法律服务方式。以中资企业集聚的西哈努克经济特区为例，区内聚集了138家中资企业，以纺织服装、五金机械电子、箱包皮具、木业制品等制造业企业为主。企业通过西港特区设立的"江苏'一带一路'（柬埔寨）投资咨询有限公司"联合获取法律服务，后者也通过和西哈努克当地政府设立的一站式审批平台、招募由中柬两国人员共同组成的法律储备人才，采取预防为主解决劳工问题、邀请派出所和消防局驻园办公等方式，解决园区企业遭遇的共同法律问题，收到良好的成效。

（四）发挥律所专长

法律服务供给是市场行为，古今中外概不例外，所以法律服务的供应仍需作为依赖市场主体的律所进行。虽然《柬埔寨王国律师协会关于外国律师从事法律事务的决定》排除了中国律师在柬埔寨开办律师事务所的可能，中国人亦无法在柬埔寨以律师身份开展工作，但中国涉外律师在境外投资贸易领域的专业能力，仍有助于在柬中资企业获取及使用当地法律服务，这对海外中资企业遭遇法律纠纷的解决也是必需的。

受到市场准入的限制，且考虑到两国法律体系和规范的巨大差异，以及法律执行规则和实践的较大鸿沟，在柬埔寨提供法律服务不能简单复制国内或在欧美发达国家供应法律服务的经验。一方面，需要深度融入当地政府和社会，借助中资企业实践和当地法律资源，创新法律服务的内容和方式，力求探索出一条适合"一带一路"建设的法律服务供应之路，并推广至金边及整个东南亚地区；另一方面，也需要输出国内先进的法律人才、法律服务和法律理念，引导柬埔寨法制环境朝着有利于两国合作交往、"一带一路"建设开展的方向发展。服务过程中，中国律师通过自身的专业知识和经验，帮助中资企业筛选合格、称职、诚信的当地律师，规范当地律师服务准则和质量，跟踪项目和案件进展，帮助企业更好地理解和适用当地律师的建议与方案。同时，中国律师也积极参与到企业投资、并购等非诉法律服务项目中去。更为重要的是，中国律师能够帮助当地律师更准确、全面地理解企业的法律需求和困惑，能够很好地避免因沟通的不规范和不专业而导致的理解偏差。这种提供法律服务的方式可以直接面向企业实际困难和需求，排除了文化、体制、语言等带来的隔阂，大大增强了企业获取法律服务和继续在柬开展经济活动的信心。

结　语

　　2016年10月12日,中国国家主席习近平在对柬埔寨王国进行国事访问前夕,在柬埔寨《柬埔寨之光》报发表的题为《做肝胆相照的好邻居、真朋友》的署名文章中盛赞中资企业集聚的西港特区:"蓬勃发展的西哈努克港经济特区是中柬务实合作的样板。"自从2010年中柬两国建立了全面战略合作伙伴关系以来,两国双边关系进入了新时期。两国在国家发展理念上高度契合,中国的"一带一路"倡议和柬埔寨王国的"四角"战略无缝对接。近年来,双边贸易和双向投资保持强劲增长势头,中国已经连续多年是柬埔寨第一大贸易伙伴、第一大投资来源国。在柬埔寨这样一个中国政府和中资企业深度参与经济发展的国家,探索和创新法律服务及争议解决机制是国内法律界义不容辞的责任,这种探索和创新势必会促进两国间的友好往来、经济交往、人民交流,进而为我国"一带一路"倡议在柬埔寨乃至东南亚地区的实践和发展贡献绵薄之力。

附录一

2006年《柬埔寨王国商事仲裁法》

第一章 总则

第一条 目的及适用范围

为依照当事人意愿,便利商事纠纷的公平和迅速解决,维护当事人的法律权利和利益,促进经济的稳定发展,制定本法。

本法不得影响规定某些争议可以交付仲裁或其他争议解决程序,或者规定不可交付仲裁的柬埔寨王国的其他任何法律。

第二条 定义及解释规则

在本法中:

(1)"仲裁"是指无论是否由常设仲裁机构进行的任何仲裁。

(2)"仲裁庭"是指一名独任仲裁员或一组仲裁员。

(3)"法院"是指一国司法系统的一个机构或机关。

(4)"仲裁协议"是指当事人同意将他们之间一项确定的契约性或非契约性的法律关系中已经发生或可能发生的一切争议或某些争议交付仲裁的协议。

(5)本法的规定,除第36条外,允许当事人自由决定某一问题时,这种自由包括当事人授权第三人(包括机构)做出此种决定的权利。

(6)本法的规定提到当事人已经达成协议或可能达成协议的事实时,或在任何其他情况下援引当事人的一项协议时,此种协议包括其所援引之任何规则。

(7)本法的规定,除第33(1)条和第40(1)条外,提及请求时,也适用于反请求;提及答辩时,也适用于对这种反请求的答辩。

(8)有下列情形之一的,仲裁为国际仲裁:

(a)仲裁协议各方当事人在缔结协议时,其营业地点位于不同的国家。

(b) 下列地点之一位于各方当事人营业地点所在国以外：

——仲裁协议中确定的或根据仲裁协议而确定的仲裁地点；

——履行商事关系的大部分义务的任何地点或与争议事项关系最密切的地点。

(c) 各方当事人明确同意，仲裁协议的标的与一个以上的国家有关。

(d) 就第（8）款而言：

——一方当事人有一个以上营业地点的，营业地点为与仲裁协议关系最密切的营业地点；

——一方当事人没有营业地点的，以惯常住所为准。

(e) 对"商事"一词应作广义解释，使其包括不论是契约性或非契约性的一切商事性质的关系所引起的事项。商事性质的关系包括但不限于下列交易：供应或交换货物或服务的任何贸易交易；销售协议；商事代表或代理；保理；租赁；建造工厂；咨询；工程；使用许可；投资；筹资；银行；保险；开发协议或特许；合营和其他形式的工业或商业合作；空中、海上、铁路或公路的客货载运。

第三条 收到书面通信

除非当事人另有约定：

(1) 任何书面通信，经当面递交收件人，或投递到收件人的营业地点、惯常住所或通信地址的，视为已经收到；经合理查询不能找到上述任一地点的，投递到收件人最后一个为人所知的营业地点、惯常住所或通信地址的，视为已经收到。

(2) 本条规定不适用于法院程序中的通信。

第四条 放弃提出异议的权利

一方当事人知道本法中当事人可以背离的任何规定或仲裁协议规定的任何要求未得到遵守，但仍继续进行仲裁而没有不过分迟延地或在为此订有时限的情况下没有在此时限内对此种不遵守情势提出异议的，应视为已放弃其提出异议权利。

第五条 法院干预的限度

由本法管辖的事情，任何法院不得干预，除非本法有此规定。

第六条 法院或其他机构对仲裁予以协助和监督的某种职责

第19（3）、第19（4）、第19（5），第21（3），第22和第24（3）条所指的职责，应由特定法院（商事法院、上诉法院或最高法院）或国家仲裁中心履行。

第二章 仲裁协议

第七条 仲裁协议的定义和形式

仲裁协议包括合同中的仲裁条款或独立的仲裁协议书。

仲裁协议应为书面形式。当事人签署的文件、往来信函、其他记录协议的电子通信方式中包含仲裁协议，或者在相互往来的索赔声明和抗辩声明中且一方当事人声称有仲裁协议而另一方当事人不予否认，即认为协议是书面形式。

在合同中提及载有仲裁条款的任何文件的，只要此种提及可使该仲裁条款成为该合同一部分，即构成（书面）仲裁协议。

第八条 仲裁协议和向法院提出的实体性申诉

就仲裁协议的标的向法院提起诉讼时，一方当事人在不迟于其就争议实体提出第一次申述时要求仲裁的，法院应让当事人诉诸仲裁，除非法院认定仲裁协议无效、不能实行或不能履行。

提起本条第（1）款所指诉讼后，在法院对该问题未决期间，仍然可以开始或继续进行仲裁程序，并可做出裁决。

第九条 仲裁协议和法院的临时措施

在仲裁程序开始前或进行期间，一方当事人请求法院采取临时保全措施和法院准予采取这种措施，并不与仲裁协议相抵触。

第三章 国家商事仲裁中心

第十条 国家仲裁中心

由商务部支持设立独立的国家仲裁中心（NAC）。国家仲裁中心的目标在于：

（1）在柬埔寨促进商事纠纷通过仲裁的方式解决。

（2）为柬埔寨王国内纠纷当事人通过明示协议诉诸国家仲裁中心的仲裁案件的管理创设必要的基础和规则。

（3）确保在柬埔寨王国内提供高质量的仲裁。

这一目标包括对仲裁员资质创设标准。

第十一条 仲裁员

作为仲裁员的高棉自然人或者外国人应当于国家仲裁中心注册登记。国家仲裁中心有义务确定仲裁员资质的有无，并且每年公示仲裁员名单。

名单不具有绝对性，当事人可以在名单外自由选择仲裁员。

第十二条　仲裁员的成员资格

作为国家仲裁中心成员的自然人和其他法律实体须具备以下条件：

——已在国家仲裁中心注册登记；

——属于商会；

——柬埔寨王国的律师；

——属于由商人、企业家、批发商和服务提供商组成的协会。

成为国家仲裁中心成员的申请应由国家仲裁中心执行委员会决定，该委员会由不多于七名成员组成。每名成员的任期为3年，可以连任1次。

第十三条　商会和行业协会

商会可以在金边建立仲裁中心。由商人、企业家、批发商和服务提供商组成的协会可以建立自己的仲裁机构，解决成员之间、成员与第三方之间发生的商事纠纷。

第十四条　国家仲裁中心的管理

国家仲裁中心由以下机构管理：

——大会；

——执行办公室。

大会还有其他职能和职责：

——在国家仲裁中心的主席或执行委员会的多数成员的要求下每年举办一到两次会议；

——选举执行委员会；

——审查执行委员会的年度报告；

——批准国家仲裁中心的财政预算；

——确定仲裁的费用和成本；

——批准国家仲裁中心运行和仲裁的运行的有关条例和规章的修正案；

——履行相关机构的二级法令规定的和国家仲裁中心运行中的其他职能和职责。

第十五条　大会

大会由自然人和各法人代表出席。

第十六条　执行委员会的组成

管理国家仲裁中心的执行委员会由大会在其成员中选举产生。执行委员会主席为国家仲裁中心主席。

第十七条 国家仲裁中心的组织和运行
国家仲裁中心的组织和运行由生效的二级法令决定。

第四章 仲裁庭的组成

第十八条 仲裁员人数
(1) 当事人可以自由确定仲裁员的人数。
(2) 未做此确定的，仲裁员的人数应为三名。
第十九条 仲裁员的指定
仲裁员的指定由如下条款确定：
(1) 除非当事人另有协议，不应以所属国籍为由排除任何人担任仲裁员。
(2) 当事人可以自由约定指定一名或多名仲裁员的程序，但须遵从本条第(4)和第(5)款的规定。
(3) 未达成此种约定的：
(a) 在仲裁员为三名的仲裁中，由一方当事人指定一名仲裁员，并由如此指定的两名仲裁员指定第三名仲裁员；一方当事人在收到对方当事人提出指定仲裁员的要求后30日内未指定仲裁员的，或两名仲裁员在被指定后30日内未就第三名仲裁员达成协议的，经一方当事人请求，由本法第6条规定的法院（商事、上诉或最高法院）或国家仲裁中心加以指定；
(b) 在独任仲裁员的仲裁中，当事人未就仲裁员达成协议的，经一方当事人请求，由本法第六条规定的法院（商事、上诉或最高法院）或国家仲裁中心加以指定。
(4) 有下列情形之一的，根据当事人约定的指定程序，一方当事人得请求法院（商事、上诉或最高法院）或国家仲裁中心采取必要措施：
(a) 一方当事人未按这种程序规定的要求行事的；
(b) 当事人或两名仲裁员未能根据这种程序达成预期的协议的；
(c) 第三人（包括机构）未履行根据此种程序所委托的任何职责的。
本条应当被适用，除非指定仲裁员程序的协议订有确保能指定仲裁员的其他方法。
(5) 本条第(3)或第(4)款交托由本法第6条规定的法院（商事、上诉或最高法院）或国家仲裁中心受理的事项一经做出裁定，不得上诉。该法院（商事、上诉或最高法院）或国家仲裁中心在指定仲裁员时应适当顾及当事人约定的仲裁员所需具备的任何资格，并适当顾及有可能确保指定独立和公正的仲裁员的考虑因素；在指定独任仲裁员或第三名仲裁员时，还应考虑到指定一名非当事人国籍的仲裁员的可取性。

第二十条　回避的事由

在被询及有关可能被指定为仲裁员之事时，被询问人应该披露可能引起对其公正性或独立性产生正当怀疑的任何情况。仲裁员自被指定之时起并在整个仲裁程序进行期间，应毫不迟延地向各方当事人披露任何此类情况，除非其已将此情况告知各方当事人。

只有存在引起对仲裁员的公正性或独立性产生正当怀疑的情况或仲裁员不具备当事人约定的资格时，才可以申请仲裁员回避。当事人只有根据其做出指定之后知悉的理由，才可以对其所指定的或其所参与指定的仲裁员提出回避。

第二十一条　申请回避的程序

当事人申请仲裁员回避须遵守以下程序：

（1）当事人可自由约定申请仲裁员回避的程序，但须遵从本条第（3）款的规定。

（2）未达成此种约定的，拟对仲裁员提出回避申请的当事人应在知悉仲裁庭的组成或知悉本法第20（2）条所指的任何情况后15日内向仲裁庭提出书面陈述，说明提出回避申请的理由。除非被申请回避的仲裁员辞职或对方当事人同意所提出的回避，仲裁庭应就是否回避做出决定。

（3）根据当事人约定的任何程序或本条第（2）款的程序而提出的回避不成立的，提出回避申请的一方当事人可以在收到驳回其所提出的回避申请的决定通知后30日内，请求本法第六条规定的法院（商事、上诉或最高法院）或国家仲裁中心就是否回避做出决定，该决定不得上诉。在对该请求未决期间，仲裁庭包括被申请回避的仲裁员可以继续进行仲裁程序和做出裁决。

第二十二条　未行事或不能行事

仲裁员无履行职责的法律行为能力或事实行为能力或者由于其他原因未能毫无不过分迟延地行事的，其若辞职或者当事人约定其委任终止的，其委任即告终止。但对上述任何原因仍有争议的，任何一方当事人可以请求本法第6条规定的法院（商事、上诉或最高法院）或国家仲裁中心就是否终止委任做出决定，该决定不得上诉。

依照本条或第21（2）条，一名仲裁员辞职或者一方当事人同意终止对一名仲裁员的委任的，并不意味着本条或第20（2）条所指任何理由的有效性得到承认。

第二十三条 指定替代仲裁员

依照第21或第22条的规定终止仲裁员的委任的,应当依照本法第19条规定指定替代仲裁员。

第五章 仲裁庭的管辖权

第二十四条 仲裁庭对其管辖权做出裁定的权力

(1) 仲裁庭可以对其管辖权,包括对关于仲裁协议的存在或效力的任何异议做出裁定。为此目的,构成合同一部分的仲裁条款应当视为独立于合同其他条款的一项协议。仲裁庭做出关于合同无效的决定,在法律上不导致仲裁条款无效。

(2) 有关仲裁庭无管辖权的抗辩不得在提出答辩书之后提出。一方当事人指定或参与指定仲裁员的事实,不妨碍其提出此种抗辩。有关仲裁庭超越其权限范围的抗辩,应当在仲裁程序中出现被指称的越权事项时立即提出。在其中任何一种情况下,仲裁庭如认为迟延有正当理由的,可准许推迟提出抗辩。

(3) 仲裁庭可以根据案情将本条第(2)款所指抗辩作为一个初步问题裁定或在实体裁决中裁定。仲裁庭作为一个初步问题裁定其拥有管辖权的,任何一方当事人可在收到裁定通知后30日内请求第6条规定的法院对此事项做出决定,该决定不得上诉。在对该请求未决期间,仲裁庭可以继续进行仲裁程序和做出裁决。

第二十五条 仲裁庭下令采取临时措施的权力

除非当事人另有约定,仲裁庭经一方当事人请求,可以命令任一当事人对系争标的采取仲裁庭认为有必要的临时保全措施。仲裁庭可以要求请求临时措施的一方当事人提供与这种措施有关的适当担保。

第六章 仲裁程序的进行

第二十六条 当事人平等待遇

当事人应当受到平等待遇,并应当被给予充分的机会陈述其案情,包括当事人对其选择的陈述。

第二十七条 程序规则的确定

在不违背本法规定的情况下,当事人可以自由约定仲裁庭进行仲裁时所应当遵循的程序。

未达成此种约定的，仲裁庭可以在不违背本法规定的情况下，按照仲裁庭认为适当的方式进行仲裁。授予仲裁庭的权力包括对任何证据的可采性、相关性、实质性和重要性的决定权。

第二十八条 仲裁地点

当事人可以自由约定仲裁的地点。未达成此种约定的，由仲裁庭考虑到案件的情况，包括当事人的便利，确定仲裁地点。

虽有本条第（1）款的规定，为在仲裁庭成员间进行磋商，为听取证人、专家或当事人的意见，或者为检查货物、其他财产或文件，仲裁庭可以在其认为适当的任何地点会晤，除非当事人另有约定。

第二十九条 仲裁程序的开始

除非当事人另有约定，解决特定争议的仲裁程序，于被申请人收到将该争议提交仲裁的请求之日开始。

第三十条 语言

当事人可以自由约定仲裁程序中拟使用的语言。未达成此种约定的，由仲裁庭确定仲裁程序中拟使用的一种或几种语言。

仲裁庭可以命令任何书面证据附具当事人约定的或仲裁庭确定的语言文字的译本。

第三十一条 申请书和答辩书

在当事人约定的或仲裁庭确定的时间期限内，申请人应当申述支持其请求的各种事实、争议点以及所寻求的救济或补救，被申请人应当逐项做出答辩，除非当事人就这种申述和答辩所要求的项目另有约定。当事人可以随同其陈述提交其认为相关的一切文件，也可以附带述及其将要提交的文件或其他证据。

除非当事人另有约定，在仲裁程序进行中，任何一方当事人可以修改或补充其请求或答辩，除非仲裁庭考虑到为时已晚，认为不宜允许做此更改。

第三十二条 开庭和书面审理程序

除当事人有任何相反约定外，仲裁庭应当决定是否举行开庭听审以便出示证据或进行口头辩论，或者是否应当以文件和其他材料为基础进行仲裁程序。但是除非当事人约定不开庭听审，一方当事人请求开庭的，仲裁庭应当在进行仲裁程序的适当阶段举行开庭听审。

任何开庭和仲裁庭为了审查材料、货物或其他财产、文件而举行的任何会议，应当充分提前通知当事人。一方当事人向仲裁庭提供的一切陈述书、文件或其他信息应当送交对方当事人。仲裁庭在做出决定时可能依赖的任何专家报告或证据性文件也应当送交各方当事人。

第三十三条 一方当事人的缺席

除非当事人另有约定,在不提出充分理由的情况下:

(1) 申请人未能依照第 31 (1) 条的规定提交申请书的,仲裁庭应当终止仲裁程序。

(2) 被申请人未能依照第 31 (1) 条的规定提交答辩书的,仲裁庭应当继续进行仲裁程序,但不将此种缺失行为本身视为认可了申请人的申述。

(3) 任何一方当事人不出庭或不提供书面证据的,仲裁庭可以继续进行仲裁程序并根据其所收到的证据做出裁决。

第三十四条 仲裁庭指定的专家

除非当事人另有约定,仲裁庭:

(1) 可以指定一名或多名专家就仲裁庭待决之特定问题向仲裁庭提出报告。

(2) 可以要求一方当事人向专家提供任何相关资料,或出示或让他接触任何相关的文件、货物或其他财产以供检验。

除非当事人另有约定,经一方当事人提出请求或仲裁庭认为必要的,专家在提出其书面或口头报告后应当参加开庭,各方当事人可向其提问,专家证人就争议点作证。

第三十五条 法院协助取证

仲裁庭或一方当事人在仲裁庭同意之下,可以请求有管辖权的法院(商事、上诉或最高法院)协助取证。该法院(商事、上诉或最高法院)可以在其权限范围内并按照其关于取证的规则执行上述请求。

第七章 做出裁决和程序终止

第三十六条 适用于争议实体的规则

仲裁庭应当在仲裁程序中适用适当的规则:

(1) 当事人可以自由选择仲裁庭处理争议所适用的法律规范。除非另有表明,指定适用某一国家的法律或法律制度应认为是直接援引该国实体法而不是其冲突法规范。

(2) 当事人没有约定应适用的法律,仲裁庭应当适用其认为适当的法律。

（3）只有在各方当事人明示授权的情况下，仲裁庭才应当依照公平善意或友好仲裁做出决定。

（4）在任何情况下，仲裁庭都应当考虑到仲裁协议的所有条款以及适用于该项交易的贸易惯例和习惯做出决定。

第三十七条　仲裁庭做出决定

在有一名以上仲裁员的仲裁程序中，除非当事人另有约定，仲裁庭的任何决定应当按其全体成员的多数做出。

第三十八条　和解

基于双方当事人的请求，在正式的仲裁程序开始前，仲裁庭可以与当事人协商，以探知是双方当事人对其争议是否存在自愿和解的可能性。

（1）双方当事人同意和解的，仲裁庭应以一切合理的方式协助双方当事人。

（2）双方当事人在正式的仲裁程序开始前或者在程序进行中就争议达成和解的，仲裁庭应当终止仲裁程序，经当事人请求，仲裁庭可以按当事人达成的条件以仲裁裁决的形式记录和解。

（3）基于和解条件制作的仲裁裁决应符合本法第三十九条的规定，并应说明它是一项裁决。此种裁决具有其他就案件争议做出的裁决一样的地位和效力。

第三十九条　裁决的形式和内容：

仲裁庭裁决的形式和内容参照如下规定：

（1）裁决应当以书面做出，并应当由仲裁员签名。在有一名以上仲裁员的仲裁程序中，仲裁庭全体成员的多数签名即可，但须说明缺漏任何签名的理由。

（2）裁决应说明其所依据的理由，除非当事人约定不需说明理由或该裁决是第38条所规定的和解裁决。

（3）裁决应当按照当事人约定的方式在当事人之间分配仲裁费用，包括仲裁员费用和额外费用；没有约定的，按照仲裁员认为适当的方式。如果当事人已经约定或仲裁员认为适当的情况下，裁决亦可判给胜诉方合理的律师费。

（4）裁决书应具明其日期和依照本法第28（1）条确定的仲裁地点。该裁决应视为是在该地点做出的。

（5）裁决做出后，经仲裁员依照本条第（1）款签名的裁决书应送达各方当事人各一份。

第四十条 程序的终止

仲裁程序因终局裁决、达成和解或仲裁庭按照本条第（2）款发出的裁定而终止。

仲裁庭在下列情况下应当发出终止仲裁程序的裁定：

（1）申请人撤回其申请，但被申请人对此表示反对且仲裁庭承认其在最终解决争议上具有合理利益的除外；

（2）各方当事人约定程序终止；

（3）仲裁庭认定仲裁程序因其他任何理由均无必要或不可能继续进行。

仲裁庭之委任随仲裁程序的终止而终止，但须服从本法第41条第1和第4款的规定。

第四十一条 裁决的更正和解释；补充裁决

裁决的更正和解释参照以下条款：

（1）除非当事人约定了另一期限，在收到裁决书后30日内：

（a）一方当事人可在通知对方当事人后请求仲裁庭更正裁决书中的任何计算错误、任何笔误或打印错误或任何类似性质的错误；

（b）当事人有约定的，一方当事人可以在通知对方当事人后请求仲裁庭对裁决书的具体某一点或某一部分做出解释。仲裁庭认为此种请求正当合理的，应当在收到请求后30日内做出更正或解释。解释应构成裁决的一部分。

（2）仲裁庭可在做出裁决之日起30日内主动更正本条第（1）（a）款所指类型的任何错误。

（3）除非当事人另有约定，一方当事人在收到裁决书后30日内，可以在通知对方当事人后，请求仲裁庭对已在仲裁程序中提出但在裁决书中遗漏的请求事项做出补充裁决。仲裁庭如果认为此种请求正当合理的，应当在六十天内做出补充裁决。

（4）如有需要并通知当事人，仲裁庭可以通知当事人依照本条第（1）或第（3）款做出更正、解释或补充裁决的期限，予以延长。

（5）本法第39条的规定适用于裁决的更正或解释，并适用于补充裁决。

第八章 裁决的撤销、承认和执行

第一节 仲裁裁决的撤销制度、承认和执行

第四十二条 申请撤销是否定仲裁裁决的唯一救济

申请撤销、承认和执行仲裁裁决的管辖权归属于柬埔寨王国上诉法院。

第四十三条 终审管辖权

柬埔寨最高法院对当事人不满上诉法院裁决、在15日内提出上诉的案件拥有最终的管辖权。

第二节 申请撤销仲裁裁决

第四十四条 申请撤销是不服仲裁裁决的唯一救济：

当事人可以按照下列条款申请撤销仲裁裁决，作为不服仲裁裁决的唯一救济：

（1）不服仲裁裁决而向法院提出救济的唯一途径是依照本条第（2）和第（3）款的规定申请撤销。

（2）有下列情形之一的，仲裁裁决才可以被上诉法院和最高法院撤销：

（a）提出申请的当事人提出证据，证明有下列任何情况：

（ⅰ）第7条所指仲裁协议的当事人有某种无行为能力情形；或者根据各方当事人所同意遵守的法律或在未指明法律的情况下根据柬埔寨王国的法律，该协议是无效的。

（ⅱ）未向提出申请的当事人发出指定仲裁员的适当通知或仲裁程序的适当通知，或因他故致使其不能陈述案情。

（ⅲ）裁决处理的争议不是提交仲裁意图裁定的事项或不在提交仲裁的范围之列或者裁决书中内含对提交仲裁的范围以外事项的决定。如果对提交仲裁的事项所做的决定可以与对未提交仲裁的事项所做的决定互为划分，仅可以撤销含有对未提交仲裁的事项所做的决定的那部分裁决。

（ⅳ）仲裁庭的组成或仲裁程序与当事人的约定不一致，除非此种约定与当事人不得背离的本法规定相抵触。无此种约定时，与本法不符。

（b）法院认定有下列任何情形：

（ⅰ）根据柬埔寨王国的法律，争议事项不能通过仲裁解决；

（ⅱ）对该裁决的承认与柬埔寨王国的公共政策相抵触。

（3）提出申请的当事人在收到裁决书之日起 30 日后不得申请撤销裁决；已根据第 41 条在 30 日内提出请求的，从该请求被仲裁庭处理完毕之日起 30 日后不得申请撤销。

（4）向上诉法院和最高法院申请撤销裁决时，如果适当而且一方当事人也提出请求，该法院可以在其确定的一段时间内暂时停止进行撤销程序，以便仲裁庭有机会重新进行仲裁程序或采取仲裁庭认为能够消除撤销裁决理由的其他行动。

第三节 裁决的承认和执行

第四十五条 承认和执行

仲裁裁决不论在何国做出，均应当承认其具有约束力，而且经向管辖法院提出书面申请，即应依照本条和第 44 条的规定予以执行。

援用裁决或申请对其予以执行的一方当事人，应当提供经鉴定的裁决书正本或其经公证的副本，以及本法第 7 条提到的仲裁协议正本或其经公证的副本。该裁决书或协议如不是以高棉语做成的，当事人应当出具经公证的高棉语译本。

第四十六条 拒绝承认或执行的理由

不论在何国作出的仲裁裁决，仅在下列任何情形下才可拒绝予以承认或执行：

（1）经主张裁决不予承认执行的当事人请求，向被请求承认或执行的上诉法院提出证据，证明有下列任何情况：

（a）第 7 条所指仲裁协议的当事人存在无行为能力的情形；或者根据各方当事人所同意遵守的法律或在未指明何种法律的情况下根据柬埔寨王国的法律，该协议是无效的；

（b）提出请求的当事人未收到指定仲裁员的适当通知或参加仲裁程序的适当通知，或因他故致使其不能陈述案情；

（c）裁决处理的争议不是提交仲裁意图裁定的事项或不在仲裁协议的范围之列，或者裁决书中内含对仲裁协议的范围以外事项的决定；如果对提交仲裁的事项所做的决定可以与对未提交仲裁的事项所做的决定互为划分，内含对未提交仲裁的事项所做的决定的那部分裁决得予撤销；

（d）仲裁庭的组成或仲裁程序与当事人的约定不一致；无此种约定时，与仲裁地所在国法律不符。

（e）裁决对当事人尚无约束力，或者已经由裁决地所在国或裁决依据的法律的所属国的法院所撤销或中止执行。

（2）上诉法院认定有下列任何情形：

（a）根据柬埔寨王国的法律，争议事项不能通过仲裁解决；

（b）承认或执行该裁决与柬埔寨王国的公共政策相抵触。

在已向本条第（1）（e）款所指的法院申请撤销或中止执行裁决的情况下，被请求承认或执行的法院如认为适当，可以延缓做出决定，而且经主张承认或执行裁决的一方当事人申请，还可以裁定对方当事人提供妥适的担保。

第九章 最后条款

第四十七条 废止

任何违反本法的商事仲裁领域的法规应当被废止。

本法由柬埔寨王国国民议会于2006年3月6日在第三届立法会第四次会议上通过，由第一副总统韩桑林于2006年3月7日在金边签署生效。

附录二
赴柬埔寨投资常用机构[1]

1. 中华人民共和国驻柬埔寨王国大使馆(Embassy of the People's Republic of China in the Kingdom of Cambodia)

电话:00855(0)23720922(座机/传真)

邮箱:chinaemb_kh@ mfa. gov. cn

网址:http://kh. china-embassy. org

地址:No. 156,Mao Tse Toung Blvd. ,Phnom Penh,Kingdom of Cambodia

信箱:P. O. BOX 26

2. 中华人民共和国驻柬埔寨王国大使馆经济商务参赞处(Economic and Commercial Counsellor's Office of the Embassy of the People's Republic of China in the Kingdom of Cambodia)

电话:00855(0)23721437

传真:00855(0)23210861

邮箱:cb@ mofcom. gov. cn

网址:http://cb. mofcom. gov. cn/

地址:No. 432c,Blvd. Monivong,Phnom Penh,Kingdom of Cambodia

3. 中华人民共和国驻柬埔寨王国大使馆驻暹粒领事办公室

覆盖范围:暹粒省、磅通省、柏威夏省、奥多棉吉省、班迭棉吉省、马德望省

电话:00855(0)63766523(座机/传真)

地址:No. 899, Street 99, Group 6, Salakansieng Village, Svay Dankom Commune,Siem Reap District,Siem Reap Province,Cambodia

---

[1] 第5到第21条机构信息均摘录自柬埔寨相关机构官方网站。

4. 柬埔寨中国商会

地址：柬埔寨金边市莫尼旺大道 53 号金边大酒店大堂办公室 K6 单位

电话：00855(0)17969088

传真：00855(0)23998822

邮箱：cambochina@163.com

网址：http://www.cambo-china.com

地址：K6, Phnom Penh Hotel, No. 53 Preah Monivong Blvd., Phnom Penh 12201

5. 柬埔寨发展理事会(The Council for the Development of Cambodia)

系柬埔寨政府唯一负责柬投资和重建发展综合事务的政府机构，理事会下设"柬埔寨投资委员会"(The Cambodian Investment Board)和柬埔寨经济特区委员会(The Cambodian Special Economic Zone Board)。

电话：00855(0)23981154,00855(0)23992355

传真：00855(0)23427597,00855(0)23992931

邮箱：cdc.cib@online.com.kh,enquiry@camboidasez.gov.kh

网址：www.cambodiainvestment.gov.kh

地址：Government Palace, Sisowath Quay, Wat Phnom, Phnom Penh, Cambodia

6. 柬埔寨商业部(Ministry of Commerce)

柬埔寨商业部的宗旨是向公众提供商业和投资的相关服务，并执行柬埔寨政府的贸易政策。

电话：00855(0)23866188

邮箱：cabinet.info@moc.gov.kh

网址：http://moc.gov.kh

地址：Lot 19-61, Russian Federation Blvd, Phum Teuk Thla, Sangkat Teuk Thla, Khan Sen Sok, Phnom Penh, Kingdom of CAMBODIA

7. 柬埔寨经济和财政部(Ministry of Economy and Finance)

电话：855(0)23724664

传真：855(0)23427798

邮箱：admin@mef.gov.kh

网址：http://www.mef.gov.kh/

地址：St. 92, Sangkat Wat Phnom, Khan Daun Penh, Phnom Penh, Cambodia

8. 柬埔寨海关与消费税总局(General Department of Customs and Excise of Cambodia)

电话：855(0)23214065

传真：855(0)23214065

邮箱：info-pru@ customs. gov. kh

网址：www. customs. gov. kh

地址：No. 6-8,Preah Norodom Blvd. ,Sangkat Phsar Thmei III,Khan Daun Penh,Phnom Penh,Cambodia

9. 柬埔寨税务总局(General Department of Taxation of Ministry of Economy and Finance)

电话：855(0)23886708

邮箱：gdt@ tax. gov. kh

网址：http：//www. tax. gov. kh

地址：Lot522-524,Corner Russian Federation & Mao Tsetong Blvd. Toek Laak I,Tuol Kork,Phnom Penh,Cambodia

10. 柬埔寨国家银行(National Bank of Cambodia)

电话：855(0)23722563,855(0)23722221

传真：855(0)23426117

邮箱：info@ nbc. org. kh

网址：http：//www. nbc. org. kh

地址：#22-24 Norodom Blvd. ,Phnom Penh,Cambodia

11. 柬埔寨农林渔业部(Ministry of Agriculture,Forestry and Fisheries)

电话：00855(0)23211351,211352

传真：00855(0)23217320

邮箱：maff@ everyday. com. kh

网址：http：//www. maff. gov. kh/

地址：No. 200,Norodom Blvd. ,Sangkat Tonlebasak,Phnom Penh,Kingdom of Cambodia

12. 柬埔寨工业矿产和能源部(Ministry of Mines and Energy)

电话：00855(0)23219574

传真：00855(0)23219584

邮箱：info@ mme. gov. kh

网址：http：//www. mme. gov. kh/

地址：No. 79, 89 Pasteur Street (51), a new shopping district 3, Khan Daun Penh, Phnom Penh

13. 柬埔寨工业及手工业部（Ministry of Industry and Handicrafts）

电话：855(0)23982382

传真：855(0)23428263

邮箱：industry@camnet.com.kh

网址：http://www.mih.gov.kh/

地址：No. 45, Preah Norodom Blvd. (41), 12205 Phnom Penh, Phnom Penh, Cambodia

14. 柬埔寨土地管理、城市规划与建设部（Ministry of Land Management Urban Planning and Construction）

电话：855(0)23994139

传真：855(0)23215277

邮箱：gdadmin-mlmupc@camnet.com.kh

网址：http://www.mlmupc.gov.kh

地址：No. 771-773, Monivong Blvd., Sangkat Beng Trabek, Khan Chamkar Morn, Phnom Penh

15. 柬埔寨劳动与职业培训部（Minister of Labor and Vocational Training）

电话：855(0)23884375

传真：855(0)23884376

邮箱：info@mlvt.gov.kh

网址：http://www.mlvt.gov.kh

地址：No. 3 Russia Federation Sangkat Touek Laak, Khan Toul Kork, Phnom Penh, Cambodia

16. 柬埔寨计划部（The Ministry of Planning）

电话：855(0)23720901

传真：855(0)23210944

邮箱：nsdp@mop.gov.kh

网址：http://www.mop.gov.kh

地址：No. 386 Monivong Boulevard, Phnom Penh, Cambodia

17. 柬埔寨国家统计局（The National Institute of Statistics）

电话：855(0)23219922

邮箱：info@nis.gov.kh

网址：www.nis.gov.kh

地址：Building C, E and F, #386 Preah Monivong Blvd. , Boeung Keng Kong 1, Chamkarmorn, Phnom Penh, Kingdom of Cambodia

18. 柬埔寨旅游部（Ministry of Tourism）

电话：855(0)23884974

邮箱：info@ tourismcambodia.org

网址：http://www.tourismcambodia.org/

地址：Lot 3A, St. 169, Veal Vong Commune, Prampi Makara District, Phnom Penh, Kingdom of Cambodia

19. 柬埔寨外交与国际合作部（Ministry of Foreign Affairs and International Cooperation）

电话：855(0)23214441

传真：855(0)23216141

邮箱：mfaic@ mfaic.gov.kh

网址：https://www.mfaic.gov.kh/

地址：No. 3, Samdech HUN Sen Street, Sangkat Tonle Bassac, Khan Chamkamon, Phnom Penh, Kingdom of Cambodia

20. 柬埔寨集体劳动争议仲裁委员会（The Arbitration Council Resolving Collective Labor Disputes）

电话：855(0)23881814/815

传真：855(0)23881918

邮箱：info@ arbitrationcouncil.org

网址：http://www.arbitrationcouncil.org

地址：#72, St. 592（Corner of St. 327）, Sangkat Boeung Kak II, Khan Tuol Kork, Phnom Penh, Kingdom of Cambodia

21. 柬埔寨国家商事仲裁中心（National Commercial Arbitration Center）

电话：855(0)23213262

邮箱：info@ ncac.org.kh

网址：www.ncac.org.kh

地址：Floor 1st, Building 65-67-69, St. 136, Sangkat Phsar Kandal I, Khan Daun Penh, Phnom Penh, Kingdom of Cambodia